Gütersloher Taschenbücher / Siebenstern 776

Darstellungen lebender Weltreligionen in GTB Siebenstern:

GTB 134 *Emanuel Kellerhals:* Der Islam. Seine Geschichte, seine Lehre, sein Wesen, 3. Auflage.

GTB 233 Was glauben die andern? 27 Selbstdarstellungen. Im Auftrage des Bildungswerkes der Arbeitsgemeinschaft der Kirchen und Religionsgesellschaften e. V. herausgegeben von *Kurt Eberhardt*, 2. Auflage

GTB 775 *Georg Schmid:* Wo das Schweigen beginnt. Wege indischer und christlicher Meditation.

GTB 1063 Was jeder vom Judentum wissen muß. Im Auftrag des Arbeitskreises »Kirche und Judentum« der Vereinigten Evangelisch-Lutherischen Kirche Deutschlands und des Nationalkomitees des Lutherischen Weltbundes herausgegeben von *Arnulf H. Baumann*, 2. Auflage.

GTB 1069 Was erwartet uns nach dem Tod? 24 Darstellungen von Religionen und Konfessionen. Im Auftrag des Bildungswerkes der Arbeitsgemeinschaft der Kirchen und Religionsgemeinschaften e. V. herausgegeben von *Siegfried Raguse.*

GTB 1070 *Michael Krupp:* Zionismus und Staat Israel. Ein geschichtlicher Abriß. Mit einem Geleitwort von Helmut Gollwitzer. Ein NES AMMIN Buch.

GTB 1079 *Monika Tworuschka:* Allah ist groß. Religion, Politik und Gesellschaft im Islam.

Udo Tworuschka

Die vielen Namen Gottes

Weltreligionen heute

Gütersloher Verlagshaus
Gerd Mohn

Originalausgabe

CIP-Kurztitelaufnahme der Deutschen Bibliothek

Tworuschka, Udo:
Die vielen Namen Gottes: Weltreligionen heute /
Udo Tworuschka. – Orig.-Ausg. – Gütersloh:
Gütersloher Verlagshaus Mohn, 1985.
(Gütersloher Taschenbücher Siebenstern; 776)
ISBN 3-579-00776-9

NE: GT

ISBN 3-579-00776-9

Umschlagentwurf: Dieter Rehder, Aachen
Satz: IBV Satz- und Datentechnik GmbH, Berlin
Druck und Bindearbeiten: Mohndruck Graphische Betriebe GmbH, Gütersloh
Printed in Germany

Inhalt

Der Hinduismus

Der Buddhismus

Zur Einführung

»Verachte keine Religion, denn sie ist dem Geist gemeint, und du weißt nicht, was unter unansehnlichen Zeichen verborgen sein könnte.«
Matthias Claudius: An meinen Sohn Johannes, Ges. Schr. II, S. 158

Eine Einführung über diesen Gegenstand bedarf angesichts der Vielzahl einschlägiger Veröffentlichungen einer Rechtfertigung. Es gibt auf dem deutschen Taschenbuchmarkt eine Reihe von Darstellungen, die in jeweils eigenständiger Weise über die Weltreligionen informieren[1]. Es konnte nicht angehen, diesen Veröffentlichungen eine ähnliche weitere zuzufügen. Anderseits: Grundsätzlich Neues und anderes läßt sich auf so beschränktem Raum wie dem hier zur Verfügung stehenden nicht schreiben. Dieses Taschenbuch soll sich daher von anderen insbesondere durch die Art und Weise seiner Materialdarbietung unterscheiden. Das Buch ist *didaktisch* strukturiert. Neben dem fortlaufenden Text finden sich verschiedene andere Textsorten: *Informationsblöcke* vermitteln grundlegendes Wissen, das auch getrennt vom übrigen Text gelesen und eingesetzt werden kann. Das *»Kleine Lexikon ...«* enthält im allgemeinen

1. *Peter Antes:* Die Botschaft fremder Religionen (Topos-Taschenbücher 107), Mainz 1981. – *Emma Brunner-Traut (Hg.):* Die fünf großen Weltreligionen (Herderbücherei 488) Freiburg 1974. – *Peter Meinhold:* Die Religionen der Gegenwart (Herderbücherei 656), Freiburg 1978. – *Paul Schwarzenau:* Christentum und Weltreligionen (Heyne-Taschenbuch, Religion und Glaube 8), München 1981.

Kurzangaben zu wichtigen Festen, heiligen Schriften, Personen religiöser Autorität usw. Es soll dem raschen Informationszugriff dienen. Im Anschluß an die Darstellung mancher Religionen findet sich ein *Abriß*, der neue Bewegungen auf dem Boden der betreffenden Tradition knapp darstellt, vor allem, wenn diese in der Bundesrepublik Deutschland vertreten sind. Der beträchtliche und noch wachsende Einfluß fremder Religionen auf Einstellungen, Haltungen und Handlungen vieler Bundesbürger läßt sich ablesen u. a. an neuen Taschenbuchreihen in den Bereichen: Lebenshilfe und -philosophie, Magie und Okkultismus, Gesundheit, Ernährung, Mythologie, Yoga / östliche Weisheit usw. Die Themenvielfalt ist imposant und die Akzeptanz vieler Veröffentlichungen aufschlußreich. Das vorliegende Taschenbuch kann auf »Alternatives« und »Esoterisches« nur am Rande hinweisen. Eine besondere didaktische Bedeutung kommt dem *vergleichenden Themenregister* zu, das die Gegenüberstellung einzelner inhaltlicher Elemente aus verschiedenen Traditionen ermöglicht. Zur besseren Orientierung sind in das Buch auch *Skizzen* und *Tabellen* aufgenommen worden. Die Darstellung ist nicht nach religionswissenschaftlich-systematischen Gesichtspunkten gegliedert, sondern folgt in lockerer Weise der geographischen Verbreitung der religiösen Traditionen von Westen nach Osten. Sie nimmt also ihren Anfang beim Islam und endet in Japan. Mir lag daran, auch solche Religionsgemeinschaften – wenngleich kurz und summarisch – vorzustellen, die im allgemeinen in einführenden Kurzdarstellungen nicht erwartet werden, z. B. die Parsen, Sikhs und Jainas usw. Aufmerksamen Zeitungslesern dürften heutzutage diese Gruppen bekannt sein, so daß sich nicht zuletzt auch aus aktuellem Interesse Informationen über sie empfehlen.
Die einzelnen Kapitel sind unterschiedlich lang. Natürlich erhalten die großen Traditionen mehr Raum als kleinere Religionsgemeinschaften. Auch kam es darauf an, die Beiträge nach Möglichkeit miteinander vergleichbar zu gestalten.
Besonderer Wert wurde auf die Darstellung der *religiösen Praxis* gelegt, also auf das, was ein frommer Muslim, Hindu, Sikh oder Buddhist tagtäglich tut. Bei manchen Religionen (z. B. Chinas) ließ sich diese Absicht leider nicht verwirklichen, da einschlägige Informa-

tionen schwer erhältlich sind. Auch wenn es in erster Linie um die nach Kräften vorurteilsfreie Vermittlung religionswissenschaftlichen bzw. -geschichtlichen Wissens geht, so hat die vorliegende Veröffentlichung implizit auch *dialogische* Zielsetzungen. Der Verfasser bekennt sich zu einem Christentum evangelischen Glaubens, der ihn inspiriert, fair und mit Empathie auf andere Religionen zuzugehen. Das jeweilige Selbstverständnis der Religionen wird zwar nicht verabsolutiert, aber so ernst wie möglich genommen.

Zum Weiterstudium sind am Ende jedes Kapitels einige knappe Literaturhinweise angefügt worden. Insbesondere zum Thema *Ethik* ist hinzuweisen auf eine neue Schriftenreihe, die in thematischen Querschnitten zeigt, wie die Religionen das Verhalten der Menschen, gerade in den elementaren Lebensvollzügen, prägen: *Michael Klöcker* und *Udo Tworuschka (Hg.):* Ethik der Religionen. Lehre und Leben, München und Göttingen (Verlage Kösel und Vandenhoeck & Ruprecht) 1984ff.

Bad Münstereifel, im April 1984 *Udo Tworuschka*

DER ISLAM

Die Schahada, das islamische Glaubenszeugnis, in einer Kalligraphie: Ich bezeuge, daß es keine Gottheit gibt außer Gott und daß Muhammad der Gesandte Gott ist.

1. Vorurteile gegenüber dem Islam

Wie keine zweite Religion ist der Islam heute interessant geworden, aber gegenüber kaum einer anderen Religion haben wir so viele geschichtlich gewachsene *Vorurteile*[1]. Ein Hauptproblem liegt sicher in der Tatsache, daß der Islam als eine *nachchristliche* Religion von Anfang an nur sehr schwer theologisch zu verarbeiten war. Das alte apologetische Denkmodell, demzufolge in den anderen (vorchristlichen) Religionen »samenhaft ausgestreute Erkenntnisse« vorhanden sind, funktionierte nicht mehr. Der Islam bestritt ja geradezu den Anspruch der christlichen Kirche, die Erfüllung aller bisherigen Heilsgeschichte zu sein, und sah im Christentum eine Vorstufe zur eigenen Religion. Christen haben bis in unser Jahrhundert den Islam als unoriginellen Synkretismus, also als Mischung aus jüdischen, christlichen und »heidnischen« Elementen betrachtet. Muhammad galt als Sklave ungezügelter Sinnlichkeit, dessen Lehre fanatisch »mit Feuer und Schwert« verbreitet wurde. Allah galt – und gilt nicht selten heute noch – als tyrannischer Gott, dem gegenüber der Mensch sich fatalistisch zu schicken habe. Auch hält man den Islam für eine Gesetzesreligion, in welcher der Mensch durch verdienstvolle Werke nach Selbsterlösung strebe.

Natürlich hat auch der Islam seine Vorurteile gegenüber Christen und dem Westen: Das Christentum ist eine durch den Islam überholte Religion, die zwar wertvolle Teilwahrheiten enthält, leider aber auch manche »Übertreibungen«. Die Gottessohnschaft Jesu Christi und die trinitarische Gottesvorstellung sind besonders heikle Punkte. Außerdem hält der Islam, als politische Religion, das heutige Christentum für eine Rückzugsreligion, eine Religion des »stillen Kämmerleins«, die die säkulare Welt ihren eigenen Gesetzen überlassen habe, statt auf sie einzuwirken. Schließlich ist das Christentum für viele Muslime eine düstere Jenseits- und Karfreitagsreli-

1. Vgl. *Heinz-Jürgen Loth, Michael Mildenberger* und *Udo Tworuschka (Hg.):* Christentum im Spiegel der Weltreligionen, Stuttgart, 2. Aufl. 1979.

gion, die aufgrund ihrer leibfeindlichen Einstellung die freie und natürliche Entwicklung des Menschen verhindere. Außerdem wird das Christentum in enger Verbindung mit dem Imperialismus gesehen, dessen Folge für die heutigen Konflikte in der islamischen Welt verantwortlich gemacht werden.
Für 1985 ist nach Aussagen der ICA (»Islamisch Christliche Arbeitsgruppe zu Ausländerproblemen«) damit zu rechnen, daß jedes 10. Schulkind in der Bundesrepublik Deutschland muslimischen Glaubens ist. Die vieldeutige Reislamisierung, die durch große Teile der islamischen Welt geht, trägt dazu bei, daß man am religiösen Leben der Muslime nicht vorbeigehen kann. Hilflosigkeit, mangelhafte und am Sensationellen orientierte Informationen bzw. das vorschnelle Greifen nach vorurteilsbeladenen Klischees kennzeichnen die Reaktionen bei vielen Bundesbürgern, gerade auch bei Lehrern und Erziehern. Unser seit Mitte 1982 laufendes Forschungsprojekt »Bestandsaufnahme und Analyse der Darstellung des Islam in den in der Bundesrepublik Deutschland zugelassenen Schulbüchern«, dessen Ergebnisse mittlerweile teilweise publiziert sind, hat die Hypothese bestätigt, daß die alten Klischees, Stereotypen und Vorurteile sich auch noch in den neuesten Schulbüchern finden[2].

2. Was heißt Islam?

Das Wort Islam leitet sich vom IV. Stamm der Wurzel *s-l-m* ab, welche heil sein, ganz sein, unversehrt sein bedeutet. Das Verb *aslama* bedeutet »sich hingeben, sich Gott ergeben, den Islam annehmen«. Derjenige, der sich Gott hingibt, ist ein Muslim (oder Moslem) – ein Partizip des IV. Stammes. Vor allem ein Gedanke gehört unverzichtbar zur Wesensbestimmung von Islam: *tauhid* – die Idee der

2. Vgl. die Vorstellung des Forschungsprojektes, in: Internationale Schulbuchforschung 5 (1983), H. 1, S. 93–97.

göttlichen Einheit. Diesem einen Gott gibt sich der Muslim vertrauensvoll hin.
Um zu erfassen, was Muslime unter »Islam« verstehen, muß man mehrere Bedeutungsebenen unterscheiden. So ist Islam mehr als nur eine Religionsgemeinschaft, die zu einer bestimmten Zeit entstand, eine Geschichte und ganz bestimmte Strukturen besitzt. Islam ist auch mehr als das intentionale, von Herzen kommende Praktizieren der Religionspflichten, die allen Gläubigen auferlegt sind. Für Muslime ist Islam vor allem die eine und *wahre* Religion, die auf Adam, den ersten islamischen Propheten, zurückgeht und die von den Gesandten ihren jeweiligen Völkern verkündet wurde. Sure 7, 172 enthält die grundlegende Idee der *Uroffenbarung:* Zu Beginn aller Zeit (»damals«) offenbarte sich Gott allen Menschen. Der Inhalt dieser Uroffenbarung ist der reine *Monotheismus.* Diese schöpfungsgemäße Religion *(din al-fitrah)* ist unterschiedslos allen Menschen, die damit zum »großen Bund« *(ahd)* gehören, eingepflanzt. Viele Muslime argumentieren schließlich, daß Islam und Frieden *(salam)* zusammengehören.

3. Muhammad

● *Der Prophet in abendländischer und islamischer Sicht*
Seit jeher fehlte dem christlichen Abendland bis auf geringe Ausnahmen ein Verständnis des Propheten Muhammad. Seine Person war von Anfang an Gegenstand schärfster Polemik. Man bezweifelte seine Offenbarungen und unterstellte ihm, unwissend, verschlagen und gewalttätig zu sein. Seit der Aufklärung und Romantik besserte sich stellenweise die westliche Einschätzung. Die entstehende Orientalistik trug dazu bei, die Biographie Muhammads auf wissenschaftliche Fundamente zu stellen. Aber die westliche Orientalistik und Religionsforschung waren und sind natürlich nicht ohne Voraussetzungen und vorurteilsfrei. Sehr vielen Nichtmuslimen

scheint ein Verständnis dafür zu fehlen, was Muhammad den Muslimen *bedeutet,* welche Verehrung er bei ihnen genießt. Muhammad ist Muslimen weit mehr als ein »Objekt in der Geschichte«, sondern vielmehr ein »Gegenstand des Glaubens« (A. H. Khan).
Muhammad ist nach Aussagen des Korans als »Barmherzigkeit für die Welten« gesandt; er ist »Rufer zu Allah« *(daʿi).* Gott und die Engel segnen ihn, »er ist wahrlich von edler Natur« (68,4). Die Muslime achten und verehren ihn. Man nennt oder schreibt seinen Namen nie, ohne die Eulogie »Möge Gott Wohlgefallen an ihm haben und ihn gesund erhalten« hinzuzufügen. Lebensweise und Aussprüche Muhammads *(Sunna)* sind Richtschnur der Gläubigen. Muhammad wird als »Lehrer und Vorbild« empfunden.
Von großer Bedeutung ist die Tatsache, daß Muslime die *Universalität* des Propheten unterstreichen, der ein »Segen für die ganze Menschheit« darstellt (Sure 21,107).

● *Muhammad in Mekka*

Muhammad wurde um 569/570 n. Chr. in Mekka geboren. Sein Vater Abdallah starb kurz vor der Geburt des Sohnes auf einer Geschäftsreise in Medina. Muhammads Mutter Amina, der die Besonderheit der Geburt von einem Engel angekündigt worden war, starb, als ihr Junge sechs Jahre alt war. Muhammad kam in die Obhut seines Großvaters Abd al-Muttalib, der zu den angesehenen Persönlichkeiten Mekkas zählte. Als Muhammad schließlich nach dessen Tod seinem Onkel Abu Talib anvertraut wurde, schien sich die wirtschaftliche Situation des Haschemitengeschlechtes verschlechtert zu haben. Muhammad weidete in seiner Jugend die Herden seines Onkels, der ihm aber wegen dessen offensichtlicher Begabungen bald kaufmännische Aufgaben anvertraute. Unter der mekkanischen Bevölkerung erwarb sich der Heranwachsende rasch ein großes Ansehen, so daß man ihm den Titel *»al-amin«,* d. h. »der Treue«, »der Zuverlässige« gab. Im Alter von 25 Jahren heiratete ihn die vorher zweimal verheiratete und wesentlich ältere wohlhabende Kaufmannswitwe Chadischa, eine herausragende und bemerkenswerte Frauengestalt, die als eine verständige, edle und gute Frau geschildert wird, die Gott zu hoher Gnade bestimmt hatte. Der Ehewunsch ging nicht von Muhammad aus, der dadurch selbst etwa zu Reichtum gelangen wollte, sondern von Chadischa, die von den Leistungen des jungen Mannes bei der Wahrnehmung ihrer Handelsgeschäfte gehört hatte. Die 93. Sure reflektiert diese Lebenserfahrungen Muhammads. Aus der lange währenden und als vorbildlich bezeichneten Ehe, die bis heute das Vorbild der islamischen Ehe darstellt, entsprossen drei Söhne und vier Töchter. Die Söhne starben alle im Kindesalter. Die Tochter Fatima wurde als Frau Alis, des Sohnes von Abu Talib, zur Stammesmutter der Nachkommen des Propheten.

Der Wendepunkt in Muhammads Leben trat im Alter von 40 Jahren, also im Jahre 610, ein. Aus innerer Unruhe und Empörung über das unsoziale Treiben der Mekkaner, die die Wenigerbemittelten übervorteilten und einer Vielzahl von Göttern und Göttinnen sowie Geistern (Djinnen) huldigten, zog sich Muhammad nach dem Vorbild der *Hanifen* (monotheistische Gottsucher, die weder Juden noch Christen waren) episodisch in die Einsamkeit des Berges Hira zurück. Dort widmete er sich Meditationsübungen und Gebeten.

Er wurde von Gott durch den Erzengel Gabriel gerufen und mit dem Auftrag versehen, die sündigen und weltfreudigen Mekkaner zur Umkehr zu bewegen. Die Geschichte des Berufungserlebnisses liest sich dramatisch und spannend: Sie zeigt einen gottbegeisterten und -erfüllten Mann, der vom Geist Gottes getrieben ist.

Seine Botschaft fand unter den Mekkanern zunächst wenig Anklang. Die ersten Anhänger stammten aus seinem familiären Umfeld (Chadischa, Ali). Dazu kamen bald Zaid, der von Muhammad adoptierte und freigelassene Sklave, sowie Abu Bakr, der angesehene und gelehrte Kaufmann. Schließlich »nahmen Männer und Frauen truppenweise den Islam an, bis man in Mekka viel davon sprach«.

Die Repressalien der feindlichen mekkanischen Aristokratie, welche zunächst die sozial Niedrigstehenden trafen, führten dazu, daß Muhammad eine Anzahl seiner »Prophetengefährten« nach Abessinien auswandern ließ. Der Kreis um den Propheten machte durch seine Standhaftigkeit Eindruck. Boykottmaßnahmen gegen den Revolutionär, »der die Grundlagen der auf die Pietät gegen das Erbe der Väter gegründeten Gemeinschaft zu unterwühlen drohte«[3], fruchteten letztlich nicht viel. Muhammad schloß einen Vertrag mit muslimisch gewordenen Einwohnern der Stadt Jathrib und wanderte verabredungsgemäß im Jahre 622 mit seinen Anhängern aus *(Hidschra = Auswanderung).*

● *Muhammad in Medina*

Nachdem Muhammad zwei sich befehdende Stämme vereint hatte, bekannte sich die Bevölkerung rasch zu seiner neuen Lehre. Nur die Bekanntschaft mit den Juden verlief negativ, da sie nicht von der von Muhammad behaupteten Übereinstimmung der beiden Religionen überzeugt waren.

Die *medinensische* Phase zeigt Muhammad weniger als religiös-inspirierten Gerichtsprediger und Botschafter eines neuen Glaubens, sondern als Staatsmann und Politiker. Muhammads Ziel bestand darin, die eigenen Anhänger in die Gesamtbevölkerung Medinas zu integrieren. Daher erließ er im Jahre 623 die »Gemeindeordnung von Medina«, in der feierlich proklamiert wird, daß nun die Gläubigen untereinander Brüder und die Stammesbindungen aufgehoben seien. Diese neue Gemeinschaft *(Umma)* gilt auch heutigen Muslimen als Idealbild eines islamischen Staates, in dem Solidarität, Gerechtigkeit und Brüderlichkeit die höchsten Werte sind.

Die Probleme in Medina machten es erforderlich, daß der Prophet von Anfang an Funktionen wahrnehmen mußte, die nach unserem Verständnis in den Aufgabenbereich des Staates fallen. Gewaltanwendung zum Schutz seiner Gemeinde war somit unvermeidlich, da die Muslime andernfalls angesichts der damaligen Raubzüge und Stammesfehden keine Überlebenschance gehabt hätten. Nach mehreren Kämpfen mit wechselndem Ausgang kehrte der Prophet im Jahre 630 in seine Vaterstadt zurück. Die Mekkaner leisteten angesichts der Übermacht der Medinenser kaum Widerstand. Muhammad zerstörte die »Götzenbilder« in der Kaaba, behandelte die besiegte Bevölkerung jedoch großzügig, so daß viele seiner heftigsten Gegner bald zum Islam übertraten.

3. *Richard Hartmann:* Die Religion des Islam, Berlin 1944, S. 14.

Im März 632 unternahm Muhammad die erste reformierte Wallfahrt nach der neuen heiligen Stadt Mekka, die Abschiedswallfahrt genannt wird.

4. Sunna-Schia

Entstehung:
Die Trennung der Schia (Schia = Abspaltung, Partei) von der Sunna (= »Orthodoxie«) vollzog sich, als die Gläubigen sich nach dem Tod Muhammads nicht über die Person des Nachfolgers einigen konnten.

Sunniten:
Bezeichnung für alle diejenigen Muslime, die getreu der historischen Realität in Abu Bakr, Umar, Uthman und dann erst Ali die vier ersten rechtgeleiteten Kalifen sehen.

Schiiten:
Bezeichnung für alle diejenigen Muslime, die Ali, den Vetter und Schwiegersohn und späteren vierten Kalifen als ersten rechtmäßigen Nachfolger Muhammads ansehen.

Unterschiedliche Ämterauffassung:
Sunniten und Schiiten unterscheiden sich in ihren Forderungen bezüglich des Leiters der Gemeinde, der in der Sunna als *Kalif* und in der Schia als *Imam* bezeichnet wird.

Kalif
- muß zum Stamm des Propheten gehören
- muß sich in religiösen Quellen auskennen
- muß politische Eignung besitzen

Imam
- muß ein Nachkomme Alis sein

  Die Ansichten der verschiedenen schiitischen Gruppen über die Gestalt des Imams variieren.

Extreme Schiiten	*Ismailiten*	*Zwölferschiiten*	*Zaiditen*
glauben an das Einwohnen Gottes in Ali und vielen seiner Nachkommen, den Imamen. Sie sind heute noch als kleine Splittergruppe, z. B. in Syrien, verbreitet.	Die I. glauben, daß der schon vor seinem Vater verstorbene Sohn des 6. Imams, Ismail, der rechtmäßige 7. Imam sei, in der Verborgenheit weiterlebt u. eines Tages als Mahdi auf die Welt zurückkehren wird. Die I. werden daher auch Siebenerschia genannt. Sie sollen zweimal am Tag die Moschee aufsuchen, betonen meditative Elemente, halten sich nicht an das Ramadan-Fasten. Die Pilgerfahrt ist keine Verpflichtung, dafür aber der *hajj* zum lebenden Imam, der das inkarnierte Wort Gottes darstellt. Die I. glauben an die *Reinkarnation* → S. 93 ff.). Eine Untergruppe der I. trat im 10. Jh. für Gleichberechtigung u. Gütergemeinschaft ein (die Qarmaten) u. gelten heute bei manchen Denkern als frühe Sozialisten. Die I. haben heute über 20 Mio. Anhänger u. sind in ca. 40 verschiedenen Ländern verbreitet.	Diese bedeutendste Gruppe benennt sich nach dem 12. Imam, Muhammad ibn Hasan al-Mahdi, der nach ihrer Überzeugung in die Verborgenheit entrückt wurde, dort weiterlebt und einst als Mahdi zurückkehren wird. Während seiner Abwesenheit sollen qualifizierte Theologen die Leitung der Gemeinde übernehmen. Die Z. sind hauptsächlich im Iran verbreitet.	Die Z. halten im Gegensatz zu den Zwölferschiiten und den Ismailiten Zaid, den Sohn des 4. Imams, für den rechtmäßigen Nachfolger. Die Z. verlangen, daß ein Imam, abgesehen von der Abstammung von Ali, geistige Fähigkeiten besitzen und um sein Amt kämpfen muß. Sie lehnen die Vererbung der Imamatswürde und den Mahdiglauben ab.

Die endgültige Entzweiung zwischen Sunna und Schia geschah, als nach dem Tod Alis dessen Sohn Hussein bei dem Versuch, seinen Rechtsanspruch auf die Leitung der Gemeinde durchzusetzen, ums Leben kam.

Einige theologische Unterschiede zwischen Sunna und Schia:

1. der Mahdiglaube (siehe auch S. 47).
2. Menschenbild: In der Schia gibt es im Gegensatz zur Sunna unter dem Einfluß des Neuplatonismus den Gedanken einer »Gottebenbildlichkeit«. Dualistische Einflüsse aus dem Zoroastrismus sind nachweisbar.
3. Die in der Sunna seit dem 9. Jh. untersagte Möglichkeit, durch ein Studium der religiösen Quellen *neue* Entscheidungen zu treffen (Idschtihad), besteht in der Schia weiter.
4. In der Schia besteht ein besonders positives Verhältnis zum Leiden und zum Märtyrertum (bedingt durch den Tod Husseins).
5. In der Schia herrscht generell eine größere Aufgeschlossenheit gegenüber philosophischen und mystischen Vorstellungen.
6. Das Prinzip der Verheimlichung des religiösen Bekenntnisses *(taqiya)* vor Widersachern[4].

4. Tabelle leicht verändert übernommen von: *Monika Tworuschka:* Allah ist groß. Religion, Politik und Gesellschaft im Islam, Gütersloh (GTB Siebenstern 1079) 1983, S. 39f.

5. Kleines Lexikon: Der Koran

Der Koran[5] *(Qur'ān)*, wörtl. Lesung, Rezitation, Vortrag, ist das von dem Propheten Muhammad empfangene »Wort Gottes«. Der Prophet war inspiriert und schrieb unter göttlicher Eingebung. Der Koran ist das Abbild eines präexistenten Urbuches (»Mutter des Buches«, »wohlverwahrte Tafel«), mit dem er bis in die Orthographie übereinstimmt. Sprecher im Koran ist immer Gott, nie der Prophet. Das häufig vorkommende pluralische »Wir« bezieht sich stets auf Gott, manchmal auch auf Gott im Kreise seiner Engel. Der Beginn der Offenbarungen war die »Nacht der Macht« oder »Herrlichkeit« (lailat al-qadr) im Monat Ramadan. Nicht der ganze Koran auf einmal wurde geoffenbart, sondern einzelne Stücke nacheinander.
Der Koran zerfällt in 114 Suren. Jede Sure, mit Ausnahme der 9., beginnt mit der Formel »Im Namen des barmherzigen Gottes«. Jede Sure enthält Verse. Diese heißen *»'aya«* und bedeuten »Zeichen, Wunderzeichen«.
Nach dem Ort der Offenbarung unterscheidet man *mekkanische* (drei Phasen) und *medinensische* Suren. Im Unterschied zum AT oder NT ist der Koran nicht fortlaufend zu lesen; er besitzt kein inhaltliches Aufbauprinzip.
Die Überlieferung vollzog sich zunächst mündlich. Muhammad trug seinen Prophetengenossen so lange die Offenbarungen vor, bis diese sie memorieren konnten. Vor der Hidschra diktierte Muhammad möglicherweise zusammenhängende Stücke. Die endgültige Redaktion erfolgte unter dem Kalifen Uthman (650). Der Koran ist auf arabisch geoffenbart worden. Diese Sprache ist *heilige* Sprache im wortwörtlichen Sinne. Der Koran gilt als unübertrefflich in literarischer Hinsicht. Er stellt

5. Vgl. zur Einführung *Tilman Nagel:* Der Koran. Einführung, Texte, Erläuterungen, München 1983; außerdem *Paul Schwarzenau:* Korankunde für Christen. Ein Zugang zum heiligen Buch der Moslems, Stuttgart u. a. 1982.

das größte Wunder dar. Er enthält keine Widersprüche, ja sogar die Vorwegnahme wissenschaftlicher Erkenntnisse.

6. Die Lehre

● *Inhalte des Glaubens*

Einer geläufigen Einteilung zufolge stellt sich der Islam in drei Teilen dar:

- Glaubensbekenntnis
- Pflichtenlehre
- Sittenkodex

Das Glaubensbekenntnis enthält fünf (bzw. sechs) Artikel:

- Glaube an den einen Gott
- Glaube an Gottes Engel
- Glaube an die Bücher Gottes
- Glaube an die Gesandten Gottes
- Glaube an den Jüngsten Tag

Die Sunniten fügen noch den Glauben an die Vorherbestimmung hinzu. In heutigen Darstellungen wird dieser letzte Artikel gelegentlich weggelassen.

Von *Gott* und seinen heilvollen Beziehungen zum Menschen handelt der nächste Abschnitt. Was die *Engel* betrifft, so erwähnt der Koran einige mit Namen (Dschibril = Gabriel, Mikail, Harut und Marut). Engel sind gute lichtartige Wesen, die ausnahmslos Gott loben, die Menschen bewachen, ihre Taten verzeichnen und die Seelen der Toten in Empfang nehmen. Der islamische Teufel, Iblis, war selbst ursprünglich ein solcher Engel, bis er sich weigerte, vor Adam niederzufallen. Dafür wurde er von Gott aus dem Paradies verwiesen.

Zu den *Büchern Gottes* zählen Psalter, Thora und das als ein Buch aufgefaßte Evangelium, vor allem aber der Koran (→ S. 23 f.). Zu den

Gesandten Gottes gehören u. a. Adam, Abraham, Moses, Isa (= Jesus) und Muhammad, das »Siegel der Propheten« (Sure 33,40). Isa wird in mehreren Suren, teils sporadisch, teils in zusammenhängenden Erzählungen, erwähnt. Im allgemeinen ist der Isa-Stoff in einen prophetologischen Rahmen eingefügt (vgl. Sure 19,1–41: sog. »Mekkanisches Kindheitsevangelium«). Er ist Gottes Diener *(abd)*, Prophet *(nabi)*, Bringer des Buches. Insbesondere aber ist er der *Isa ibn Maryam*, Jesus der Sohn der Maria und nicht der Gottessohn, was einer Blasphemie Gottes nahekäme. Isa wird auch als Zeuge gegen die Christen aufgerufen; statt in seiner Botschaft den bereits von den anderen Propheten vor ihm verkündeten Monotheismus hervorzuheben, haben die Christen Isa vergöttlicht und zu einem von dreien gemacht. Isa ist gestorben und zu Gott erhöht worden (Sure 3,48). Gnostisch beeinflußt scheint die Aussage in Sure 4,154ff. zu sein, in der es um die Kreuzigung Isas geht. Auch wenn die Juden glaubten, sie hätten Isa an das Kreuz genagelt, so täuschten sie sich, da sie nur dessen menschliche Hülle (Scheinleib), nicht aber seinen Geist töten konnten. Muslime deuten Sure 61,6, in der Isa auf einen »Kommenden« mit Namen Ahmed hinweist, auf Muhammad.
Einige Aussagen über das *Jüngste Gericht* finden sich im Zusammenhang der Ausführungen über die Eschatologie (→ S. 29).

● *Gottes- und Menschenbild*

Der Koran sieht in den beiden anderen monotheistischen Religionen Judentum und Christentum eine gleiche Wurzel gegeben. Er spricht von den »himmlischen« oder den »Offenbarungs«-Religionen, die eine Einheit bilden. Diese drei Religionen gehen auf den Stammvater Abraham zurück, der mit seinem Sohn Ismael die Kaaba als Zentrum des Monotheismus in der Mitte der Welt errichtete. Die drei Abrahamsreligionen haben in der Tat vieles gemeinsam.

Alle sehen den lebendigen Gott als Schöpfer Himmels und der Erden und ihren Erhalter, als Herrn der Geschichte und zukünftigen Weltenrichter. Alle drei Traditionen sehen Gott als ewigen, gerechten und gütigen, aber auch als allmächtigen, allwissenden Herrn. Wie kaum eine zweite Religion betont der Islam die göttliche *Ein-*

heit und *Einzigkeit*. Jedes Rütteln an diesem Prinzip ist Sünde, und die größte Sünde, die selbst Gott nicht mehr vergibt, besteht darin, ihm ein Wesen »beizugesellen« (*schirk*, Sure 4,51). Die zunächst nur gegen die polytheistischen Mekkaner gerichtete 112. Sure bringt dieses Einheitsbekenntnis in klassischer Weise zum Ausdruck. So oft wie in keiner anderen Heiligen Schrift der Völker wird Gott im Koran als der »barmherzige Erbarmer« *(ar-rahman ar-rahim)* bezeichnet. Gottes Barmherzigkeit *(rahma)* kann als *vorauslaufende Gnade* verstanden werden, mit der Gott an die Menschen herantritt. Wichtige Hinweise auf die göttliche Barmherzigkeit sind die Schöpfung und die wohltätige Ordnung der Natur. Die Sendung der Propheten versteht der Islam als weiteren Erweis von Gottes Güte. Das größte Ereignis des barmherzigen Angebotes Gottes an die Menschen aber ist der Koran (→ S. 23f.). Gott ist der *Herr (rabb)*, der Mensch sein *Diener (abd)*. Rabb hat vielerlei Bedeutungen und meint neben dem Herrn denjenigen, der den Menschen in jeder Hinsicht umsorgt, ihm hilft, dessen Leben, Erziehung, Ernährung, Gesundheit, diesseitiges und jenseitiges Glück gewährt. Der Mensch als *»abd«* ist dann weniger der einem Despoten ausgelieferte Diener als vielmehr derjenige, der sich Gott völlig überlassen hat, der seine gute Fürsorge annimmt, der von Gott in jederlei Hinsicht umsorgt ist[6].

Gott hat »sich zur Barmherzigkeit verpflichtet« (Sure 6,12 und 6,54) und ist dem Menschen näher als seine eigene Halsschlagader (Sure 50,15).

Der Ausdruck »Vater« wird im Islam traditionellerweise in einem physischen Sinne verstanden. Wenn Gott »Vater« sein soll, dann muß er eine »Frau« haben. Angesichts des altarabischen Polytheismus, wo es ein Pantheon mit Göttern und Göttinnen gab, erscheint die Verweigerung der Vater-Anrede nur konsequent. Außerdem drückt der Vatername eine allzu große Vertraulichkeit aus.

Zu den schönsten Namen Gottes zählen folgende: Gott der Verge-

6. *Abdoldjavad Falaturi:* Gott und Mensch aus islamischer Sicht, in: Im Gespräch: Islam und Christentum, hg. vom Arabischen Kulturzentrum, Köln 1983, S. 81.

bende, Gnädige, Barmherzige, Großzügige, Freigebige. Außerdem ist Gott der »an sich immer und ewig Bestehende« bzw. der »Erste« und der »Allerletzte«. In vergeistigter Weise wird er in der eindrucksvollen Lichtsure (24,35) als das »Licht der Himmel und Erde« beschrieben, als »Licht über Licht«.
Es gibt jedoch zahlreiche Koranstellen, die das *mysterium tremendum* an Gott betonen. Er wird als »Ränkeschmied,« »Tyrann«, als »In-die-Irre-Leitender«, »Hochmütiger« usw. gesehen. Solche Antithesen zu anderen Namen können einfach nicht miteinander harmonisiert werden. Sie gehen auf den jeweiligen Kontext der Predigtsituation Muhammads zurück.
Im Koran halten sich die Freiheits- und Prädestinationsaussagen in etwa die Waage. Frühe Texte vertreten ohne Abstriche die Ansicht, daß der Mensch frei verantwortlich handeln könne (im Unterschied zu den Engeln, die ausschließlich gut sind). In späteren Phasen ist davon die Rede, daß Gott das Herz des Menschen »verstockt«, ihn »in die Irre führt« usw. – im allgemeinen geschieht dies jedoch als Strafe für vorher begangene Taten. Das Thema des freien Willens war ein zentrales Thema der islamischen Theologie. Es gibt Schulrichtungen, die dem Menschen jegliche Freiheit absprachen, und solche, die ihm größere Freiheiten zugestehen. Heute wird Gott im allgemeinen als der Vorherwissende verstanden. Islamische Theologie spricht von *al-qada wa'l-qadar*, d. h. vom ständigen Anwesendsein Gottes, das die Handlungen des Menschen begleitet.
Im Christentum wird die Stellung des Menschen vor Gott traditionellerweise auf der Basis von Schöpfung – Sündenfall – Erlösung reflektiert. Dem Islam sind die Begriffe Ur-/Erbsünde und Erlösung von Hause aus fremd. Islamisches Denken spannt einen Bogen, der eher mit Schöpfung – Bewährung – Gottes Gericht zu umschreiben ist. Was die Schöpfung des Menschen anbelangt, so wird dieser im Koran auf Befehl Gottes aus Staub, Erde bzw. geronnenem Blut in schöner, vom Schöpfer so gewollter Gestalt ins Leben gerufen. Daraufhin haucht Gott ihm seinen Geist ein. Zwei weitere Grunddaten der islamischen Anthropologie, auf die schon hingewiesen wurde, belegen einerseits ihre Nähe zu biblischen Konzeptionen, machen aber auch deren Verfremdung deutlich. Es handelt sich um Gottes

»Uroffenbarung« und seinen »Urbund« mit allen Menschen. Von einer »Gottebenbildlichkeit«, wie sie Juden und Christen lehren, ist im Koran ausdrücklich nirgendwo die Rede. Dem erhabenen und transzendenten Sein Gottes kann nichts ähnlich sein. Das besondere, von aller nicht menschlichen Kreatur unterschiedene Verhältnis des Menschen zu Gott und der Herrschaftsauftrag über die Natur sind im koranischen Menschenbild vorhanden. In der Rede vom »Treuhänder Gottes« *(chalifa)* auf Erden kommen einige dieser Gesichtspunkte zum Tragen.

Die Heilige Schrift des Islam berichtet in mehreren Versionen eine Sündenfallgeschichte (2,30ff.; 7,11ff.; 20,115ff.). Doch kommt ihr im Gesamt der islamischen Glaubenserfahrung nicht annähernd jener Stellenwert zu, den unsere Genesispassage durch die augustinische Erbsündenlehre bekommen hat. Nach islamischer Ansicht mißbraucht der Mensch sein von Gott verliehenes Potential. Die *exzeptionelle* und zugleich *kritische* Stellung des Menschen innerhalb der Schöpfung wird hier deutlich. Weil er seinen freien Willen mißbraucht hat, wird der Mensch des Paradieses verwiesen und bevölkert seitdem die Erde. Dennoch liegt der Kernaussage des Adamsmythos eine hoffnungsvolle Intention zugrunde: Gott vergibt dem reuigen Sünder immer wieder.

Wenngleich der Mensch Gottes gelungene Schöpfung ist und sein Treuhänder auf Erden, so haben die anthropologischen Aussagen des Korans einen eher *realistisch düsteren* Zug. Der Mensch ist zwar Gottes bestes Geschöpf und steht aufgrund seines freien Willens hoch über den Engeln, doch schon die Tatsache seines Geschaffenseins weist auf seine Schwäche hin (86,4): Er ist von Natur aus schwach, unbeständig, unzuverlässig, kleinmütig, ungeduldig, unwissend. Er neigt zur Ungerechtigkeit und zeigt wenig Interesse, den Glauben anzunehmen. Der vergeßliche und schwache Mensch bedarf also der »Rechtleitung«. Bei genauem Zusehen läßt die Sündenfallgeschichte aber nicht nur die mangelnde Standhaftigkeit als Symptom der Unheilssituation erkennen. Es ist nämlich auch die Rede davon, daß Adam »widerspenstig« wurde und vom rechten Weg »abirrte« (20,119).

● *Eschatologie*
Den Gläubigen wird das Paradies verheißen, den Ungläubigen das Feuer der Hölle. Eindrucksvolle Schilderungen des Jüngsten Tages finden sich in den frühen Suren (78; 81; 82; 99; 101). In der 56. und 78. Sure ist die Rede von den Gärten der Wonne, in denen die Muslime Wein trinken dürfen, der ihnen keine Kopfschmerzen bereitet. Außerdem werden ihnen hübsche Paradiesesjungfrauen *(Huri)* als Lohn versprochen. »Jungfrauen mit schwellenden Brüsten« bereiten den Gläubigen ein seliges Dasein.
Die wenigen Andeutungen erwecken den Eindruck, als ob das islamische Paradies ein sinnenfrohes Schlaraffenland ist. Diese Auffassung kränkt jedoch viele Muslime, die einen solchen Eindruck für oberflächlich halten. In der Tat darf man die Paradiesesfreuden nicht nur sinnlich, als »Verbesserung« irdischer Zustände sehen. Manche Muslime betrachten die konkreten Vorstellungen und Bilder (Gärten, Bäche, schöne und junge Huris, Teppiche, kostbare Kleidung, Perlen, Früchte, Wein usw.) als den damals lebenden Menschen angepaßte Vorstellungsformen. Außerdem haben die Paradieseswonnen unverkennbar spirituelle Aspekte: Es geht um die Vertiefung der menschlichen Beziehungen untereinander. Von großer Bedeutung ist die Auslegung von Sure 10,27: »Denen, die Gutes taten, wird Gutes und noch mehr.« Einige Hadithen kommentieren sie dahingehend, daß über das Paradies hinaus Gott seinen Gläubigen noch mehr verheißen habe: die Schau Gottes selbst (visio Dei).

7. Die islamische Mystik – Der Sufismus

● *Information: Mystik (taṣauwuf)*
Aus christlichen, neuplatonischen und indischen Einflüssen

sowie nicht zuletzt aus islamischem Gut (z. B. zahlreichen mystischen Anklängen im Koran) speist sich die islamische Mystik, die auf die Ausgestaltung des religiösen und kulturellen Lebens den denkbar größten Einfluß ausgeübt hat. Am Anfang steht eine asketische Richtung, deutlich inspiriert von christlichen Anachoreten (Mönchen). Ihr traditionelles Gewand aus Wolle *(ṣūf)* hat der Bewegung den Namen gegeben *(taṣauwuf*, ursprünglich »sich in Wolle kleiden«). Später erwuchsen aus dem Bemühen um den rechten Weg *(ṭarīqa)* zu dem allen Mystikern gemeinsamen Ziel, der Vereinigung mit der Gottheit, einerseits die theoretischen Systeme, andererseits die praktischen Orden *(ṭarīqa)* deren Anhänger, häufig »Derwisch« (= »Armer«) genannt, sich den Ordensregeln und der Leitung eines geistlichen Führers (Pīr, Schaich) zu unterwerfen hatten. Zur Erzielung ekstatischer Zustände griff man hier zu animierenden Mitteln wie Musik und Tanz. In der theoretischen Ausgestaltung steht ein gemäßigter, um orthodoxe Haltung bemühter Zweig (vertreten durch *Quschairī*, *Ghazzālī* u. a.) neben einer im Grunde ketzerischen Richtung mit stark neuplatonischem Einschlag. Einer ihrer frühesten Vertreter ist *Hallādsch*, der die mystische Einwohnung Gottes erlebte (theopathische Ausrufe wie »Ich bin Er«) und dafür 922 als Ketzer gekreuzigt wurde. Ebenfalls als Ketzer hingerichtet wurde unter Saladin der Philosoph *Suhrawardī* wegen seiner mystischen »Erleuchtungsphilosophie« *(hikmat al-ischrāq)*, die nicht nur auf Neuplatonisches, sondern auch den zoroastrischen Dualismus aus Licht und Finsternis (der sich allerdings mit koranischen Vorstellungen leicht verbinden läßt) zurückgreift. Der bedeutendste Vertreter der neuplatonischen Richtung ist jedoch *Ibn ʿArabī* († 1240). In seinen zahlreichen Schriften (etwa 150 sind erhalten) lehrte er die Wesenseinheit aller Dinge, die alle eine Manifestation der göttlichen Substanz seien. Bei ihm taucht zentral auch der für die spätere Mystik so wichtige neuplatonische Begriff des »vollkommenen Menschen« *(insān kāmil)* auf, der die Emanation des absoluten Seins aus sich selbst und dessen Rückkehr zu sich selber verkörpert. Durch eine

Reihe von Erleuchtungen emporsteigend, erlangt er die letzte Stufe, die Erleuchtung der Wesenheit, und wird damit zum allmächtigen Pol *(quṭb)* des Weltalls, zum Stellvertreter Gottes in der Welt, zum Bindeglied zwischen Gott und den erschaffenen Dingen, eine Lehre, die von ʿAbd al-Karīm al-Dschíli († 1417) in einer berühmten Schrift weiter ausgebaut wurde. Die vollkommenste Verkörperung des »vollkommenen Menschen« war für die Sūfīs Muhammad. Bedeutend ist wegen ihrer neuplatonischen Weltsicht – alles Irdische ist Spiegelbild höherer Wahrheiten – der Einfluß der Mystik auf die Entwicklung der islamischen Literatur: Die mystischen Weinoden ʿUmar ibn al-Fāriḍs und die (von ihrem Autor mystisch kommentierten) Liebesgedichte Ibn ʿArabīs (arabisch), die mystischen Epen von Sanāʾı († wahrscheinlich 1131), ʿAṭṭār († wahrscheinlich 1220), Dschalāl ad-Dīn Rūmī († 1273) (persisch), die mystischen Choräle eines Yunus Emre († 1320) (türkisch) sowie zahllose andere mystische Werke (auch in Urdu, Sindhi und anderen islamischen Sprachen) gehören zum Schönsten, was die islamische Literatur hervorgebracht hat.

J. Christoph Bürgel: Art. Islam, in: TRT, 4. Aufl., Bd. 2, S. 336f.

● *Beispiel: Tanz und Musik als Wege zu Gott*

Der einstige Popstar Cat Stevens, Schöpfer zahlreicher und teilweise unvergänglicher Hits (»Morning has broken«), bekennt sich seit einiger Zeit zum Islam. Jussuf Islam, wie er sich nun nennt, widmet sich der Verbreitung des Islam und ist Direktor und Lehrer an einer islamischen Grundschule im Norden von London. Im Islam sieht das einstige Musikidol »das einzig Akzeptable für unser Jahrhundert«. Die Musik betrachtet er heute mit zwiespältigen Gefühlen: »Musik in der Freizeit kann harmlos sein, aber sie verleitet uns, unsere Pflichten als Moslems zu vernachlässigen. Musik kann sogar gefährlich sein. Sie gleicht einer starken Medizin, welche mit Vorsicht

eingenommen werden sollte« (Kölner Stadt-Anzeiger vom 23. 8. 1983).
Diese Meldung wirft ein Licht auf das heutzutage in bestimmten islamischen Kreisen gespannte Verhältnis zur Musik. Obgleich der Koran keine Musikfeindlichkeit begründet, zählen manche orthodoxen Gelehrten verschiedener Rechtsschulen das Musikhören zu den »verbotenen Freuden«. Im islamischen Kultus hat jedoch der Gebetsruf des Muezzins einen melodiösen Klang, und auch die ehrfurchtsvolle Koran-Rezitation wird mit erhobener Stimme durchgeführt. Viele heutige »Islamisten« lehnen Musik dennoch als religiöse Entartung ab, während die Republikanischen Brüder im Sudan andererseits die Musik als Wiederbelebung der mystischen Traditionen empfehlen.
Daß Tanz und Musik in dem ansonsten eher nüchternen und würdevoll-ernsten Islam einen legitimen Weg zu Gott darstellen können, zeigt uns die Bruderschaft der im Westen als »Tanzende Derwische« bekannten Mewlewije-Gemeinschaft. Konya im südlichen Anatolien ist die Stadt, in der jährlich einmal im Dezember der große mystische Dichter und Gelehrte Dschalal ad-Din Rumi (1207–1273) gefeiert wird. Der Name des Ordens »Maulauwia« (bzw. türkisch: Mewlewiya) leitet sich vom Titel dieses Mannes »Maulāna« (Mewlana) ab und bedeutet »unser Herr«. Der persisch gebildete Mystiker, dessen Wahlheimat die Türkei war, wurde überall dort gelesen, wo die Kenntnis des Persischen vorherrschte, bis hin nach Indien und Zentralasien. Konya ist heute ein bedeutender Wallfahrtsort. Hier liegen die Gräber Maulanas, seiner Familienangehörigen sowie bedeutender Vertreter des Ordens. Hier soll sich auch in einem kleinen Kästchen der berühmte Bart des Propheten befinden.
Die Mitglieder des Ordens gehören unterschiedlichen gesellschaftlichen Schichten und Berufen an. Nur eine kleine Anzahl von Ordensmitgliedern lebt ständig in den *Medresen* (Schulen) oder Klöstern.
Die von einem Scheich (→ S. 40) geführten Ordensmitglieder *tanzen* ihren *Islam*. Jedes einzelne Element ihres musikalisch-tänzerischen Gottesdienstes hat eine symbolische Bedeutung:

Die Gottestänzer tragen hohe Mützen, die ihren Grabstein symbolisieren; einen schwarzen Mantel, der das Grab bedeutet, sowie darunter ein weißes Tanzgewand: ihr Leichenhemd. Der rituelle Tanz wird von Flötenspielern, Trommlern und Sängern begleitet. Ein Rezitator singt mit gehobener Stimmweise das Loblied auf den Propheten. Der Scheich, der Mewlana versinnbildlicht, überwacht die Zeremonie, beurteilt den Tanz und verabschiedet die Gottestänzer später. Sein letzter Gedanke gilt dem unaussprechlichen Gott. Der Scheich begibt sich am Anfang auf das »rote Fell«, welches das ewige Leben, den symbolischen Sonnenauf- und -untergang sowie die Farbe der Vereinigung von Gott und Mensch darstellt.
Der dunkle Klang der Flöte symbolisiert die verlangende Sehnsucht des heillosen Menschen nach Gott.
Jeder einzelne Derwisch verneigt sich vor dem anderen und dokumentiert damit seine Demut und Unterwerfung unter das Herz des Mittänzers.
Der eigentliche Ritus beginnt mit dem Ablegen der Mäntel. Die Derwische treten einer nach dem anderen vor ihren Meister. Sie haben ihre Arme über der Brust gekreuzt und berühren damit ihre Schultern. Die Tänzer küssen die rechte Hand des Scheichs, worauf dieser ihre Mütze küßt. Dies bedeutet das Erbitten der Tanzerlaubnis sowie ihre Gewährung. Dann öffnet jeder Derwisch seine Arme; sie beginnen langsam und nacheinander den heiligen kosmischen Reigen. Ihre rechte Hand ist nach oben hin geöffnet, während die geöffnete linke nach unten weist: Dies symbolisiert das Empfangen der unverdienten göttlichen Gnade und ihre Weitergabe an Welt, Menschen, Tiere, Pflanzen, ja sogar Steine. Der sehr langsam beginnende, sich dann aber immer schneller steigernde Tanz ist ein *kosmischer Reigen.* Die Tänzer, deren Gewänder glockenförmig aussehen, drehen sich dabei einmal um ihre eigene Achse sowie auch gleichzeitig im Raum herum. Der Körper symbolisiert die Achse des Universums. Der Tanz ist somit ein »Vorgeschmack auf das verlorene Zentrum« (Martin Lings) und somit die Suche nach dem eigenen Selbst.
Auch wenn der hypnotisch wirkende Reigen der »tanzenden Derwische« von vielen islamischen Theologen abgelehnt wird, so zeigt

diese Praxis jedoch eine Dimension im Islam an, die auf Verinnerlichung, Vergeistigung, auf Gefühl und Glaubenserfahrung abzielt. In der islamischen Mystik, dem Sufismus, der wie die Mystik anderer Religionen eine Tendenz zur Vereinheitlichung der verschiedenen Religionen und Konfessionen hat, zeigt sich ein Islam, der einen spürbaren Unterschied zum öffentlichen Islam darstellt. Man hat zwischen einem »*Tariqa*«- und »*Scharia*«-Islam unterschieden. Tariqa steht für das gemeinsame Leben der Muslime in Bruderschaften und Orden, die vom 12. Jahrhundert an entstanden sind und in mannigfaltigen Formen und Lehren über die islamische Welt verbreitet sind und denen die Islamisierung weiter Gebiete zu verdanken ist. *Scharia*-Islam meint demgegenüber den »Gesetzes«-Islam, der auf die Einhaltung bestimmter Gebote beharrt und insbesondere das äußere Leben entscheidend prägt.

8. Die islamische Gemeinschaft

● *Information: Umma*[7]

Im Anschluß an die Auswanderung nach Medina schuf der Prophet eine *religiöse* und *politische* Gemeinschaft, welche die alten Stammesbande ersetzte. Eine solche Gemeinschaft (Umma) ist ein Volk bzw. der Teil eines oder mehrerer Völker, zu der Gott einen Gesandten schickte, den diese Gemeinschaft akzeptierte. Der Islam spricht beispielsweise auch von einer christlichen oder jüdischen Umma. Die islamische Umma wird im Koran als die beste beschrieben, die in Gottes Heilsplan vorgesehen ist: »Ihr seid die beste Umma, die unter den Menschen entstanden ist. Ihr gebietet, was recht ist, verbietet, was verwerflich ist, und glaubt an Gott« (3,106). In der islamischen

7. Vgl. *Monika Tworuschka:* Allah ist groß, a.a.O., S. 70f.

Gemeinschaft ist Gott der eigentliche Herrscher und der Mensch sein Treuhänder. Die Umma ist eine Gemeinschaft, deren Zusammenhalt in erster Linie auf der Gottesfürchtigkeit ihrer Mitglieder beruht. Da der Muslim seinen religiösen Auftrag in dieser Welt nicht auf einen separierten sakralen Bereich beschränkt, umfaßt die Umma zugleich auch das staatliche Leben. Das Zusammengehörigkeitsgefühl der Umma basiert nicht nur auf der gemeinsamen Religion, der Tradition und dem Wertesystem, sondern schließt auch einen gemeinsam zu bewältigenden politischen Auftrag mit ein.
Bis zur Zeit der Abbasiden (750) bestand die Umma hauptsächlich aus *arabischen* Muslimen. Später führte die zunehmende Konversion von Nichtarabern dazu, aus einer Umma der Araber eine Gemeinschaft werden zu lassen, die viele verschiedene Völker umfaßte. Ein ägyptisches Religionsschulbuch definiert: »Umma basiert nicht auf einer Rasse, Sprache, Geschichte oder einem Land, sondern auf den ewigen menschlichen religiösen Prinzipien. In ihr verschmelzen Völker, Rassen und Farben zu einer familiären Bruderschaft. Zu ihr gehören arabische, nichtarabische, östliche, westliche, weiße und schwarze Menschen. Die Umma steht jedem offen, der den Islam annimmt und nach seinen Geboten handelt.«

● *Die fünf arkan*

Eine besondere Bedeutung kommt den Handlungen zu, die der Islam als »fünf Säulen« *(arkan)* bezeichnet:

- Glaubenszeugnis
- Rituelles Pflichtgebet
- Fasten
- Pflichtabgabe (Steuer)
- Pilgerfahrt nach Mekka

1. Glaubenszeugnis – Die Schahada

Die vor Zeugen gesprochene und von Herzen kommende *Bezeugung* des Glaubens ist die ausreichende Bedingung für den Übertritt zum Islam: »Ich bezeuge, daß es keine Gottheit gibt außer Gott; ich bezeuge, daß Muhammad der Gesandte Gottes ist.«

2. Rituelles Pflichtgebet – Die Salat

Fünfmal am Tag zu festgesetzten Zeiten betet der Muslim in einer genau vorgeschriebenen »rituellen« Weise. Der Prophet verglich das fünfmalige Pflichtgebet am Tag mit dem fünfmaligen Baden in einem Fluß. So wie durch das Baden keinerlei Unreinheit mehr am Körper übrigbleibt, so bleibt auch »keine Spur von Verunreinigung ... im Herzen dessen zurück, der fünfmal am Tag betet« (Hadith-Sammlung des Muslim). Zu den Vorbedingungen eines gültigen Pflichtgebets gehören die rituelle Reinigung des Körpers (unterschiedliche Waschungen), der Kleidung und des Gebetsplatzes. Das Pflichtgebet ist in Richtung Mekka auszuführen (*vor* Sonnenaufgang; Mittag; Nachmittag [mindestens aber eine Stunde vor Sonnenuntergang]; unmittelbar nach Sonnenuntergang; vor Einbruch der Nacht. Vor dem Pflichtgebet muß der Beter seine zuvor gefaßte *Absicht* in Worten oder Gedanken aussprechen. Das rituelle Pflichtgebet besteht aus sog. *Rak'as,* Grundelementen, die folgende Gebetspositionen umfassen: Stehen, Beugen, Niederwerfen. Das kürzeste Gebet umfaßt zwei solcher Grundelemente.

Das Pflichtgebet teilt den Tag des Muslim auf, gibt dem Leben des Gläubigen Sinn und Ordnung. Es gibt dem Herzen Ruhe und Frieden (Sure 13,28) und ist der größte Segensquell. Das Pflichtgebet hält den Menschen von Lastern und Vergehen zurück (29,45), es reinigt die Seele und führt zur Erlangung von Gottes Hilfe. Das richtige Gebet bezieht nicht nur den Betenden selbst, sondern Eltern, Verwandte, Freunde und alle Hilfsbedürftigen mit ein. Die einzelnen Gebetspositionen symbolisieren *innere* Haltungen: Das Stehen vor dem Antlitz Gottes strahlt die Würde und Individualität des Menschen aus, das Beugen und Niederwerfen demonstrieren die ehrfurchtsvolle Hingabe und Ergebung, das, was Rudolf Otto so treffend das »Kreaturgefühl« nannte.

3. Fasten – Der Sawm
Jedes Jahr im Monat Ramadan fasten alle erwachsenen gesunden Muslime von vor der Morgendämmerung bis nach dem Untergang der Sonne. Auch das Fasten wird mit einer Absichtserklärung eingeleitet. Während des Fastenmonats dürfen die Muslime weder essen, trinken, Genußmittel zu sich nehmen, geschlechtlich verkehren, Böses denken oder tun. Altersschwache, unheilbar Kranke sowie Kinder sind vom Fasten befreit. Schwangere und stillende Frauen, Kranke, Alte und Schwerstarbeiter können das Fasten verschieben bzw. sollen eine Ersatzleistung vollbringen, z. B. eine Armenspeisung.
Nach Sonnenuntergang wird das Fasten »gebrochen«, und die verbotenen Dinge des Tages sind wieder erlaubt. Die Fastenzeit, die nicht allein einen Verzicht bedeutet, sondern den Menschen bereichert und ihn zur Freiheit von sich selbst verhilft, ist eine gute Gelegenheit, den Menschen wieder »in die Spur Gottes« (Horst Bürkle) zu führen.

4. Pflichtabgabe – Die Zakat
Im Unterschied zur freiwilligen Spende, *Sadaqa,* ist der Muslim verpflichtet, einen zu versteuernden Mindestsatz an verschiedenen Gütern und Waren als regelrechte Steuer zu zahlen. *Zakat* ist also kein Almosen, auch keine Armenabgabe, sondern eine regelrechte Steuer. Muslime weisen gern darauf hin, daß Zakat sich vom arabischen Verb *»zaka«* ableitet, im Sinne von »reinigen«. Zakat bedeute somit die Reinigung von Besitzgier, Haß und anderen Hindernissen des sozialen Friedens. Zu den Zakatempfängern gehören nicht nur Arme, sondern auch Bedürftige, Steuerverwalter, mittellose Wanderer, für den Islam Kämpfende und durch ihren Übertritt in Not geratene Konvertiten.

5. Pilgerfahrt nach Mekka – Der Hadsch
Mekka, die »Mutter der Städte« (Sure 42,5), vor allem aber die *Kaaba* selbst, sind das religiöse Zentrum der islamischen Welt. Die rituellen Pflichtgebete werden in Richtung dieser heiligen Stadt durchgeführt, Tote in Richtung Mekka begraben. Die Stadt Mekka

ist für den Muslim weit mehr noch als das Zentrum ihrer Religion. Sie ist Mittelpunkt der ganzen Welt. Die Pilgerfahrt führt den Gläubigen zu der Stelle, wo nach islamischem Glauben Abraham, der »Vater der Propheten«, zusammen mit seinem Sohn Ismael die Kaaba erbaute (Sure 3,90f.). Für Muslime ist dies keine »Kultlegende«, sondern eine Glaubenstatsache. Mit Mekka und der Kaaba ist auch die Erinnerung an Muhammad verknüpft, der kurz vor seinem Tode die »Abschiedswallfahrt« hierhin unternahm.
Die Wallfahrt, an der alle erwachsenen Muslime, die dazu finanziell in der Lage sind, teilnehmen, findet zehn Wochen nach dem Fastenbrechen am Ende des Monats Ramadan statt. Sie besteht aus mehreren Riten: Waschungen, Nägelschneiden, Anlegen der Bußgewänder, siebenmalige Umschreitung der Kaaba, dreimaliges Hin- und Herlaufen zwischen den Hügeln Safa und Marwa, Pilgern zum Berg Arafat, symbolische Steinigung des Teufels, Schlachtopfer zur Erinnerung an das Abraham-Opfer (Opferfest). Die Abhandlung des iranischen Denkers *Ali Schariati* (Hadsch, in: Islamische Renaissance Nr. 9, 1983, hg. von der Botschaft der Islamischen Republik Iran) interpretiert die Wallfahrt im Sinne einer Symbolhandlung, die zeitlos ist.

● *Kleines Lexikon islamischer Ämter*[8]

1. Ayatollah
Ayatollah (wörtl.: Wunderzeichen Gottes) ist ein reiner Ehrentitel im schiitischen Islam. In der Regel wird er einem Mudschtahid zuerkannt, d. h. einem Gelehrten, der aufgrund seiner Studien zur Durchführung des Idschtihad befugt ist und der infolge seines Ansehens zu einer Instanz wird, an die sich andere Theologen und Gläubige mit religiösen Fragen wenden. Nach der Revolution im Iran erhielten diesen Titel zum Teil auch Personen, die nach klassischem Verständnis kein Anrecht darauf gehabt hätten.

8. Leicht verändert übernommen von: *Monika Tworuschka:* Allah ist groß, a.a.O., S. 92f.

2. Hodscha
Türkische Bezeichnung für einen an einer Medrese (Schule) ausgebildeten Geistlichen. Auch Lehrer in religiöser Unterweisung.

3. Imam
Imam kann mehrere Bedeutungen haben. Bei den *Sunniten* ist der Imam der Vorbeter beim rituellen Gemeinschaftsgebet. Er ist ein religiöser Beamter wie der Chatib (Prediger beim Freitagsgottesdienst), Kadi, Muallim (Lehrer an einer Koranschule) oder der Mufti (s. 4). Imam kann auch das geistige Oberhaupt von Richtungen oder Schulen sein. In der *Schia* entspricht er dem sunnitischen Kalifen als oberster Leiter der Gemeinde. Der Imam muß Nachkomme Alis sein (vgl. Tabelle auf S. 20).

4. Mufti
Hierbei handelt es sich um einen Gelehrten, der in Rechtsgutachten Fragen religiös-rechtlicher Natur behandelt. Das Amt, das bereits im 8. Jh. gegründet wurde, erreichte zur Zeit der Osmanen eine solche Autorität, daß europäische Reisende es als »türkisches Papsttum« beschrieben. Die Fragen, die an einen Mufti gerichtet werden, sind weniger theologisch-theoretischer Natur, sondern behandeln im wesentlichen praktische Alltagsfragen. Da die Scharia nicht vom Menschen geändert werden darf, stellen solche Rechtsgutachten oft das einzige Mittel zur Anpassung an die moderne Zeit dar. Heute hat jedes islamische Land eigene Muftis. Im Libanon ist der »Mufti der Republik« der Vorsteher der islamischen Glaubensgemeinschaft.

5. Mullah (Mollah)
Titel des rangniedrigsten Geistlichen bei den Schiiten, etwa vergleichbar mit unserem Gemeindepfarrer.

6. Scheich
Führer eines Stammes. Heute auch Bezeichnung für einen Religionslehrer. In der islamischen *Mystik* (→ S. 29 ff.) Bezeichnung für den *Meister*, der Schüler im mystischen Pfad unterweist und sie zum Heil führt. Im Persischen *Pir* genannt.

9. Die religiöse Praxis

● *Das tägliche Leben des Muslim*[9]
Das ganze Leben eines Muslim ist Gottesdienst. So wie in unserer Tradition die großen Mystiker, insbesondere Meister Eckhart und Tauler, dann aber Martin Luther, das Alltags- und Berufsleben geheiligt haben und zu einem Gottesdienst machten, so soll das Leben eines Muslims auf der Idee der *ibadat* bestehen. Alles, was der Muslim tut, ist ein »Akt der Anbetung, vorausgesetzt, es wird mit der richtigen geistigen Einstellung unternommen und unter Beachtung der vom Islam festgesetzten Werte« (Ahsan).
Ein Muslim denkt an Gott, wenn er morgens aufsteht und abends zu Bett geht. Dann spricht er den Segenswunsch *»subhanallah«* (»Gott sei gepriesen!«). Das Herabflehen des göttlichen Segens auf den Propheten Muhammad wird ebenfalls häufig praktiziert.
Der muslimische Gruß lautet *»As-salamu alaikum«* (»Friede sei mit dir«), den der Gegrüßte in leicht abgewandelter Form erwidert: *»Wa-alaikum salam«* (»Und auch mit euch sei Friede«).
Bismillah (ir-rahman-irahim), das heißt »Im Namen Gottes, des barmherzigen Erbarmers«, ist eine von Muslimen häufig gebrauchte Formel. Alle Tätigkeiten sollen mit dieser Formel eingeleitet und damit unter den Schutz und Segen Gottes gestellt werden. Ist eine

9. Für diesen Abschnitt wurden insbesondere folgende Veröffentlichungen zu Rate gezogen: *Mohammed Hamidullah:* Der Islam, Kuweit 1973, sowie: *Muhammad Manazir Ahsan:* Islam: Glaube und Leben, Leicester 1978.

Handlung beendet, so spricht man als Dank *»alhamdu lillah«* (»Lob sei Gott!«). Auch wenn alles wunschgemäß verläuft, pflegt man diese Formel zu verwenden. Die oft Sätzen angefügte Wendung *»inschallah«* (»Wenn Gott will!«) hat keine fatalistische Bedeutung. Der Muslim drückt dadurch sein Vertrauen in die Geborgenheit Gottes aus.

Auch bei den Speisegebräuchen zeigt sich der Ernst und die Nüchternheit des Islam. Einem Muslim ist der Verzehr bestimmter Speisen untersagt. Schweinefleisch, Alkohol und Blut sind verboten *(haram)*. Außerdem gilt als *haram* jedes nicht nach islamischem Ritus geschlachtete Fleisch. Es ist dann nicht *»halal«* (zulässig, gesund). Das von Juden geschächtete Fleisch darf dagegen verzehrt werden, wenn der Name Gottes *(bismillah ...)* darüber ausgesprochen wurde. Schiiten sind hier liberaler und akzeptieren z. B. das bei uns angebotene Fleisch. Komplizierter werden die islamischen Speisevorschriften dadurch, daß auch alle Produkte *haram* sind, bei denen das Fett unreiner Tiere verwendet wird (z. B. Kartoffelchips, Kekse, Kuchen, ja sogar Eis). Fische sind erlaubt.

Jede Verschwendung bei den Mahlzeiten ist verpönt; alles soll aufgegessen, möglichst nichts vernichtet werden. Händewaschen, Mundspülen vor und nach der Mahlzeit sowie Reinigen der Zähne gehören zu den wichtigen Handlungen. Natürlich wird auch das Essen »im Namen Gottes« begonnen. Ein knappes Dankgebet beendet die Mahlzeit: »Laßt uns Gott loben. Gelobt sei Gott, der uns gespeist, unseren Durst gestillt und uns zu seinen gehorsamen Dienern gemacht hat.«

● *Riten des Lebenszyklus*

Wird ein Kind geboren, dann bringt man es unmittelbar nach der Trennung der Nabelschnur mit den Grundelementen des Islam in Verbindung. So wie Gott im Anfang der Zeit von allen Menschen das Zeugnis seiner Einheit abverlangte, so wird jedem Neugeborenen der *adhan* (d. h. der Ruf zum Gebet) in das rechte Ohr sowie die *iqamah* (Ankündigung des Beginns des Gebetsgottesdienstes) in das linke Ohr geflüstert.

Kinder werden als Geschenke Gottes betrachtet. Die Geburt eines gesunden Kindes bietet Anlaß zu großer Freude, zum Feiern mit Verwandten, zum Beschenken Armer. Etwa eine Woche nach der Geburt findet eine Feier statt, bei der ein Hammel geopfert wird. Wird ein Kind mit körperlichen oder geistigen Schäden zur Welt gebracht, so gilt auch dieses als ein Geschenk Gottes, aber auch als Prüfung. Man ist Gott sogar dankbar dafür, daß er nicht noch etwas Schlimmeres eintreten ließ.

Zwischen dem 7. und 40. Tag erhält das Kind durch den Vater oder Gemeindeältesten seinen Namen. Konvertiten nehmen einen arabischen Vornamen an.

Aus Anlaß des ersten Haarschnittes gibt es den Brauch, das Gewicht des Haares gegen Silber oder Geld aufzuwiegen und es den Armen zu spenden. Sind die Eltern dazu in der Lage, so wird auch ein Hammel geschlachtet und sein Fleisch mit Freunden und Armen verzehrt.

Die im familiären und Verwandtenkreis durchgeführte, nicht auf koranische Bestimmungen zurückgehende *Beschneidungsfeier* ist ein wichtiges Ereignis im Leben eines muslimischen Jungen. Obgleich es keinen vorgeschriebenen Zeitpunkt für die Beschneidung gibt, wird sie im allgemeinen früh durchgeführt.

Die erste Einführung in die islamische Tradition geschieht im Vorschulalter. Das fünfjährige Kind erhält seinen ersten islamischen Unterricht. Es ist üblich, ihm die ersten fünf Verse der 96. Sure zu rezitieren, die vom Lesen und Schreiben handeln, und das Kind soll diese Verse nachsprechen.

Die *Eheschließung* ist zwar kein sakramentaler, aber dennoch sehr feierlicher Akt. Sie wird in Form eines Zivilvertrages geschlossen. In traditionellen Kreisen werden Ehen von den elterlichen Familien in die Wege geleitet. Das Ehegelöbnis wird vor zwei Zeugen ausgesprochen. Der Kadi (Richter) verkündet die Höhe der Morgengabe der Braut, die der Bräutigam zu zahlen hat, und wünscht dem Paar Gottes Segen. Lesungen aus Quran und Sunna folgen. Am nächsten Tag findet die *Walima* (Trauzeuge)-Feier statt. Das Eheleben genießt große Wertschätzung[10]. Die Ehe stellt für alle heiratsfähigen

10. Vgl. *Monika Tworuschka:* Sexualität im Islam, in: *Michael Klöcker/Udo*

Männer und Frauen eine Verpflichtung dar (Sure 24,32). Dem Manne obliegt die finanzielle Fürsorge für seine Familie. Die Frau ist daheim unumschränkte Herrin und für die Kindererziehung zuständig.
Ehen sind prinzipiell scheidbar, obgleich Muhammad die Scheidung als die »vor Gott böseste Erlaubnis« bezeichnet.
»Wir gehören Gott, und zu ihm kehren wir zurück« – dieser Satz aus dem Koran (2,155.156) wird gesprochen, wenn Muslime vom *Tode* eines bekannten Menschen gehört haben.
Die islamische Einstellung zum Tod ist eher nüchtern und würdevoll. Auch wenn man über das Hinscheiden eines geliebten Menschen traurig ist, so wird vor übertriebenem Wehklagen gewarnt. Der Leichnam wird von allen Unreinheiten gewaschen und in weiße Laken gehüllt. Man kann in islamischen Ländern beobachten, wie der Tote auf einer Bahre durch die Straßen zum Friedhof getragen wird. Dort wird ein Trauergottesdienst abgehalten, dessen Verlauf genau vorgeschrieben ist. Der Verstorbene wird mit seinem Gesicht nach rechts in Richtung Mekka geneigt.
Auch die Richtung der Gräber weist in Richtung Mekka.

● *Kleines Lexikon islamischer Feste*[11]

Islamische Feiertage und ihre Daten

	Geburtstag des Propheten	*Beginn des Ramadan*	*Fest des Fastenbrechens*	*Opferfest*
1985	26. Nov.	21. Mai	18. Juni	28. August
1986	15. Nov.	11. Mai	8. Juni	17. August
1987	5. Nov.	30. April	28. Mai	6. August
1988	24. Okt.	19. April	17. Mai	26. Juli
1989	14. Okt.	8. April	6. Mai	15. Juli
1990	3. Okt.	29. März	26. April	5. Juli

Tworuschka (Hg.): Sexualität (= Ethik der Religionen – Lehre und Leben, Bd. 1), Göttingen und München 1984, S. 119–147.

11. Leicht überarbeitet und gekürzt nach *Monika Tworuschka:* Allah ist groß, S. 81.

Es gibt im Islam zwei Hauptfeste:
I. Das Fest des Fastenbrechens (Id al-Fitr bzw. türkisch: Seker Bayram = Zuckerfest)
Es beendet die Fastenzeit mit einem gemeinsamen Gebet der Gemeinde. Man besucht Freunde und Verwandte. Kinder erhalten Geschenke und neue Kleider. Jeder Muslim, der nicht unter Armut leidet, ist verpflichtet, die Armen durch eine Gabe an der Festfreude teilnehmen zu lassen. Das dreitägige Fest ist eine Zeit der Danksagung an Gott dafür, daß er den Muslimen die Einhaltung des Fastens ermöglicht hat, sowie eine Zeit des Bittens um Vergebung für Übertretungen.
2. Das Opferfest (Id al-Adha) bzw. türkisch: Kurban Bayram)
Dieses dreitägige Fest wird am Ende der Pilgerfahrt begangen. Gott wird ein Tieropfer dargebracht. Das Fleisch des Tieres wird mit Verwandten, Freunden und Armen geteilt. Indem sie dieses Fest begehen, wollen Muslime zeigen, daß sie auch bereit sind, ihr Leben zu opfern, so wie der Prophet Abraham zu einem großen Opfer bereit war.

Neben den beiden Hauptfesten gibt es folgende weitere Feiertage:
1. Die Nacht der Sichtung
In dieser Nacht wird der Beginn des Monats Ramadan gefeiert, wenn die Sichel des Neumonds zum ersten Mal gesichtet wird.
2. Der Abschiedsfreitag
Letzter Freitag im Ramadan, an dem der Fastenmonat verabschiedet wird.
3. Nacht der Himmelsreise
An diesem Tag wird der Erhebung des Propheten zum Himmel gedacht. Die Muslime veranstalten besondere Zusammenkünfte, bei denen Vorträge über das Leben Muhammads gehalten werden.
4. Geburtstag des Propheten
Man feiert diesen Tag mit besonderen Zusammenkünften und gedenkt des Propheten mit Lobpreisungen und Berichten über besondere Ereignisse seines Lebens.

5. Aschura (10. Muharram)
Dieses Fest wird am 10. Tag des ersten islamischen Monats begangen. Als Tag des Märtyrertodes Husains handelt es sich um den höchsten schiitischen Feiertag. Die Feierlichkeiten, die schon Tage früher beginnen, finden ihren Höhepunkt in Trauerumzügen, bei denen sich Menschen auf unterschiedliche Weise geißeln und blutig schlagen, und Passionsspielen. Im sunnitischen Islam hat das Aschura-Fest eine ganz andere Bedeutung: Hier handelt es sich um einen Fasttag, den Muhammad einführte, als er in Medina den jüdischen Yom Kippur kennenlernte. Heute wird der Tag in den einzelnen Ländern unterschiedlich gefeiert. In Mekka ist an diesem Tag – anders als sonst – die Kaaba geöffnet.

10. Abriß: Der Islam in der Bundesrepublik Deutschland

Die Geschichte des Islam in Deutschland[12] geht zurück auf die zwanzig türkischen »Langen Kerls«, für die der Preußenkönig Friedrich Wilhelm I. 1732 in Potsdam einen Saal als Moschee herrichten ließ. Türkische Kriegsgefangene des 17. und 18. Jahrhunderts blieben teilweise ihrem islamischem Glauben treu, während viele sich taufen ließen. Abgesehen von der »Roten Moschee« in Schwätzingen, die in den achtziger Jahren des 18. Jahrhunderts nicht als Sakralbau erbaut wurde, entstanden die ersten Moscheebauten auf deutschem Boden erst Anfang unseres Jahrhunderts (die Wünsdorfer Moschee wurde 1925/26 wegen Baufälligkeit abgerissen; Berliner Moschee 1926/27 in Dienst gestellt). Im Zweiten Weltkrieg dienten viele Angehörige nichtslawischer Minderheiten auf

12. Vgl. *Muhammad S. Abdullah:* Geschichte des Islams in Deutschland, Graz u. a. 1981.

deutscher Seite. Für ihre Betreuung wurden »Mullah-Lehrgänge« eingerichtet.

Es ist zwischen *deutschstämmigen* und *deutschsprachigen* Muslimen zu unterscheiden. Die Zahl deutschstämmiger Muslime beträgt vermutlich weniger als 1500. Diese Menschen sind in verschiedenen Islamgemeinschaften organisiert. Insgesamt bietet der Islam in Westdeutschland ein zerspaltenes Bild. Es gibt keinen gemeinsamen Dachverband, der für alle hierzulande lebenden Muslime sprechen könnte. In Berlin gibt es die *Deutsch-Moslemische Gesellschaft* (gegründet 1924), in Hamburg das *Islamische Zentrum Hamburg* (gegründet 1950), eine von persischen Großkaufleuten gegründete Gemeinschaft, die auch Publikationen in deutscher Sprache herausbringt, insbesondere die seit 1983 erscheinende Zeitschrift »Al-Fadschr – Die Morgendämmerung«. Als älteste rein deutsche Islamgemeinschaft besteht ebenfalls in Hamburg die *Deutsche Muslim-Liga* (gegründet 1944 von Hamburger Gymnasiasten). Die *Islamische Gemeinde Deutschlands* (gegründet 1955) hat ihren Sitz in Schwätzingen. Seit 1978 existiert in Köln die *Gemeinschaft deutschsprachiger Moslems im Lande Nordrhein-Westfalen.* Neben den *Deutschen Moslemkonferenzen,* einem Zusammenschluß mehrerer kleinerer Gemeinschaften, gibt es das *Islamische Zentrum München,* die zahlenmäßig größte Vereinigung deutscher Muslime. Sie gibt Bücher heraus und publiziert auch die Zeitschrift »Al-Islam«.

Nach Westdeutschland hinein wirkt insbesondere auch der von dem liberalen Gelehrten Dr. *Smail Balić,* dem bedeutendsten Sprecher des europäischen Islam, geleitete *Moslemische Sozialdienst* in Wien. In der Bundesrepublik gibt es eine beträchtliche Zahl deutschsprachiger Muslime, also Ausländer, welche die deutsche Staatsangehörigkeit erworben haben. Sie sind überwiegend in der *Geistlichen Verwaltung der Muslimflüchtlinge in der Bundesrepublik Deutschland* organisiert. Zu erwähnen sind schließlich noch die mystisch geprägten Gruppierungen: die *Sufi*-Bewegung im Westen, deren Oberhaupt Pir Vilayat Inayat Khan ist. *Sifat,* die Zeitschrift dieser Gruppe, enthält Texte des Meisters sowie Zitate aus den heiligen Schriften der Völker.

Von überregionaler Bedeutung ist die *Islamische Wissenschaftliche Akademie* in Köln, die von *A. Falaturi,* Professor für Islamwissenschaft an der Universität zu Köln, seit 1978 geleitet wird und neben dialogischen Bemühungen insbesondere integrative Funktionen im innerislamischen Bereich erfüllt.
Seit 1982 besteht die immer größere Bedeutung erlangende *Christlich-Islamische Gesellschaft NRW,* die den Dialog zwischen Christen und Muslimen fördern will und deren Vorstand interreligiös zusammengesetzt ist.

11. Abriß: Sondergemeinschaften

1. Ahmadiyya

Die Bewegung entstammt dem Umkreis islamischer *Mahdi*-Bewegungen, wie es sie häufig in der islamischen Geschichte gegeben hat. Der Mahdi (wörtl. »der unter göttlicher Leitung Stehende«) ist eine dem Messias vergleichbare Gestalt, die von Sunniten wie Schiiten erwartet wird. Er wird am Ende der Zeiten erscheinen und den entarteten Islam erneuern. Berühmt geworden ist der blutig niedergeschlagene Mahdi-Aufstand im Sudan (1885).
Der aus Qadian (Panjab) stammende *Hazrat Mirza Ghulam Ahmad* (1835–1908) gründete die Bewegung 1889. Er behauptete, der Mahdi zu sein und hielt sich für »das Ebenbild Muhammads«. Bald spaltete sich die Gemeinschaft in zwei Zweige: Die Lahore-Gruppe sah in Ghulam Ahmad nur einen Reformer, während die Qadiani-Gruppe ihm Prophetenstatus zubilligte. Die Ahmadiyya wird seit 1982 von ihrem vierten Kalifen *Hazrat Mirza Tahir Ahmad* geleitet (Titel: »Khalifatul Masih IV«). Das Zentrum der Ahmadiyya ist Pakistan. Seit 1974 sind die Ahmadiyya-Qadianis offiziell aus der Gemeinschaft des Weltislam ausgeschlossen worden. Sie dürfen in der islamischen Welt keine öffentlichen Ämter bekleiden, Schriften publizieren und mit Muslimen Ehen schließen.

Zu den *Sonderlehren* der Ahmadiyya gehört die Behauptung, Jesus sei nicht am Kreuz gestorben, sondern nur ohnmächtig gewesen. Er sei von seinen Jüngern gerettet worden und auf der Suche nach den verlorenen Schafen Israels bis nach Kaschmir ausgewandert. Dort starb er im Alter von 120 Jahren. Das Grab Yus Asafs[13] (Jesus der Versammler) wird heute in Srinagar gezeigt. In den letzten Jahren hat die Ahmadiyya große internationale Tagungen zu diesem Thema abgehalten. In ihrem Schrifttum herrscht oft ein polemischer Geist, der eigentlich nicht den Idealen dieser Religionsgemeinschaft entspricht: Frieden und Liebe unter die Menschen zu bringen. Die Ahmadis haben die fünf Säulen um das Gebot der Welteroberung und der Verbreitung des Korans mit friedlichen Mitteln erweitert. Die Ahmadiyya lehnt die Abrogation von Koranversen ab, d. h. die Ansicht, daß manche früheren Verse durch spätere Offenbarungen geändert worden seien. Die Hölle ist für die Ahmadiyya kein ewig währender Zustand, Abtrünnigkeit vom Islam wird nicht durch Tod bestraft. Die Ahmadis halten die Offenbarung für ein Privileg der wahren Gläubigen und beteuern die geistigen Aspekte gegenüber den legalistischen.

Die Ahmadiyya betreibt die intensivste und planmäßigste Missionsarbeit im Islam[14]. In 38 Ländern der Erde unterhält die Gemeinschaft derzeit 240 Missionszentren. Insgesamt ist die Bewegung in 102 Ländern vertreten. Schwerpunkt der Missionsarbeit ist Afrika; aber auch in Europa und den USA bemüht man sich, neue Anhänger zu gewinnen. In acht europäischen Ländern ist die Ahmadiyya vertreten. Die Anhängerzahlen in der Bundesrepublik Deutschland betragen nach eigenen Angaben etwa 500. Die Koranübersetzung der Ahmadiyya ist weit verbreitet.

13. Daß mit Yuz Asaf letztlich Bodhisattva (→ S. 160), d. h. der Buddha vor seiner Erwachung, gemeint ist, hat *Norbert Klatt* in seinem kurzen Artikel »Wer ist Yuz Asaf?« aufgezeigt, in: Materialdienst der EZW 47 (1984), H. 10, S. 315f.

14. Vgl. die Meldung in den Orientdienst-Informationen 86/1984, S. 14, wo über eine Statistik, hg. von der Moscheeverwaltung in Zürich (1984), referiert wird.

Literatur:
H. J. Fischer: Ahmadiyyah, London 1963.

2. Aleviten

Diese insbesondere in der Osttürkei vertretene schiitische Richtung, die sich nach Ali, dem Schwiegersohn Muhammads, benennt, ist in ihrer Bedeutung schwer einzuschätzen. Es gibt keine zuverlässigen Zahlenangaben. In ihren Selbstdarstellungen ist von rund 6 Mio. die Rede, von denen heute 20% in der Bundesrepublik leben sollen. In der Türkei werden sie argwöhnisch betrachtet und für Häretiker gehalten, da sie die üblichen muslimischen Pflichten nicht anerkennen. Sie betrachten z. B. den Besuch der Moschee als unwesentlich, da sie unter sich bleiben wollen. Von den »fünf Säulen« nehmen sie hauptsächlich die erste ernst (Glaubenszeugnis), die anderen praktizieren sie wenig oder in abgewandelter Form. Die Fastenzeit beträgt nur einen halben Monat; rituelle Waschungen führen sie nicht durch; sie verzehren auch das Fleisch nicht-rituell geschlachteter Tiere. Ihnen ist das Genießen von Alkohol und das Spielen von Musikinstrumenten erlaubt. Aleviten-Frauen tragen kein Kopftuch. (Die Spannungen zwischen Sunniten und Aleviten bestehen auch in der Bundesrepublik.) Die Aleviten, oft als »Kommunisten« diffamiert, sind Befürworter des *Laizismus* und wählen überwiegend die kemalistisch-sozialdemokratische CHP. Viele Aleviten sind sozialdemokratischen Ideen gegenüber aufgeschlossen.

Literatur:A. J. Dierl: Geschichte und Lehre des anatolischen Alevismus-Bektaşismus, Frankfurt 1985.

3. Bahai

Universalistische Neubildung auf dem Boden des Islam im 19. Jahrhundert, die über die eigene Tradition hinausging und sich verselbständigte. Vorläufer war die Bewegung des »Bab« (Tor), der sog. *Babismus,* der aus einer Sondergruppe der Zwölfer-Schia hervorging. Mirza Ali Muhammad aus Shiras/Persien (1819–1850) trat 1844 mit dem Anspruch auf, der »Bab«, d. h. der Vorläufer des wiederkehrenden zwölften *Imams* (→ S. 21), zu sein. Der Babismus ist gekennzeichnet durch eine spiritualisierte Eschatologie, 19tägiges Fasten, Abschaffung des gemeinsamen rituellen Pflichtgebetes. 1848 vollzogen die Babis ihre Lösung vom Islam. Der Bab wurde 1850 hingerichtet.

Aus dem Babismus ging *Mirza Husain Ali* (1817–1892) hervor, der den Würdetitel »Baha-u-llah« (Herrlichkeit/Glanz Gottes) bekam. Er trat 1863 mit dem Anspruch auf, der *Mahdi* zu sein. Er schrieb viele Briefe an Staatsoberhäupter, sich ihm zu unterwerfen.

Sein Sohn *Abdul Baha* (1844–1921) war missionarisch sehr aktiv und brachte die Bewegung in den Westen, auch nach Deutschland. Testamentarisch wurde sein Sohn *Shogi Effendi* (1896–1957) zum Nachfolger eingesetzt. Es kam immer wieder zu Nachfolgestreitigkeiten. Das 1963 begründete, aus neun Mitgliedern bestehende »Universale Haus der Gerechtigkeit« hat heute die Leitung der Bahai-Gemeinschaft. Zentrum der Neureligion ist Haifa; seit 1964 besteht das »Haus der Andacht« in Langenhain/Taunus.

Die Bahai setzen sich für die Gleichstellung der Geschlechter ein. So wie Gott *einer* ist, soll auch die in Rassen, Nationen und Religionen zersplitterte Menschheit *eine* sein. Die Bahai treten für die Welteinheitssprache ein und bereits seit 1875 für ein universales Völkerbündnis und internationales Schiedsgericht. Die früheren Offenbarungen haben *relativen* Wert und sind Vorstufen der *einen* (Bahai)-Religion. Die Menschheitsgeschichte verläuft in »Universalzyklen«, die in Äone gegliedert sind und zu deren Beginn ein religiöser Stifter (»Manifestation«) erscheint. Die Bahai lehnen den Heiligen Krieg ab. Die Zahl 19 hat für sie eine große Bedeutung: 19monatiges Jahr zu jeweils 19 Tagen, beginnend 1844, Neunzehntagefest. Die Bahai erlebten in ihrer Heimat Persien immer wieder blutige Verfolgungen. Ende 1979 wurden ihre heiligsten Stätten (z. B. Haus des Bab/Shiraz) zerstört. Als angebliche Savak-Handlanger sind sie im heutigen Iran vogelfrei und Objekte von Beschlagnahmungen, Plünderungen und Morden. Maximal gibt es 2 Mio. Bahai, in Westdeutschland vermutlich ca. 700 (Iraner eingeschlossen).

Literatur:

F. Ficicchia: Der Baha'ismus – Weltreligion der Zukunft?, Stuttgart; außerdem die Selbstdarstellung von *Udo Schäfer*: Der Bahá'i in der modernen Welt, Hofheim-Langenheim, 2. Aufl. 1981.

4. *Drusen*

Religiös-ethnische Gemeinschaft, die sich von den *Ismailiten* (→ S. 21) abgespalten hat. Ihren Namen haben sie von Darazi, einem Mann, der 1017 – dem Beginn ihrer Zeitrechnung – den fatimidischen Kalifen al-Hakim zur letzten Inkarnation Gottes erklärte. Dieser Kalif verschwand vier Jahre später in der Verborgenheit und soll am Ende der Zeiten wiederkehren. Zentrale inhaltliche Elemente sind: das Bekenntnis zu Gottes Einheit (die Drusen nennen sich selbst lieber *al-muwahidun*: die Bekenner der Einheit), ferner der Glaube an die Seelenwanderung und an gnostische Emanationslehren (himmlische Hierarchien). Menschen können nur als Menschen, und zwar ausschließlich innerhalb desselben Geschlechts wiedergeboren werden. Der Sinn der Reinkarnation ist die stufenweise Vervollkommnung des Menschen. Aus dem göttlichen Allverstand emanierten alle übrigen Dinge: Seele, Wort, rechter und linker Flügel, niedere Geistwesen, die materielle Welt. Die Drusen erkennen Evangelium und Koran an, ordnen ihnen aber ihre eigenen Schriften über. Ebenfalls gibt es Berührungspunkte zum Neuplatonismus, Buddhismus und Hinduismus. Sie praktizieren die Arkandisziplin, d. h., nur ein kleiner Kreis von Drusen kennt die tieferen Mysterien des Glaubens. In diesen Kreis können sowohl Männer (Titel: Scheich, → S. 40) als auch Frauen (Titel: Scheicha) aufgenommen werden. In neuerer Zeit zeichnet sich eine Veränderung im Arkangedanken ab: Es gibt drusischen Religionsunterricht an Schulen, der Schüler beiderlei Geschlechts in der Glaubenslehre unterweist. Es gibt etwa 200000 Drusen, die im Libanon, Syrien und den Nachbargebieten (z. B. Israel) sowie in den USA leben.

Literatur:

P. Antes: Ethik und Politik im Islam, Stuttgart u. a. 1982.

H.-J. Brandt und Cl.-P. Haase (Hg.): Begegnung mit Türken – Begegnung mit dem Islam, 4 Bde., Hamburg-Rissen 1981–84.

W. Ende und U. Steinbach (Hg.): Der Islam in der Gegenwart, München 1984 (Lit.).
W. Schmucker: Krise und Erneuerung im libanesischen Drusentum, Bonn 1979.
M. Tworuschka: Islam (= Religionen, Bd. 1, hg. *R. Kakuschke* und *U. Tworuschka*), Göttingen 1982 (hierin: Interpretation von Teilen der Verfassung der Islamischen Republik Iran, S. 86–113).
Dies.: Arbeit im Islam, in: *Michael Klöcker* und *Udo Tworuschka (Hg.):* Ethik der Religionen – Lehre und Leben, Bd. 2: Arbeit, Göttingen und München 1985, S. 64–84.
Dies.: Gesundheit im Islam, in: Ehtik der Religionen, Bd. 3: Gesundheit, 1985.

DER PARSISMUS

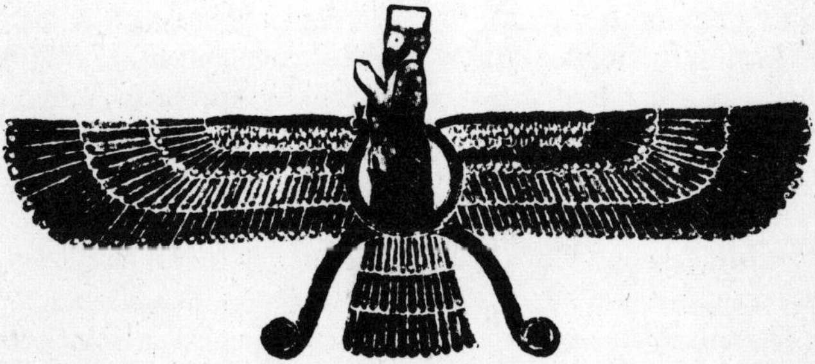

Der Flügelmensch – Symbol des persischen Gottes Ahura Mazda, dargestellt mit der geflügelten Sonnenscheibe am Himmel. Ahura Mazda war der anerkannte Schöpfer des Himmels und der Erde.

1. Humata, Hukta, Huvareshta

Humata, Hukta, Huvareshta lautet der sittliche Leitsatz der Parsen, der noch auf ihren Gründer, den vielleicht ältesten Propheten der Menschheit, *Zarathustra*, zurückgeht. Er bedeutet: »Gutes denken, Gutes reden, Gutes wirken.« Die Parsen sind eine sehr kleine Religionsgemeinschaft, vielleicht 250000 Seelen insgesamt. Ihr Name leitet sich von ihrer ursprünglichen Heimat Persien ab, wo ein kleiner Teil von ihnen, etwa 17000–20000, in Teheran und in der Gegend um Yazd auch heute noch lebt. Zur Zeit des Schahs genossen die Parsen Glaubensfreiheit; auch in der neuen Verfassung der Islamischen Republik Iran (von 1979) dürfen die Parsen nach Art. 13 als religiös anerkannte Minderheit »ihre religiösen Vorschriften ausüben ... und sind befugt, in Fragen der Personenstandsangelegenheiten und der religiösen Erziehung nach ihrem Glauben zu verfahren«.

Die meisten Parsen leben seit dem Ende des 9. Jh.s wegen des islamischen Drucks in Nordwestindien; insbesondere in Navsari, Bombay, Delhi und Karachi. Parsen gibt es aber auch in England (vor allem in London), den USA, Kanada und Ostafrika. Insgesamt sind die Zukunftsaussichten der Parsen eher düster, obgleich es auch Anzeichen einer Renaissance gibt (signalisiert durch eine zunehmende Übertrittsbewegung in Indien). Ihre geringe Zahl steht in keinem angemessenen Verhältnis zu ihrer wirtschaftlichen und vor allem religionsgeschichtlichen Bedeutung. Die Religion ihres Stifters Zarathustra (oder später Zoroaster) hat einen erheblichen Beitrag zur religiösen Ideengeschichte geleistet. Beeinflußt von iranischen Ideen waren z. B. Griechen und Römer, Hindus und Buddhisten, insbesondere auch Juden und Christen. In religionsgeschichtlicher Hinsicht geht es dabei um »Gottesbild, Dualismus, Teufelsvorstellung, Apokalyptik, Eschatologie, Dämonen, Engel, das Schicksal der Seele nach dem Tode, den Schatz im Himmel usw.«[1].

1. *Sven S. Hartmann:* Iran, in: *Ulrich Mann:* Theologie und Religionswissenschaft, Darmstadt 1973, S. 107.

2. »Also sprach Zarathustra«

Der Gründer der Religion ist *Zarathustra*, ein Mann, über dessen Herkunft und Familie wenig bekannt ist. Während die ältere Forschung bei seiner Datierung bis in das 10. vorchristliche Jh. zurückgriff, hielt man in letzter Zeit das 7. bzw. 6. Jahrhundert für richtiger. Aufgrund neuerer Forschungen sieht man Zarathustras Heimat heute im Osten des Irans.

Zarathustra, aus der Sippe der Spitama, war der dritte von insgesamt 5 Brüdern. Sein Vater hieß Porushaspa (»der viele Rosse hat«) und seine Mutter Dughdova. In den Texten ist außerdem noch von einem Vetter die Rede. Zarathustras Leben ist wie das anderer Religionsstifter von vielen schönen Legenden umrankt. Eine besonders anmutige Erzählung ist die, derzufolge der Neugeborene sofort nach der Geburt gelacht habe – ein Symbol für die *optimistische Grundeinstellung* dieser Religion. Von der Mutter geht bei der Geburt ein numinoses Leuchten aus, d. h., sie ist von einer Art Heiligenschein umgeben.

Bei der Geburt jubilieren die Natur und alle Geschöpfe. Sogar Ahriman, der iranische Satan, »lief von der ausgedehnten runden ferngegrenzten Erde« (Yasht 17,19–20) fort. Nach anderen Legenden mußte Zarathustra in seiner Jugend Kämpfe mit teuflischen Mächten ausfechten. Wir hören auch von einer Versuchung Zarathustras. Die Texte stellen den Propheten als unerschütterlichen Helden dar, dem die Macht und List Ahrimans und seiner Helfershelfer nichts anhaben können.

Mit 15 Jahren wurde Zarathustra volljährig, und mit 20 Jahren begann er ein Wanderleben. Sein Vater wählte ihm nach damaligem Brauch eine Frau aus, von welcher Zarathustra einen Sohn und drei Töchter hatte. Wir hören als Berufsangabe Zarathustras, daß er ein »zaotar« (Opferpriester) sei.

Nach längerer Zurückgezogenheit erlebte Zarathustra im Alter von 30 Jahren seine *Berufung*. Yasna 48,7 ist von einer »Umhüllung« des Propheten durch den Erzengel Vohu Mano die Rede. Zarathustra ist augenblicklich bereit, für die Verkündigung Ahura Mazdas einzutreten. Die Berufung ist ein typisches Erlebnis von *Propheten.* Zarathustra war ein »Priester-Prophet« (Kurt Rudolph) und vereinigte »beide Funktionen ... zu einer originalen Einheit«. In den auf Zarathustra zurückgehenden *Gathas* wird der kultisch-rituelle Zug seiner Persönlichkeit spürbar.

Schwedische Forscher haben Zarathustra auch als *Ekstatiker* interpretiert, der seine Offenbarungen in einer Art Tiefschlaf, hervorgerufen durch Rausch- und Trancetechniken, erkannt habe. Zarathustra und seine in organisierter Form und bewaffnet auftretenden Anhänger hätten sich durch Rauschmittel (Haoma = Getränk aus einer rhabarberartigen Pflanze) und durch Gesang in ekstatische Zustände versetzte.

Für die Dauer etwa eines Jahrzehnts war Zarathustras Wirken nicht von Erfolg gekrönt. Yasna 44,19 wird erwähnt, daß der als Opferer bei einem reichen Herrn angestellte Zarathustra den vereinbarten Lohn von »zehn Stuten mit Hengst und einem Kamel« nicht erhalten hatte.

Zarathustras prophetischer Eifer richtete sich vielleicht gegen den *Mithras-Kult,* in dessen Mittelpunkt die Stiertötung und das Trinken des Haoma-Rauschtrankes standen. Zarathustra brandmarkte den Mithras-Kult als Götzendienst (Yasna 44,20) und bezeichnete dessen Kultfunktionäre als »Pfaffen- und Schamanenschaft« (W. Hinz). Yasna 48,10 bezeugt seine tiefe Abscheu gegen die Mithras-Verehrer.

Wegen der missionarischen Mißerfolge in seiner Heimat Baktrien floh Zarathustra mitten im Winter nach Chorasmien. Dort traf er mit einer kleinen Anhängerschaft am Hofe Vishtaspas ein, der ihnen Asyl gewährte. Zwei Jahre setzte sich Zarathustra dort für die Verbreitung der neuen Lehre ein, und trotz Widerstandes verbreitete sich seine Religion auch dort. Schließlich gelang es Zarathustra, den König und seinen Hofstaat zu bekehren. Zarathustra starb 77jährig beim Kampf um die Ausbreitung der neuen Religion, die für etwa 1000 Jahre die offizielle Religion des mächtigen Weltreiches der Perser blieb.

3. Kleines Lexikon: Heilige Schriften

Das wichtigste heilige Buch der Parsen ist das Avesta (»Text«, »Grundtext«), welches für liturgische Zwecke benutzt wird. Das Avesta gehört zu den am schwierigsten übersetzbaren heiligen Schriften der Religionen. Die Sprache des Avesta ist das zur indoeuropäischen Sprachfamilie zählende Avestische, ein altiranischer Dialekt (deutlich unterschieden vom Altpersischen), der mit dem Sanskrit verwandt ist.
Das Avesta zerfällt in folgende Teile: 1. der *Yasna* (»Gottesdienst«, »Opfer«), in dem sich die auf Zarathustra zurückgehenden *Gathas* befinden. Bei ihnen handelt es sich wohl nicht um – wie früher angenommen – »Verspredigten« zur Unterweisung der Gläubigen, sondern um Gebetshymnen zum Lobpreis Ahura Mazdas; 2. der *Vispered* (»Alle Herren«), ein litaneiartiger liturgischer Text; 3. der *Vendidad* (»gegen die Teufel gegeben«), ein priesterliches Gesetzbuch mit Reinigungsvorschriften; 4. die *Yashts*, »Loblieder«, Opfergesänge an die später in die Religion aufgenommenen Gottheiten; 5. das *Khorda Avesta* (»Kleines Avesta«), ein für Privatandachten verwendetes Gebetbuch.

4. Zarathustras Lehre

Zarathustra verkündete den Gott »Ahura Mazda« (Weiser Herr), der ihm ein »Freund« ist (Yasna 44,1). Widengren sieht in ihm einen *Hochgott*, ein höchstes Wesen mit pantheistischen Zügen. Hochgottglaube ist kein Monotheismus, sondern ein Phänomen innerhalb des Polytheismus. Während Hochgötter normalerweise als Schöpfer der Welt gelten, aufgrund ihrer völligen Distanzierung von allem weltlichen Geschehen jedoch keinen Kult genießen, hebt

Widengren den *aktiven* Charakter Ahura Mazdas hervor. Er ist »Schicksalsmacht« und zugleich gut und böse.
Der »weise Herr«, der gut und heilig ist, hat die Schöpfung durch sein Denken hervorgerufen. Er ist von einem Kreis göttlicher Wesen, den sog. *Amesha Spenta* (»unsterbliche Heilige«), umgeben, die man als personalisierte Eigenschaften seines Wesens verstehen kann. Möglicherweise sind sie die Vorbilder unserer Erzengel. Die Amesha Spenta sind einerseits selbständig wirkende Wesenheiten, zugleich aber nur Aspekte des göttlichen Wesens. Sie sind abstrakte Eigenschaften Gottes und zugleich Ideale, nach denen der fromme Zoroastrier streben soll: Guter Sinn, Wahrhaftigkeit, Leben (Unsterblichkeit), Gesundheit, Reich (Macht), Gemäßheit, Glück.
Yasna 47,3 wird Ahura Mazda als Vater der beiden anfänglichen »Zwillingsgeister« bezeichnet: *Spenta Mainyu* (heilwirkender Geist) und *Angra Mainyu* (übelwirkender Geist). Diese sind nicht von Natur aus gut oder böse, sondern erst aufgrund ihrer *freien Entscheidung*.

»Zarathustras Theologie ist nicht ›dualistisch‹ im strengen Sinn des Wortes, denn Ahura Mazda wird nicht mit einem ›Gegen-Gott‹ konfrontiert; die Gegnerschaft bricht ursprünglich zwischen den beiden Geistern aus. Andererseits wird die Einheit zwischen Ahura Mazda und dem Heiligen Geist mehrmals vorausgesetzt (vgl. Y. 43 : 3 usw.). Letztlich gehen das Gute und das Böse, das Heilige und der zerstörerische Dämon aus Ahura Mazda hervor. Da aber Angra Mainyu seinen Seinsmodus und seine verderbliche Berufung frei gewählt hat, kann der Weise Herr nicht verantwortlich gelten für das Erscheinen des Bösen. Andererseits wußte Ahura Mazda in seiner Allwissenheit von Anfang an, wie sich der zerstörerische Geist entscheiden werde, aber er hat diese Entscheidung nicht verhindert. Dies kann entweder bedeuten, daß Gott alle Arten von Widersprüchen transzendiert, oder aber, daß die Existenz des Bösen die Voraussetzung für die Freiheit des Menschen darstellt.«[2]

Die Welt ist von Gott gut geschaffen, doch wird sie zur Stätte eines ständigen erbitterten Kampfes zwischen den guten und bösen

2. *Mircea Eliade:* Geschichte der religiösen Ideen, Bd. 1: Von der Steinzeit zu den Mysterien von Eleusis, Freiburg u. a., 3. Aufl. 1980, S. 286.

Mächten. Zur guten Schöpfung Gottes gehören: Tiere, Feuer, Erde, Metall, Wasser, Pflanzen sowie die Menschen. Jeder Mensch steht jeden Augenblick vor der existentiellen *Entscheidung*, für oder gegen das Reich Ahura Mazdas einzutreten. Der »Reich-Gottes-Gedanke« steht im Mittelpunkt der Lehre Zarathustras. Gegenüber dem Königreich *Varunas* in der vedischen Religion (→ S. 73) unterscheidet sich Zarathustras Botschaft in zwei Punkten: der vertieften Idee vom göttlichen Kampf gegen den Gottesfeind und der eschatologischen Erwartung.

Mit dem *kosmischen Dualismus* korrespondiert ein *ethischer*. Nach iranischer Auffassung ist alles Sein in eine körperliche und geistige Welt, die ihrerseits in Gut und Böse zerfällt, eingeteilt.

Der Gedanke der freien Entscheidung beweist nach Kurt Rudolph das prophetische Bewußtsein Zarathustras, in einer Krise zu stehen. H. Humbach spricht sogar vom »Epochenbewußtsein« des großen Iraners.

Das von Zarathustra verkündete *»kshathra«* (Reich) bedeutet *Macht, Würde* und umschließt auch die Funktion des *Herrschens.* Es meint also nicht ausschließlich ein geographisch lokalisierbares Gebiet. Dieses *kshathra* soll herbeigeführt werden. Jeder einzelne ist aufgerufen, am Reiche Gottes mitzuarbeiten. Zarathustras Verkündigung ist ganz von der *Naherwartung dieses Reiches* bestimmt. Obgleich die Texte gelegentlich Vorstellungen eines himmlischen, »sonnenhellen« Reiches nahelegen, überwiegen bei Zarathustra Gedanken, die im Reich eine lineare Fortsetzung des Diesseits sehen – jedoch im Sinne einer totalen »Umgestaltung« bzw. »Wunderbarmachung« (R. Otto) der bestehenden Welt.

Die individuelle Wahl des Menschen, sein Einsatz für das gute Reich Ahura Mazdas, hat Bedeutung für das jenseitige Leben. Zarathustras Lehre enthält zwei eschatologische Vorstellungskomplexe: einen individuellen und einen kollektiven, d. h. den Hereinbruch des Gottesreiches. Jeder einzelne Mensch wird beim Jüngsten Gericht nach der Entscheidung beurteilt, die er auf Erden getroffen hat. So gehen die Gerechten – ungeachtet ihrer gesellschaftlichen Stellung – in das paradiesische »Haus des Sanges«, während die Bösen und Ungerechten – ebenfalls ohne Rücksicht auf ihren Stand – »Bewohner

des Hauses des Bösen« (Yasna 46,11) sein werden. Der Weg in das Jenseits führt über die Činvat-Brücke, die »Brücke der Entscheidung«, welche die Frommen mühelos überschreiten, während die Gottlosen unbarmherzig in die Finsternis stürzen. Im späteren Zoroastrismus kam es zur Ausbildung eines Mythos, der die Weltdauer von 12000 Jahren in 4 Perioden einteilt: 1. die Zeit der rein geistigen Schöpfung; 2. Kampf zwischen Ahura Mazda und Ahriman; 3. Beginn der Menschheit; 4. Auftreten Zarathustras. In Abständen von 1000 Jahren treten Weltheilande, sog. Saoshyanten, auf, die dem Guten zum Sieg verhelfen.
Die heutigen *Parsen* verstehen sich *nicht* als Dualisten. Sie glauben vielmehr, daß Ahura Mazda der Schöpfer des Guten wie auch des Bösen ist und daß die Pflicht des Menschen darin besteht, das Böse zu vernichten. Unsere Welt ist die Schöpfung Gottes, und es ist Aufgabe jedes einzelnen Menschen, diese gute Schöpfung nicht nur hinzunehmen und zu bewahren, sondern dynamisch weiterzuführen. Der wahre Anhänger Zarathustras ist jemand, »der sich am Leben erfreut, verheiratet ist und Kinder hat, der hart arbeitet und karitativ tätig ist« (John R. Hinnells).

5. Die religiöse Praxis

● *Feuertempel*
Der Tempel der Parsen ist ein nüchternes schmuckloses Gebäude, vor dessen Betreten man die Schuhe ausziehen sowie eine Kopfbedeckung aufsetzen muß. Auch rituelle Waschungen sind vorher erforderlich. Es gibt keinen gemeinschaftlichen Gottesdienst, sondern jeder Gläubige steht im Tempel allein vor Gott und verrichtet eine kultische Handlung. Nur der Priester ist befugt, das Allerheiligste zu betreten: das Aduriyan. Ulrich Mann[3] hat eine Kulthandlung im

3. *Ulrich Mann:* Paradies und Feuertempel. Auf neuen Wegen im Alten Iran, in: Persien auf neuen Wegen (= Die Karawane 18 [1977], H. 1).

persischen Yazd selbst erlebt: »Auf vier Säulen, zwischen denen Metallschranken laufen, ruht eine tief dunkle Decke, darunter flakkert das ewige Feuer in einer großen messingnen Schale auf hohem Fuß. Einige Gerätschaften sind daneben zu erkennen, Ständer zum Auflegen der Barsom-Bündel, Schalen und Krüge, Gefäße für den Haoma-Trank, Feuergabeln, Glocken und Metallscheiben ... Weiße Asche scheint den Feuerkessel bis zum Rand zu füllen, starke Scheite liegen darüber, aus denen die Lohe rauchlos aufsteigt. Es ist ein ergreifender Augenblick, Stille herrscht in dem heiligen Raum.«

Das Feuer, welches nie verlöschen darf und daher immer von den *mobads,* den weißgekleideten Priestern, die einen Mundschutz tragen, um das Feuer durch unsauberen Atem nicht zu verunreinigen, in Gang gehalten wird, ist ein *Symbol der Gottheit* selbst. Parsen sind daher auch keine Feueranbeter – eine in ihren Augen verletzende Bezeichnung.

»Der Priester erlaubte uns freundlich, Aufnahmen vom Innenraum des Feuertempels zu machen, womit wir nicht zu rechnen wagten. Ja, er bindet sich das Mundtuch vor und betritt nun selbst den Innenraum ... Er stimmt einen Hymnus an, psalmodierend umschreitet er das Feuer, sorgsam legt er die großen aschenweißen Scheite zurecht und schichtet sie neu. Hell schlägt die Flamme nach oben, ohne Rauch, nur reine Lohe, reines Licht, reines Symbol. Goldroter Flackerschein durchzuckt den ganzen Raum, sonorer Psalmenton durchklingt ihn. Zarathustra lebt, der alte Glaube offenbart sich neu.«

Nicht nur das ewige Feuer im »Feuertempel«, das in Bombay seit 1742 ununterbrochen brennt, sondern auch das häusliche Herdfeuer ist heilig, obgleich für sein Anzünden keine besonderen rituellen Vorkehrungen getroffen werden.

Die Parsen gehen nach Möglichkeit täglich zum Feuertempel. Sie opfern dort Sandelholz, schauen dem diensttuenden *mobad* zu, sprechen Gebete und kehren dann in ihren Alltag zurück.

● *Türme des Schweigens*

Das zweite auffällige Merkmal der Parsenreligion ist ihre besondere

Art der Leichenbestattung. Der Tod gilt als Sieg der Finsternismächte über das gute Leben. Ein Toter ist unrein, und jeder, der mit ihm in Berührung kommt, wird durch ihn verunreinigt. Der Tote wird gewaschen und in weiße Tücher gehüllt. Dieser Vorgang dauert drei Tage, und es schließen sich Reinigungsriten der Priester an. Der Leichnam wurde früher nicht begraben – weder zu Lande noch zu Wasser –, da dies die heilige Materie beschmutzt; er wurde aber auch nicht verbrannt, weil das Feuer die reinste Substanz darstellt. Tote werden vielmehr zu den hoch im Gebirge gelegenen »Türmen des Schweigens« *(dakhma* = Brennstätte) gebracht und dort den Geiern, die von Ahura Mazda für diese Tätigkeit eigens geschaffen wurden, zum Fraße ausgesetzt. Währenddessen sprachen die Angehörigen Gebete. Da sie sich durch ihren Umgang mit dem Leichnam verunreinigt haben, müssen sie drei Tage lang genau festgelegte Reinigungsriten durchführen.

Die Knochen des Toten bleichen unter der sengenden Sonne aus und werden dann in ein unter der Plattform sich befindendes Kellergelaß versenkt. »Die Aussetzungsplattform selbst ist mit drei konzentrischen Ringen von flachen Gruben versehen; die Leichen der Männer wurden im äußersten Ring ausgesetzt, im zweiten die Frauen, im innersten die Kinder.« Wenn die *dakhmas* gefüllt waren, riß man sie ein, was als ein verdienstvolles Werk galt. Wegen der Seuchengefahr wurden die »Türme des Schweigens« im Iran schon vor einigen Jahrzehnten stillgelegt. Auch in Bombay (auf dem Malabar-Hill), einem Zentrum der Parsen, sind die *dakhmas* nicht beliebt. Daher sind die Parsen heute dazu übergegangen, ihre Toten in ausgemauerten Gräbern zu begraben, und parsische Friedhöfe im Iran erinnern an europäische. In England erlauben die Parsen die Einäscherung, da der Körper durch elektrische Energie und nicht durch das unmittelbare Feuer verbrannt wird. Die Trauerzeit ist begrenzt, und übermäßiges Leidbezeugen gilt als sündhaft. Westliche Beobachter parsischer Trauerbräuche haben die unserer Traurigkeit entgegengesetzte fröhliche Stimmung bemerkt. Der Tod hat eben nicht das letzte Wort; denn am Ende siegen Ahura Mazda und die Mächte des Guten.

6. Riten des Lebenszyklus

Zu den wichtigsten Riten des Lebenszyklus gehört die *Initiation* eines jungen Parsen zum vollgültigen und -verantwortlichen Mitglied der Gemeinde. Dieser Ritus heißt *naujote* und wird etwa im Alter von sieben bis fünfzehn, meist mit neun Jahren, vorgenommen. Das Wort hat einen militärischen Klang und bedeutet: »in den tapferen Kampf gegen das Böse unter dem Banner Ohrmuzd (= Ahura Mazda) eintreten«. Der Mittelpunkt der kultischen Handlung besteht darin, daß der Initiand – wie schon zur Zeit Zarathustras – das weiße Reinheit symbolisierende Hemd *(sedre)* und die heilige Schnur aus Schafwolle, die wir auch von den Brahmanen kennen *(kusti)*, verliehen bekommt. Der religiös mündige Parse – Mädchen oder Junge – trägt das Hemd unmittelbar auf seinem Körper, so daß man es als äußeres Kennzeichen seiner Religion nicht wahrnimmt. Die aus zweiundsiebzig Fäden bestehende Schnur wird mehrmals zu festgesetzten Zeiten täglich geknotet. Dabei werden Gebete rezitiert. Man verspricht Ahura Mazda *Gutes in Gedanken, Worten* und *Handlungen* zu tun.

7. Abriß: Sondergemeinschaften

1. Ilm-i Kshnoom

Der Geist Zarathustras und des Zoroastrismus lebte auch unabhängig von der Parsenreligion fort, insbesondere in der von *Bahramshah Shroff* (1857–1927) gegründeten theosophischen Lehre *Ilm-i Kshnoom* (Pfad des Wissens). Shroff behauptete, von einer Gruppe geheimer Zoroastrier in ein Versteck in den persischen Bergen geführt worden zu sein, wo ihm geheime Lehren aus dem Zoroastrismus geoffenbart wurden. Shroff verkündete seine Lehre nur während der letzten zwanzig Lebensjahre, nachdem er vorher dreißig Jahre lang geschwiegen hatte. Die Unterschiede zur Parsen-Orthodoxie sind gering, und im allgemeinen wird diese Richtung respektiert.

2. Mazdaznan-Bewegung

Die von dem Perser *Otoman Zar-Adusht Hanisch* (1844–1936) gegründete *Mazdaznan-Bewegung* (= Meisterschaft des Gedankens) geht ebenfalls auf ein Berufungserlebnis zurück, das der Stifter hatte, nachdem er vierzig Jahre lang in einem zarathustrischen Kloster in Tibet verbracht hatte. Seit 1907 gibt es das Mazdaznan in Deutschland, wo nach eigenen Angaben in etwa 25 Städten Gruppen bestehen. Das Mazdaznan greift ebenfalls auf Elemente der Lehre Zarathustras zurück und stellt den dreifachen Gedanken: »Gutes denken, Gutes reden und Gutes tun« in den Mittelpunkt. Das Mazdaznan hat eine *Wiedergeburtslehre* (→ S. 93 ff.): Die Seele des Menschen durchlebt eine ständige Entwicklung und war nicht immer im Menschen, sondern stieg aus dem Bereich der Mineralien empor. Ziel der Seele ist es, in das Paradies (Činvat-Brücke) zurückzukehren und gottgleich zu werden. Die Seelen der Ungerechten dagegen gelangen in die Hölle und müssen sich weiterverkörpern. Das Mazdaznan kennt eine besondere *Atemlehre*, durch die krankheitserregende Stoffe aus dem Körper ausgeschieden werden. Die *Ernährung* ist vegetarisch. Kenntnisse der Drüsen, insbesondere eine gute Kenntnis der Zeugungsvorgänge und Hygiene der Geschlechtsorgane, sind wichtig. Der Frau als Verkörperin des wichtigen Prinzips des Gebärens kommt eine hohe Stellung zu. Das Mazdaznan hat eine besondere Anschauung von der »vorgeburtlichen Erziehung« entwickelt, um besonders befähigten Kindern das Leben zu schenken. Es vertritt eine Rassenlehre, nach der die weiße Rasse zur Weltführung ausersehen ist.

Literatur:

M. Boyce: Zoroastrians – Their Religious Beliefs and Practices, London 1979.

C. Colpe: Zarathustra und der frühe Zoroastrismus, in: Handbuch der Religionsgeschichte, hg. von J. P. Asmussen und Jørgen Læssøe in Verbindg. mit C. Colpe, Bd. 2, Göttingen 1972, S. 319–357 (Lit.).

W. Hinz: Zarathustra, Stuttgart 1961.

G. Widengren: Die Religionen Irans (= Die Religionen der Menschheit, Bd. 14), Stuttgart 1965.

DER HINDUISMUS

Hinduistisches Zentralsymbol »Aum«, das die drei göttlichen Aspekte: Schöpfung (A), Bewahrung (U) und Zerstörung (M) enthält.

1. Indien – »Der Urwald«[1]

Die vielgestaltige Welt des Hinduismus reduziert sich für westliche Betrachter im allgemeinen auf Phänomene wie: Meditation; Kühe, die so »heilig« wie hinderlich sind und für die die große Oppositionspartei im letzten Wahlkampf Altersheime forderte; Kastenwesen und die daraus resultierenden Wirtschaftsprobleme; seltsame Heilige, die sensationelle asketische Höchstleistungen vollbringen. Vor das geistige Auge gerät vielleicht auch die heilige Stadt Benares (Varanasi), wo an den Ufern des Ganges auf der Spitze aufgeschichteter Holzstöße Leichen verbrannt werden. Anläßlich der Einäscherung Indira Gandhis am 3. 11. 1984 konnte jeder Interessierte unseren Medien manche religionsgeschichtlichen Details des hinduistischen Totenkults entnehmen (→ S. 99f.). Möglicherweise haben auch einige davon gehört, daß der Regierungschef Morarji Desai täglich zum Frühstück ein Glas selbstgemachten Urins trinkt und zur Stärkung der Gesundheit empfiehlt. Indien gerät seit einigen Jahren auch durch die Mission treibenden asiatischen Meditationsbewegungen in unseren Blick. Als »Jugendreligionen« stehen sie – zu Recht oder Unrecht sei einmal dahingestellt – in keinem guten Ruf.
Der Hinduismus gilt neben dem Buddhismus geradezu als *die* Religion der Toleranz, die vieles und Unterschiedliches nebeneinander duldet und jeden nach seiner eigenen Fasson selig werden läßt. In Indien fließt aber ganz im Gegensatz dazu auch häufig Blut! Die Auseinandersetzungen zwischen Hindus und Muslimen, die 1947 zur Aufteilung des Landes in einen islamischen Staat (heute: Pakistan und Bangladesh) und einen Hindu-Staat geführt haben, waren von Strömen von Blut begleitet. In den Medien ist seit einiger Zeit vom erneuten Aufflackern der Auseinandersetzungen zwischen Hindus, Muslimen und Sikhs die Rede (Assam, Kaschmir, Pandschab). Mindestens 1500 Tote forderten die blutigen Gewalttaten

1. Vgl. den Roman von *Salman Rushdie:* Mitternachtskinder, München und Zürich 1983, der ein geniales Portrait Indiens zeichnet.

im November 1984 anläßlich der Ermordung der Ministerpräsidentin Indira Gandhi.
Auch wenn es neben vielen kritischen Stimmen (z. B. Goethe, Hegel u. a.) auch manche Indienbegeisterte gab, so dürfte das Urteil des heute wiederentdeckten, von den Nazis zu Tode verfolgten Philosophen Theodor Lessing (1872–1933) einer weitverbreiteten Einschätzung entsprechen. In seinem Werk »Europa und Asien« (5. Aufl. 1930) charakterisierte er im Unterschied zu China, dem »Garten«, und Japan, dem »Park«, Indien als den »Urwald«, wo alles ins »Grenzenlose« gerät, wo die »Übertreibung« zum Wesen gehört. »So ist ein Volk, welches träumt, wo wir denken, in die Natur versunken ist, wo wir Natur übermächtigen, und welches anbetend zugekehrt lebt nicht der harten Welt des Seins, sondern der weichen Welt des Werdens als ... wahrscheinlich angewiesen auf den Despotismus, auf eherne Zwangsregeln« (S. 132). Das Monstrum Indien charakterisierte die Süddeutsche Zeitung in ihrer Ausgabe vom 8./9. 10. 1983 treffend so: »Indien: 60 Sprachen, ein halbes Dutzend Religionen, Tausende von Sekten, eine Million Heilige, 400 Millionen Unterernährte, 562 Fürstengeschlechter.«

2. Mahatma Gandhi

Seit dem 18. Februar 1983 läuft in unseren Lichtspielhäusern der in seiner Monumentalität an Filme wie *Ben Hur, Cleopatra* oder *Die Zehn Gebote* erinnernde Streifen *Gandhi.* Er schildert in beeindruckenden Szenen das Leben und Werk dieses bemerkenswerten Inders, den der Dichter und Nobelpreisträger Rabindranath Tagore *Mahatma,* d. h. »große Seele« nannte. Gandhi selbst hatte nach eigenen Aussagen niemals beansprucht, ein Mahatma zu sein, sondern hielt sich für einen gewöhnlichen Sterblichen. Nicht nur in Europa, sondern auch in Indien selbst hat dieser als »Weltereignis« vorgestellte Film großen Zulauf. Die Presse spricht von einer »Begegnung mit einer geistigen Kraft, deren Botschaft nichts von ihrer Aktualität verloren hat« (Kölner Stadt-Anzeiger). In Indien führte der Film zu einer wahren Gandhi-Renaissance. Zwar war der »Vater der Nation« auch in den Jahren zuvor präsent gewesen, doch erleben nun Gandhi-Bücher und -Bilder sowie der Besuch von Gandhi-Gedenkstätten einen enormen Aufschwung. Der insbesondere durch seine Massenszenen beeindruckende Film löste in Indien aber auch Empörung aus, weil der Hauptdarsteller Ben Kingsley Anglo-Inder ist und ausgerechnet ein *britisches* Team den Freiheitskampf eines *indischen* Nationalhelden verfilmen mußte.

Gandhi ist ein Vertreter des *Neuhinduismus,* jener aus der Begegnung mit dem Westen im 18./19. Jh. entstandenen Phase des modernisierten Hinduismus. Westliches und östliches Gedankengut vermischen sich in Gandhi. Man hat auf den Einfluß der Bergpredigt und westlicher Denker (Tolstoi, John Stuart Mill, Ruskin, Thoreau) hingewiesen; aber auch auf Einflüsse des universellen William Morris, dessen Werk in unseren Tagen eine Renaissance erlebt und den einige sogar für einen »Vater der Grünen« halten. Es lassen sich darüber hinaus Gedanken aus dem Buddhismus und Jainismus bei Gandhi zweifelsfrei nachweisen. Trotz allem jedoch war Gandhi ein »sanatani (= ewiger) Hindu«. Als der bereits 79jährige am 30. 1. 1948 in Delhi von einem fanatischen Hindu-Orthodoxen aus nächster Nähe erschossen wurde, stammelte er noch: »He Rama!«

Mohandas Karamchand wurde am 2. 10. 1869 in Porbandar an der Westküste Indiens als jüngstes Kind seines Vaters und dessen vierter Frau geboren. Soziologisch gehörte er zur *Vaishya-Kaste* der Händler und Gewerbetreibenden. Religiös gesehen, war die Familie Gandhi Verehrer Vishnus (Vaishnava).

Im Alter von 13 Jahren wurde Gandhi nach üblicher Sitte verheiratet. 1888 wurde er – gegen den Widerstand seiner Kaste – nach England geschickt, um Jura zu studieren. Erst dort kam er mit der Bhagavadgita in Berührung. Wie andere neuhinduistische Denker (z. B. Vivekananda, Aurobindo) verfaßte auch Gandhi – allerdings erst 40 Jahre später (1929) – einen Gita-Kommentar. 1893 ging Gandhi nach Südafrika, um dort die rechtlichen Interessen einer indischen Firma zu vertreten. Das unwürdige Los der indischen Arbeiter ließ

ihn für zwei Jahrzehnte zum politischen Führer der in Kohleminen und Plantagen fronenden Inder werden. In diesem »großen Vorspiel« (Otto Wolff) Südafrika formten sich allmählich seine Ideen, die Methoden des politischen Handelns nach sich zogen.
In Südafrika prägte Gandhi den Begriff *satyagraha*, um ein Schlagwort für die besondere Weise des von ihm gegen die weißen südafrikanischen Unterdrücker inspirierten Kampfes zu besitzen. Das Wort bedeutet »Festigkeit in der Wahrheit« und meint das freiwillige Leiden angesichts einer als wahr erkannten Überzeugung. Im Deutschen wird es über das englische *passive resistance* ungenau mit »gewaltloser Widerstand« übersetzt. *Sat* ist ein ehrwürdiges Wort in der indischen Tradition und bedeutet *Seiendes, Wirkliches, reale Welt.* Das hinduistische Denken kreist zentral um die Problematik von *Seiendem/Wirklichem* im Gegensatz zum *Nicht-Seienden/Unwirklichen.* »Wahrheit, *satya,* schließt Liebe ein, und Festigkeit, *agraha,* vermittelt die Idee der Kraft und ist darum gleichbedeutend mit dieser. So begann ich die indische Bewegung *Satyāgraha* zu nennen, d. h. die Macht, die aus der Wahrheit und der Liebe, oder der Gewaltlosigkeit, geboren ist.« Gewaltlosigkeit und Feigheit sind für Gandhi Eigenschaften, die nichts miteinander zu tun haben. In »Hind Svaraj« vom 4. August 1920 schrieb er: »Wenn man zwischen Feigheit und Gewalt wählen müßte, rate ich zur Gewalt.« Gandhis Auffassung von *satyagraha* steht in enger Beziehung zum *ahimsa-Prinzip.* Das alte Sanskrit-Wort *ahimsa* bedeutet Nicht-Schädigung und spielt eine wichtige Rolle nicht allein im Hinduismus, sondern auch im Jainismus und Buddhismus (→ S. 136f. u. 168).
Das zweite Prinzip, das eine traditionelle Rolle im Hinduismus spielt, ist *brahmacharya* (wörtl. Wandern gemäß dem Brahman; d. h. Enthaltsamkeit, Keuschheit). Es handelt sich um ein altes indisches Asketenideal. 1906 leistete Gandhi dieses Keuschheitsgelübde; vier Jahre später erweiterte er es unter Zustimmung seiner Frau auf Lebenszeit. Die sexuelle Abstinenz unterstützte er durch eine gleichzeitige rigorose Rohkostdiät. Dabei ist es jedoch von Übel, wenn man Appetit und Genuß empfindet. Erst wenn »der besondere Geschmack schwindet, dann allein beginnt der Körper in der Weise zu funktionieren, die der Absicht der Natur entspricht«.

Zu seiner asketischen Grundeinstellung gehörte schließlich auch der Verzicht auf persönlichen Besitz. Dieser Durchbruch zum religiösen Armutsideal vollzog sich unter dem Einfluß des Bhagavadgita-Studiums.

Gandhi erwies sich in seiner Haltung zum Kastenwesen als durchaus orthodoxer Hindu. Es kam ihm ebensowenig wie dem großen Hindu-Philosophen und -Staatsmann *Sarvepalli Radhakrishnan* (1888–1975) u. a. (→S. 113f.) in den Sinn, grundsätzlich das Kastenwesen abzulehnen. Trotzdem nahm sich Gandhi gerade der Unberührbaren besonders an. Er nannte sie *hari-jan,* d. h. Kinder Haris, d. h. Gottes. Für Gandhi war die schändliche Situation der Kastenlosen »der größte Schandfleck« des Hinduismus, »ein Verbrechen«, ein »satanisches Tun«, »ein Krebs, der sich in die Lebensorgane der Gesellschaft frißt«. In mehreren demonstrativen Aktionen trat Gandhi für die Harijans ein. So adoptierte er ein unberührbares Mädchen, nahm Unberührbare in seinen *Ashram* auf, wohnte in ihren Vierteln. Auch aß und trank er mit ihnen zusammen – für einen orthodoxen Hindu ein Ding der Unmöglichkeit! Andererseits bestand Gandhi unbeirrbar darauf, daß die Unberührbaren unter keinen Umständen eigene Delegationen in die Regierungskörperschaften wählen dürften. Er befürchtete dann eine Spaltung des Hinduismus – ein Problem, das er für wichtiger als das Los der Unberührbaren hielt. Der 1956 in einer spektakulären Aktion mit 500000 Kastenlosen zum Buddhismus konvertierte, kastenlose Hindu *Dr. Ambedkar* (1893–1956) sah in Gandhi sogar »den entschlossensten Feind der Unberührbaren«. Völlig in den althergebrachten Bahnen des orthodoxen Hinduismus befangen, trat Gandhi für ein Verbleiben der Kinder im Stande ihrer Eltern ein. Dies hält er geradezu für ein »unwandelbares Naturgesetz«. Die Harijans sollen nur an ihre *Pflichten* denken, die *Rechte* dagegen liegen ganz auf seiten der Kastenhindus.

3. Was bedeutet Hinduismus?

Der Begriff *Hinduismus* erscheint erst gegen 1830 in der englischen Fachliteratur. Die Religionen, für die diese Sammelbezeichnung steht und die sich erst seit dem Neuhinduismus als Religion Gesamtindiens versteht, sind aber sehr viel älter. Auch das Wort *Hindu* ist ausländischer Herkunft und hat ursprünglich eine *geographische* Bedeutung. Es geht auf den Flußnamen Sindhu (so bei den Ariern, Persern) bzw. Indos (so bei den Griechen) zurück und beschreibt aus der Sicht der islamischen Eroberer in negativer Weise diejenigen Menschen, die auf der anderen, der östlichen Seite des Indus leben.
Die Hindus bezeichnen ihre Religion entweder als *arya dharma* (»edle Ordnung«), *sanatana dharma* (»ewige Ordnung«) oder *varnashrama dharma* (vgl. S. 75 ff.). Der Hinduismus ist keine von einem Stifter gegründete Religion mit verbindlichen Lehren und einer regulierenden geistlichen Instanz, sondern ein Konglomerat von »Konfessionen«, deren Erscheinungsformen Heinz Bechert folgendermaßen beschreibt: »Er umfaßt ebenso hochentwickelte wie primitive Religionsformen, den bildlosen Kult des Höchsten wie eine Vielfalt von bildlichen Kulten bis zur Verehrung von Bäumen, Schlangen und bestimmten Steinen ... Man findet den Glauben, daß ein einziges Bad an einer heiligen Stätte von allen Sünden reinigt, neben der Lehre, daß nur höchste Erkenntnis zur Wahrheit führt und alle äußerlichen Kultformen wertlos seien. Es gibt blutige Opfer an heiligsten Stätten – und es gibt die Lehre, daß kein lebendes Wesen getötet werden dürfe. Diese Vielfalt läßt sich nur als Ergebnis einer langen historischen Entwicklung verstehen.«[2]
Der Hinduismus läßt sich nicht von einer bestimmten Lehre her definieren. Es gibt nämlich keine von allen Hindus gleichermaßen anerkannte Doktrin. Selbst der von den meisten Hindus geteilte Glaube an die heiligen *Veden* (→ S. 73) ist kein sicheres Unterscheidungskriterium. Man hat versucht, den Hinduismus soziologisch zu bestimmen und das Kastensystem zum entscheidenden Krite-

2. *Heinz Bechert:* Art. Hinduismus, in: TRT, Bd. 2, 4. Aufl. 1983, S. 275.

rium erhoben (z. B. Gustav Mensching). Doch hat selbst ein Verlust der Kastenzugehörigkeit nicht zur Folge, daß man nicht mehr zum Hinduismus gehört. Die Kastenregeln sind darüber hinaus auch bei den Asketen und *samnyasins* unwirksam. Außerdem hat es hinduistische Kritiker am Kastenwesen gegeben, so daß zwischen Hinduismus als Religion einerseits und Hinduismus als soziologischer Größe andererseits unterschieden werden muß. Auch die allgemeine Definition von Hinduismus als »Glaubens- und Lebensform der Inder« (Schülerduden) ist letztlich nicht befriedigend. Man kann nämlich heutzutage auch Hindu sein, ohne aus Indien zu stammen. Dies wird bei den hierzulande missionierenden hinduistischen Gruppen (→ S. 114ff.) deutlich. Die Missionstätigkeit stellt insofern etwas Neues dar, als sie »ohne gleichzeitige Ausbreitung des Kastensystems vor sich geht und sich an einzelne wendet«[3]. Aus dem Hinduismus als indischer Volksreligion« wurde im Sinne Gustav Menschings eine echte »Universalreligion«, die sich an den einzelnen in seiner religiösen Unheilssituation wendet.
Der indische Religionswissenschaftler R. N. Dandekar schlägt angesichts der vielfältigen Schwierigkeiten eine *Minimaldefinition* vor: »Hindu ist derjenige, der von Hindu-Eltern abstammt und der nicht *öffentlich* dem Hinduismus abgeschworen hat.«[4]

4. Kleines Lexikon: Heilige Schriften

Die religiöse Literatur des Hinduismus wird traditionell in zwei Kategorien eingeteilt: *Shruti* (»das Gehörte«) und *Smriti* (»Erinnerung«), eine Einteilung, die etwa derjenigen zwischen

3. *Reinhart Hummel:* Indische Mission und neue Frömmigkeit im Westen. Religiöse Bewegungen Indiens in westlichen Kulturen, Stuttgart u. a. 1980, S. 120.
4. *R. N. Dandekar:* Hinduism, in: Historia Religionum, vol. II, S. 240.

»Schrift und Tradition« in anderen Schriftreligionen entspricht.
Shruti bedeutet eine bestimmte Offenbarungsweise: Ein präexistentes heiliges Wissen wird den Menschen durch Seher der Vorzeit übermittelt.

● *Shruti (»das Gehörte«)*

1. Der *Veda* (»Wissen« um heilige Dinge)
ist ein zeitlich, lokal und ideengeschichtlich heterogener Komplex, der einen Zeitraum von ungefähr 1000 Jahren widerspiegelt. Erst durch den Religionsforscher *Max Müller* (1823–1900) wurde der Rigveda übersetzt, und das bis dahin sogar den meisten Indern unbekannt gebliebene Buch führte zum Aufschwung des Vedastudiums in Indien.
Der Veda zerfällt in vier Sammlungen *(sanhitas)*. Die ersten beiden, in Versform geschriebenen Veden gehören zusammen. Religionsgeschichtlich am bedeutsamsten ist der erste Teil (Rig-Veda). Mit Ausnahme des vierten Veda sind alle drei Veden auf das *Opfer* bezogen, während die vierte Sammlung ihren »Sitz im Leben« im persönlichen Bereich besitzt. Zur richtigen Interpretation des Veda sind Hilfswissenschaften entstanden, die zur Brahmanen-Ausbildung (→ S. 103) gehören. Die über lange Zeiträume erfolgte mündliche Weitergabe der Texte, auch nach der Einführung der Schrift um 800 v. Chr., wurde durch spezielle Lese- und Gedächtnistechniken erreicht.
Der Veda zerfällt in vier Sammlungen:

- *Rig-Veda* (Strophen);
- *Sama-Veda* (Singweisen);
- *Yajur-Veda* (Prosa und Reimformeln);
- *Atharva-Veda* (Zaubertexte).

Entstehungszeitraum: ca. 1500 v. Chr. bis 500 v. Chr.
2. *Brahmanas:* Ihr Name ist der Priesterkaste der Brahmanen entnommen. Es handelt sich um exegetische Literatur: um Auslegung der Veden. Sie enthalten größtenteils Darlegungen über das *Opfer*.
3. *Aranyakas:* »Waldtexte«, die von Opferwissen und priester-

licher Philosophie handeln. Sie sind von Waldeinsiedlern für Waldeinsiedler geschrieben.

4. *Upanishaden* (= ca. 800–300 v. Chr.): Von den Hindus wird diese Textgattung als *Vedanta* (veda-anta = Ende der Veden) bezeichnet. Einerseits stehen sie *zeitlich* am Ende der vedischen Epoche, zum andern gelten sie als *inhaltliche* Krönung und Vollendung des Veda. Es handelt sich um keinen abgeschlossenen Corpus religiöser Literatur; bis in die Gegenwart werden Upanishaden verfaßt. Natürlich genießen die ältesten Texte die größte Achtung. Die Upanishaden bieten die Grundlage für die indische Religionsphilosophie. Wörtlich bedeutet *upanishad* »dabeisitzen« (upa = nahe; ni = hinunter, nieder; shad = sitzen) und bezieht sich auf die ehrwürdige Lehrer-Schüler-Tradition (→ S. 103).

● *Smriti (»Erinnerung«)*

Die in dieser Kategorie zusammengefaßten Schriften nehmen den zweiten Rang in der Bedeutsamkeit ein. Sie enthalten nicht das ewige Wort der Götter, sondern das, was Männer der Vorzeit im Gedächtnis aufbewahrt (»Erinnerung«) und reflektiert haben. *Smriti* enthält somit göttliche und menschliche Gedanken miteinander vermischt:

- *Shastras* (gelehrte Abhandlungen über Kult und Brauchtum);
- *Sutras* (»Leitfäden«, welche die Riten regeln);
- *Puranas* (Lehrgedichte, legendäre Erzählungen von Göttern);
- *Epen* (das *Mahabharata*, dessen bedeutendster *Teil* die *Bhagavadgita* darstellt; das *Ramayana*).

5. Hinduistische Grundkategorien

An dem Begriff *varnashrama dharma* lassen sich einige für die hinduistische Welt- und Lebensauffassung zentrale Elemente aufzeigen: dharma, varna und ashrama.

● *Dharma*

Dharma – im Buddhismus in veränderter Bedeutung bekannt als *dhamma* – ist zu verstehen als Seins- und Sollensgesetz (Mensching). Als Seinsgesetz wird durch Dharma die kosmische Ordnung, die Natur- und Gesellschaftsordnung geregelt. Daß die Sonne morgens auf- und abends untergeht, daß es vier Jahreszeiten gibt, daß sich die Gestirne im Weltall auf vorgeschriebenen Bahnen bewegen – dies alles ist Ausdruck von *dharma*. Dharma hat wesentlich auch mit Moral und Religion zu tun: Es ist Sollensgesetz, d. h., alles was der Hindu tun soll, ist durch dharma geregelt. Es umfaßt »den ganzen Bereich von Moral, Kultus, Recht und Sitte«. Durch »seinen Vollzug« bewirkt es »jenseitiges Heil« (Paul Hacker).

Die Begriffe *varna* und *ashram* differenzieren den allgemeinen *dharma* auf spezielle soziale Gruppen hin. Dharma ist *varnashrama dharma*, d. h. Dharma der »Kasten« und Lebensstadien«. *Svadharma* meint den Dharma, der einen einzelnen »infolge seiner Zugehörigkeit zu einer bestimmten Kaste und einem bestimmten Lebensstadium verpflichtet«[5].

Der Dharma-Begriff wurde im *Neuhinduismus* teilweise uminterpretiert. Bei Gandhi und den Gandhianern wurde er »soziologisch und sozialethisch« begründet, während andere, z. B. Bankim Chandra Chatterjee, Aurobindo, Vinoba Bhave, ihn »psychologisieren« und schließlich »individualisieren«: Jedes Individuum hat seinen eigenen *dharma*, der sich darüber hinaus noch im Laufe der Entwicklungsgeschichte jedes Menschen verändert.

5. Vgl. zum Ganzen: *Paul Hacker:* Der Dharma-Begriff des Neuhinduismus, in: Zeitschrift für Missions- und Religionswissenschaft 42 (1958), S. 1–15.

● *Varna (Kastenlehre)*[6]

Die religiös begründete Kastenordnung ist in übergreifende metaphysische Zusammenhänge eingefügt. Die Existenz der Kasten ist Ausdruck von *dharma.* Die Portugiesen führten 1567 auf einem Konzil in Goa den Ausdruck *»casta«* (Art, Geschlecht, Rasse) ein, um die unterschiedlichen Stände zu bezeichnen. Der Hindu selbst spricht von *varna* (wörtl. Farbe), womit ursprünglich ein rassischer Gegensatz zwischen den eindringenden Ariern und den dunkelhäutigen bodenständigen Indern gemeint war. Die spätvedische brahmanische Gesellschaft war in vier *varnas* unterteilt, von denen die ersten drei – aufgrund ihrer »geistigen Geburt« durch das Vedastudium – als »Zweimalgeborene« von den »Einmalgeborenen« unterschieden wurden.

In dem späten rigvedischen Text (RV X,90), der einen Weltentstehungsmythos enthält, wird die Einteilung in vier *varnas* religiös begründet: Der Urriese Purusha (Mensch) – vorgestellt als »kosmische Ganzheit« (Eliade) und menschliches Wesen – wird geopfert, d. h. zerteilt, und aus seinen einzelnen Körperteilen entstehen neben Tieren, liturgischen Elementen, Himmel, Erde und Götter auch die Gesellschaftsschichten: aus dem Mund die *Brahmanen,* aus den Armen die herrschende Schicht (Rajayana, das ist die ältere Bezeichnung für die *Kshatriya,* d. h. Krieger), die beiden Schenkel werden zum *Vaishya,* d. h. zum Vertreter der Kaufleute und Händler, Bauern und Viehzüchter. Aus den beiden Füßen wurde schließlich der *Shudra* geboren, der Dienstleistende. Neben dieser mythologischen Begründung wird die grundsätzliche Ungleichheit der Menschen auch aus ihren jeweils typischen Eigenschaften *(gunas)* abgeleitet. Die Brahmanen sind von Natur aus gekennzeichnet durch *sattva,* d. h. Klarheit, Reinheit, Lauterkeit und abgeklärte Güte (nach P. Hacker). Im Krieger herrschen *rajas,* d. h. Aktivität und Leidenschaft vor. Den Kaufmann kennzeichnen sowohl *rajas* als auch *tamas,* d. h. Trägheit, weil sie Besitz erwerben und bewahren sollen. Die *Shudras* sind ausschließlich durch *tamas* charakterisiert.

6. Vgl. zum Ganzen: *Gustav Mensching:* Soziologie der großen Religionen, Bonn 1966, S. 68–108.

Das Sanskrit-Wort *»jati«* (von *»jan«* = geboren werden) bezeichnet die mehr als dreitausend Unterkasten, die sich im Laufe der Jahrhunderte durch berufliche Spezialisierung, religiösem Glauben, Stammeszugehörigkeiten usw. gebildet haben.
Kasten sind Geburts- und keine Wahlgemeinschaften. Die Zugehörigkeit kann während des Lebens nicht verändert werden. Man kann nicht wie aus einer freiwillig gewählten Gemeinschaft »austreten«, sondern allenfalls »exkommuniziert« werden. Kasten sind exklusive Gemeinschaften, die ihren jeweiligen *»varna-dharma«* haben: Ethik, Speisegesetze, Riten usw. Die Zugehörigkeit zu einer Kaste ist aufgrund der Karma-Lehre (→ S. 82) erblich. Kasten sind endogam, d. h. Heirat ist nur – wenigstens theoretisch – innerhalb derselben Gemeinschaft erlaubt. Aufgrund von Reinheitsvorschriften darf der Hindu nur mit Angehörigen derselben Kaste speisen bzw. aus ihren Händen das Essen empfangen.
Ein immer noch großer Abgrund besteht zwischen den Kastenhindus und der sog. »scheduled class«, den »Unreinen«, wie sie sich sogar selber nennen. De facto ist das Kastensystem in Indien durch die Verfassung für abgeschafft und die Gleichheit aller gesellschaftlichen Gruppen und Religionen erklärt worden. Obwohl diese Tatsache auch zu einem Bewußtseinswandel – wenigstens nach außen hin – geführt hat, bestehen weiterhin mannigfaltige Diskriminierungen. Es gibt heutzutage schätzungsweise 80–100 Millionen »Unberührbare«, die überwiegend in den ländlichen Gebieten wohnen. Sie sind dort zumeist besitzlose Landarbeiter, die in besonderen Vierteln, separiert von den Kastenhindus, leben müssen, den Dorfbrunnen nicht benutzen dürfen, auch im allgemeinen den Tempel nicht betreten dürfen. In Gaststätten und Friseurläden werden sie oft nicht einmal bedient. Auch werden sie noch vielfach geschlagen und mißhandelt. Nach einem offiziellen Bericht der Regierung gab es in einem der vergangenen Jahre 100 Mißhandlungen mit tödlichem Ausgang. Es gibt mannigfaltige Versuche der indischen Regierung, das Los der »scheduled class« zu verbessern: Reservierung besserer Jobs, Erziehungsbeihilfen, Reservierung von Parlamentssitzen usw.
Das Verhalten zu den Unberührbaren wird im Alltag oft von rein

pragmatischen Erwägungen bestimmt. »Wenn ein Kasten-Hindu ein Dokument beglaubigt haben will, geht er zu Shiv Narain, der ein Unberührbarer in der höheren Beamtenlaufbahn ist. Der Kasten-Hindu akzeptiert bei dieser Gelegenheit auch Shiv Narains Bewirtung. Ist die Arbeit erledigt, grüßt er ihn nicht einmal mehr auf der Straße.«[7]

Status und Prestige hängen heutzutage in der Hierarchie der Dorfgemeinschaft nicht mehr allein von religiösen Faktoren ab, sondern zunehmend auch von Besitz, Beruf und Erziehung.

Seit Mitte der fünfziger Jahre sind rund 2 Millionen Unberührbare Buddhisten geworden, um sich »endlich als Mensch den anderen gleich zu fühlen«. Christliche Missionen hatten früher im wesentlichen auch nur bei den Unberührbaren Erfolge.

● *Ashrama: Die Lehre von den vier Lebensstadien*

Sie besagt, daß das Leben der »Zweimalgeborenen« (d. h. der Vertreter der drei obersten Kasten) in vier Stadien zerfällt: *Schüler – Hausvater – Eremit* und schließlich *Samnyasin* (→ S. 104). Als *Schüler* wird der »Zweimalgeborene« von seinem *Guru* (→ S. 103) in den Veden und Gesetzestexten unterwiesen. Als *Hausvater* soll er eine Familie gründen, einen Beruf ausüben und somit einen Beitrag zum Wohl der Gemeinschaft leisten. Sobald für männliche Nachkommen und damit für den Fortbestand der Familie und die Aufrechterhaltung des Totenopfers gesorgt ist – spätestens jedoch, wenn er Enkel hat –, sollte sich der Hausvater aus seinem Berufsleben zurückziehen und *Einsiedler* werden. Entweder allein oder aber auch zusammen mit seiner Frau begibt er sich in die Abgeschiedenheit des Waldes, um sich der Askese und Meditation zu widmen. Die letzte und höchste Stufe ist erreicht, wenn er als *Samnyasin*, an keine Formen und Institutionen (z. B. Kaste) mehr gebunden, durch die Welt pilgert, »von Wasser und Wind lebend und Früchten nur soviel als recht« (Samnyasa-Upanishad 2).

7. *Maren Bellwinkel:* Kaste und Klasse in Kanpur, Uttar Pradesh, in: *H. Ahrens* und *Kerin Gräfin Schwerin (Hg.):* Aspekte sozialer Ungleichheit in Südasien, Wiesbaden 1975, S. 170.

● *Die Lehre von den vier Lebenszielen*

Eng verbunden mit dieser Lehre ist die Auffassung, daß gemäß dem *dharma* im menschlichen Leben vier Ziele zu verwirklichen sind. Diese Lehre, die vermutlich eine Systematisierung ursprünglich getrennter Religionsformen darstellt, geht von der Berechtigung dreier Werte aus, die jedoch – auf der letzten und höchsten Stufe (als Samnyasin) – überschritten werden sollen.

- *Kama* steht für *Sexualität,* Vergnügen, Wohlleben, Begehren. Die Sexualität[8] ist eine menschliche Grundgegebenheit, die ihren Wert hat. Das indische Liebeskunst-Buch *Kamasutram* (ca. 250 n. Chr.) enthält Hinweise und Regeln für den Umgang der Geschlechter.
- *Artha* (Wohlstand, Vermögen, Ansehen und Erfolg) faßt alle diesseitigen Werte zusammen.
- *Dharma* meint hier das rechte, vernunftgemäße, rechtschaffene Leben in bezug auf die Gemeinschaft.
- *Moksha* (Erlösung, Befreiung) dagegen, die höchste Stufe, ist zugleich die Negation aller genannten Werte, das »Aussteigen« aus dem unheilvollen Rad der Wiedergeburt (→ S. 80ff.).

● *Die Zeitvorstellung*

Die Inder haben eine andere Vorstellung von der Zeit als wir: Sie denken in kosmischen Zeiträumen. Was bis jetzt noch nicht geschehen ist, wird vielleicht im nächsten Zeitalter verwirklicht. Nach der indischen Mythologie zerfällt jeder *Weltzyklus* in vier Weltzeitalter *(yuga),* da die Totalität mit der Zahl vier verbunden ist. Im ersten Yuga hat Dharma noch für alle Lebensbereiche Gültigkeit, und die Menschen werden schon tugendhaft geboren. Doch *kala,* die Zeit, gibt dem geschichtlichen Geschehen eine negative Wertigkeit. Dharma verliert an Einfluß, die Menschen müssen ihre Tugenden und Pflichten erst lernen. Im letzten Zeitalter *(Kali Yuga)* liegt Dharma darnieder. Bis zur Auflösung geht der Weg stetig und un-

8. Vgl. *Bhakti Datta:* Sexualität im Hinduismus, in: *Michael Klöcker/Udo Tworuschka (Hg.):* Sexualität (= Ethik der Religionen – Leben und Lehre, Bd. 1), Göttingen und München 1984, S. 170–192 u. 211f.

aufhaltsam bergab. Danach setzt ein neuer Zyklus ein, und die gleichen Ereignisse wiederholen sich.
Während die alten Veder noch ein naiv-positives Weltverständnis besaßen, nach Gesundheit, Glück, großem Viehbesitz und langem Leben strebten, wandelte sich zunehmend das indische Weltverständnis. Man tut sich zunehmend schwer, ein positives Verhältnis zur realen Welt zu finden.

6. Die Heilswege

Die indische Religionsgeschichte hat – stark vereinfacht und schematisiert – drei große Wege *(marga)* zum Heil hervorgebracht:
- karma marga;
- jnana marga;
- bhakti marga.

● *Karma marga*, der Weg der Werke, insbesondere der Opferwerke, ist der älteste Heilsweg, der sich von den ältesten *Veden* an findet. Man opfert den Göttern, um Gesundheit, langes Leben und Reichtum zu erhalten.

● *Jnana marga – der Weg der Erkenntnis*
Die *atman-brahman-Lehre* wurde zur Zeit der Upanishaden-Literatur entwickelt. Sie geht davon aus, daß das *brahman* (ursprünglich: der vedische Zauberspruch, die Kraft des Opferwortes) Ursprung und Ziel aller Existenz ist. Es wird als reines Wesen *(sat)*, reine Einsicht *(cit)* und reine Wonne *(ananda)* beschrieben. *Atman*, etymologisch mit unserem Wort »atmen« verwandt, meinte zunächst die Hauchseele, den Lebensgeist, wurde aber bald von materiellen Vorstellungen befreit und zum »Selbst«, d. h. zum innersten Teil des Menschen, der hinter dem Ich der jeweiligen Existenzform verborgen liegt. Atman ist also kein individuelles Ich – Seele in unserem christlich-abendländischen Verständnis –, sondern »die göttli-

che Transzendenz selbst, an der der Personenkern teilhat«[9]. In den Upanishaden ist *atman* das Selbst des Menschen, das nach dem Tode fortdauert und die Kontinuität zur nächsten Existenz darstellt. Der von den Upanishaden gelehrte »Weg der Erkenntnis« – meint die Einheit von *atman* und *brahman*, die es zu erkennen und durch Meditation oder *Yoga* zu realisieren gelte. Erkenntnis und Freiheit von aller ichhaften Begierde führt zur Vereinigung der Einzelseele mit der Weltseele.

Die Gedanken der Upanishaden wurden im sogenannten *Vedanta* systematisch zusammengefaßt. Dabei kam es zur Herausbildung mehrerer Schulrichtungen. Der Hauptvertreter eines *absoluten Monismus* (a-dvaita: Nicht-Zweiheit) war der südindische Brahmane Shankara (angeblich 788–820 n. Chr.). Seine Lehre gliedert sich in vier Stufen: Die *Illusionstheorie* besagt, daß die empirische Welt nur Schein, *maya*, ist und damit Vorgauklung falscher Tatsachen, die gar nicht existieren und nur ein »Spiel« *(lila)* der Gottheit sind. Die *Projektionstheorie* besagt, daß diese maya-Welt auf ein zugrundeliegendes »reales Substrat« aufgebildet ist, wie der Strick der Schlange: Wie man im Dunkeln nämlich einen auf der Erde liegenden Strick für eine Schlange hält, ihm also das Schlangesein »aufbildet«, so ist auch die reale Welt dem Einen *(brahman)* nur aufgebildet. Das Selbst des Menschen strebt nach Wiederherstellung der Identität mit dem *brahman*.

Der ebenfalls aus Südindien stammende Brahmane *Ramanuja* (angeblich 1050–1138), ein Anhänger der bhakti-Religion, stellte einen persönlichen Gott in den Mittelpunkt. Er war ein Gegner der Illusionstheorie und vertrat einen *qualifizierten Monismus:* »Gott läßt das Universum periodisch aus sich hervorgehen, so daß die Einzelseelen und das Ungeistige (Materie), solange die Welt existiert, als reale Größen bestehen, die Gott ›qualifizieren‹. Diese haben nicht nur Gott als materielle Ursache, sondern werden auch von ihm durchdrungen und geleitet. Die Seelen und das Ungeistige sind also ›Attribute‹ oder ›Modi‹ (Daseinsweisen) Gottes.«[10]

9. *Reinhart Hummel:* a.a.O.
10. *Helmuth von Glasenapp:* Indische Geisteswelt, Bd. 1, S. 204.

Von geringerem Einfluß war schließlich die Denkrichtung des wie seine Vorgänger aus Südindien stammenden vishnuitischen Brahmanen *Madhva* (1199–1278), der einen *Dualismus (dvaita)* lehrte: Gott und die Welt, aber auch der im Menschen befindliche *atman* sind zwei und voneinander verschieden.
Obgleich die Lehre Shankaras von nicht wenigen Hindus als die »philosophia perennis« des Hinduismus betrachtet wird, ist sie im Rahmen der indischen Religionsgeschichte nur eine von vielen legitimen Möglichkeiten und zweifellos für die breite Masse der Hindus nicht die wichtigste. Unter der Bezeichnung *Neo-Vedanta* werden die philosophischen Entwürfe neuhinduistischer Denker, z. B. *Ramakrishna* und *Vivekananda* verstanden (→ S. 107ff.).
Zwei weitere konstitutive Begriffe, die teilweise schon impliziert waren, sind *karma* und *samsara.* Karma bedeutete zunächst noch die Opfertat. Die Tat ist jedoch nicht abgeschlossen, wenn das Tun zu Ende ist, sondern die vollbrachte Tat ist gleichsam eine neue Größe, die von sich aus, d. h. vom Täter ungewollt und unbeeinflußt, weiterwirkt. Karma ist also das Tun selbst sowie die als Folge einer Tat *automatisch* einsetzende Vergeltung. Auf diese Weise entscheiden die vergangenen Taten des Menschen über seinen zukünftigen Körper, die Familie, berufliche Stellung usw. Da Taten aus Wünschen und Absichten entstehen – guten wie bösen –, ist es letztlich das Begehren, das gutes oder schlechtes *Karma* entstehen läßt. Dieser vorherbestimmende Zug der Karma-Lehre nimmt dem einzelnen die Kontrolle über sein gegenwärtiges Tun, da ohnehin alles vorgezeichnet ist und der Mensch sein Leben nicht frei gestalten kann.
Der *samsara*-Gedanke, den es bei den alten Vedern mit ihrem linearen Geschichtsbild noch nicht gab und der erst in den Upanishaden als feste Lehre auftritt, meint den *Kreislauf der Geburten,* der durch die Taten des Menschen in Gang gehalten wird und aus dem man sich Befreiung wünscht. Entweder die Erkenntnis *(jnana)* oder Liebe *(bhakti)* helfen, um aus diesem ewigen Kreislauf herauszukommen. Der alte Weg der Opfertaten dagegen wird nur noch als vorbereitender Weg verstanden. Dieser führt zu einer besseren Wiedergeburt und liefert damit eine bessere Ausgangssituation zum endgültigen Ausstieg aus dem *samsara.*

Im Neuhinduismus wurden verschiedene alte Vorstellungen neu interpretiert. So schwächte *Radhakrishnan* Shankaras absoluten Monismus ab: Die Welt ist für ihn weder absolut real noch illusorisch. *Maya* ist das Symbol der Fehlorientierung des Menschen angesichts einer Überzahl von Werten und Normen. Geschichte wird für ihn sinnvoll; denn das Absolute ist nicht nur reines Sein ohne Anfang und Ende, sondern erscheint auch in der Welt als schöpferischer Geist, der der Geschichte Sinn verleiht. Die Lehre vom Geburtenkreislauf erfährt eine neue Deutung. Indische Denker unterscheiden zwei Arten der Determination: *phala* (die »Anlage«), welche über die Beschaffenheit des gegenwärtigen Körpers und über die unmittelbaren Einflüsse, die zu dieser Geburt geführt haben, entscheidet; *samskaras* (»Tendenzen«), welche die menschlichen Taten beeinflussen. Der Mensch kann seine *samskaras* beeinflussen und in den Griff bekommen. Ihnen ist er nicht so blind wie den *phalas* ausgeliefert. Karma wird von Radhakrishnan verstanden als eine Beeinflussung, als Bedingung, nicht dagegen als Zwang. Das Individuum ist damit – wie der indische Religionsphilosoph Dandekar betont – »letztendlich Architekt seines eigenen Lebens«.

● *Bhakti marga – Der Weg der Liebe*

Dieser Erlösungsweg ist bei vielen Christen immer wieder auf besonderes Wohlwollen gestoßen[11]. Bereits in den alten Veden, welche die Beziehungen des Menschen zu den Göttern durch verdienstvolle Werke, durch Riten und Opferhandlungen regelten, finden sich vereinzelt Spuren eines Gnadenglaubens: »Du gerechter König, erbarme dich meiner! So wie einen Strick vom Halse des Kalbes, so nimm auch von mir meine Sünden!« (RV II,28).
Während der Brahmana-Epoche mit ihrem Anwachsen priesterlicher Macht und Opferwissenschaft konnte keine Gnadentheologie aufkommen. Der Brahmane selbst hielt als gewaltiger Ingenieur durch magische Kräfte das Weltgeschehen in Gang. Auch die Atman-Brahman-Lehre der Upanishaden schloß prinzipiell gnaden-

11. Vgl. *Georg Landmann:* Zur Gnadenvorstellung des Hinduismus, in: Zeitschrift für Missions- und Religionswissenschaft 54 (1970), S. 101–111.

haftes Denken aus, da es hier keine personale Beziehung zwischen Schöpfer und Geschöpf gab. Trotzdem findet sich in späteren Upanishaden zunehmend eine Verlagerung vom heilvollen »Wissen« zur *Gnade:* »Diese Seele (atman) ist nicht durch Unterweisung zu erreichen, nicht mit dem Verstande, auch nicht durch langes Lernen. Nur wen Er erwählt, der vermag zu ihm zu gelangen. Einem solchen offenbart jene Seele (Atman) ihre Person« (Katha-Upanishad II,23). Diese Linie erreicht in der *Bhagavadgita* ihren Höhepunkt.

1. Die Bhagavadgita

Ein bedeutsames Dokument der Vishnu-Religion ist die *Bhagavadgita* (2. Jh. v.–2. Jh. n Chr.?), der »Sang der Hehr-Erhabenen«, eine didaktische Episode im Rahmen des Epos *Mahabharata,* das vom Kampf der Bharata-Nachkommen (vermutlich im 3. oder 4. Jh. v. Chr.) handelt. Die Gita hat eine außerordentliche Bedeutung für die praktische Frömmigkeit vieler Inder. An zahlreichen Orten werden »Gita-Stunden« abgehalten. Durch die ISKCON (→ S. 117f.) und die Ramakrishna-Mission wurden kommentierte Gita-Ausgaben auch bei uns verbreitet.

Die Gita ist kein einheitliches Werk. Neben Elementen des atheistischen Samkhya-Yoga und der Einheitslehre der Upanishaden (→ S. 80ff.) bezeugt sie erstmalig literarisch die bhakti-Lehre. Wie die Upanishaden, zu denen sich die Gita im übrigen selbst zählt, sind ihre 18 Gesänge als *Lehrgespräche* zwischen dem Gott Vishnu (Krishna), der als Sri Bhagavan bezeichnet wird, und dem Krieger Arjuna konzipiert. Dieser steht in einer entscheidenden Schlacht den Kurus gegenüber und bemerkt, daß sich auf der feindlichen Seite Freunde und Verwandte befinden. Da er nicht zum Mörder an seinen Verwandten werden will, zaudert er und wird kampfesunschlüssig. Seine existentiellen Fragen werden von dem herabgestiegenen Gott Krishna in der sog. »inneren Gita« (2,11ff.) beantwortet. Der Verfasser der Gita schweift aber bald vom eigentlichen Thema ab und diskutiert Probleme, die mit der Ausgangssituation nichts zu tun haben.

Krishna bemüht sich, Arjuna davon zu überzeugen, daß der *dharma* des Kriegers im Kämpfen besteht und es Sünde und Schande bedeuten würde, wenn Arjuna seine Standespflicht nicht erfüllte. Krishna weist ihn darüber hinaus auf die geringe Bedeutung des Todes hin. Er ist letztlich eine gleichgültige Sache, da der *atman* nur in einen anderen Körper übergeht. Die Gita lehrt die Freiheit *von* der Welt *in* der Welt. Ein Krieger muß kämpfen, aber seine Handlung darf die Seele nicht berühren. Der rechte Kämpfer zeichnet sich – wie der japanische Samurai (→ S. 230) – durch Ruhe und Ausgeglichenheit aus. Emotionslos, ohne Leidenschaften handelt er, so daß kein neues *Karma* erzeugt wird.

Die Gita lehnt die anderen Heilswege nicht völlig ab, sondern ordnet sie dem *bhakti-marga* unter. Opferwerke, Askese usw. reichen als äußerliche Akte nicht mehr aus, solange sie nicht im rechten Geist und ohne Rücksicht auf Lohn ausgeführt werden. Auch die Erkenntnis *(jnana)* wird von der Gita als Mittel zur Erlösung akzeptiert. Man soll seine Gedanken auf das Brahman richten und seine Identität damit erkennen. Da dieser »Weg der Erkenntnis« für die meisten Zeitgenossen aber zu schwierig ist, empfiehlt die Gita *bhakti* als den leichteren Weg, den alle gehen können, nicht nur die Zweimalgeborenen, sondern auch die Shudras, vor allem aber die Frauen.

Im *Neuhinduismus* (beginnend mit Vivekananda und der Ramakrishna-Mission sowie der Theosophischen Gesellschaft: → S. 112) nahm der Einfluß der Bhagavadgita sehr zu, insbesondere die Idee des *karmayogin*[12]. Karma wurde nun nicht mehr als kultisches Handeln verstanden, sondern meinte jedes Handeln, Arbeit im allgemeinen Sinne. Wesentlichster Verkörperer des Karmayogin war der Krishna der Bhagavadgita, der zweckfrei nur um der Arbeit willen arbeitete. Der Karmayogin wurde zum »Symbol des selbstlos sich aufopfernden Handelnden«[13], die Gita zum »Evangelium der Arbeit« (Aurobindo). Dieses aktive Gita-Verständnis, das den Karmayogin noch über den traditionell höherbewerteten weltentsagen-

12. Vgl. *Ursula King:* Der Karmayogin als Symbol eines neuen religiösen Lebensverständnisses, in: *Gunther Stephenson (Hg.):* Leben und Tod in den Religionen, Darmstadt 1980, S. 301–316.
13. Ebd., S. 308.

den Sannyasin stellt, wird auch von Gandhi vertreten, der heutzutage selber »als die lebendige Verkörperung des Karmayogin-Symbols«[14] gilt.

2. Vaishnavas – die Anhänger Vishnus

Der Weg der Liebe findet sich insbesondere in den beiden monotheistischen Religionen, die sich um den Gott *Vishnu* (die *Vaishnavas*) und *Shiva* (die *Shaivas*) gebildet haben. *Bhakti* leitet sich von dem Wort *bhaj* ab und bedeutet »liebevolle Anhänglichkeit«, gefühlsmäßige Hingabe an einen persönlichen »erhabenen Herrn« *(bhagavan)*. Mit der bhakti-Frömmigkeit entstand eine religiöse Bewegung, die für breite Kreise eine Alternative zur intellektuellen Upanishaden-Theologie bot. Typisch für die bhakti-Frömmigkeit ist es denn auch, daß ihre Literatur in den jeweiligen Landessprachen verfaßt wurde (z. B. Marathi, Hindi, Bengali, Tamil).

Im Vishnu-Glauben, der seit dem 12. Jh. einen gewaltigen Aufschwung nahm, steht der *bhagavan Krishna* bzw. *Rama* im Mittelpunkt. Bhakti spielte auch eine entscheidende Rolle bei Vaishnava-Philosophen (z. B. Ramanuja), die sich darum bemühten, ihre Wesenszüge in einer Art Lehrsätzen zu formulieren. Bei Vishnu-Bhaktas ist bhakti eine bisweilen starke emotionale Frömmigkeit, die sich gern erotischer und sexueller Metaphern bedient.

Krishna wird im *Vishnu-Purana* (= »alte Erzählung«, ca. 4. Jh.) als Liebhaber der *gopis* (Mägde) dargestellt. Seine Amouren zwischen der die menschliche Seele symbolisierenden Radha und Krishna sind Motive religiös-erotischer Gedichte und werden außerdem bis heute kultisch vergegenwärtigt.

Die bhakti-Frömmigkeit blühte in der mittleren Periode der indischen Religionsgeschichte (ab. ca. 1000 n .Chr.). Ramanuja, der Begründer einer heute in Südindien noch existierenden Religionsgemeinschaft, Madhva und Caitanya (1485–1533) waren Gründer bedeutender vishnuitischer Schulen.

Aus der Denkrichtung des Ramanuja entstammten zwei interes-

14. Ebd., S. 312. Vgl. auch *Alphons van Dijk:* Arbeit im Hinduismus, in: Ethik der Religionen, Bd. 2: Arbeit, München und Göttingen 1985.

sante theologische Richtungen, die ihre Parallelen in der christlichen Theologiegeschichte haben und von Heinrich Frick als »katholisch-protestantischer Zwiespalt« beschrieben worden sind. »Die Lehre der Tenkalais ist die des ›Katzenweges‹, die der Vadakalais die des ›Affenweges‹. Denn in Gefahr klammert sich das Affenjunge selber an seine Mutter und wird, indem diese ihn rettet, durch Mitwirkung mit gerettet. Die Katze aber nimmt ihre gefährdeten Jungen ins Maul, ohne daß diese selber etwas wirken oder wollen.«[15]

Die erotische Krishna-Mystik wurde insbesondere von der Prinzessin Mira Bai (16. Jh.) und Tukaram, dem »größten Vertreter des devotionalen Vishnu-Glaubens« (von Glasenapp), gepflegt. Um die Verehrung von Vishnus *avatar* Rama konzentrierte sich ein besonderer Rama-Kult, dessen Hauptvertreter der Brahmane Ramananda (1299–1410?) und vor allem der als größter Hindi-Dichter geltende Tulsi Das (1532–1623) sind. Ihre bedeutenden Nachfolger hat die bhakti-Frömmigkeit noch in unserer Zeit, z. B. bei Ramakrishna und Rabindranath Tagore. Die Hare-Krishna-Bewegung (ISKCON) entstammt ebenfalls diesem Umfeld.

3. Information: Der Gott, der herabsteigt ...[16]

Die Vishnu-Theologie lehrt, daß verschiedene Wesen oder Götter *avataras* (Herabgestiegene) des Gottes Vishnu sind. Die klassische Belegstelle findet sich in der Bhagavadgita (IV, 5–10): Der schon oft wiedergeborene Gott vermag sich durch seines Wesens Wunderkraft immer wieder neu zu »inkarnieren«, und zwar dann, wenn auf Erden die menschliche Ungerechtigkeit überhandnimmt und Spiritualität und Moral schwinden.

15. Zitiert bei: Heinrich Frick: Vergleichende Religionswissenschaft, Berlin 1928, S. 88.
16. Vgl. zum Ganzen: *Geoffrey Parrinder:* Avatar and Incarnation, London 1970. – Außerdem die Beiträge »Christus im Hinduismus« und »Geschichte im Hinduismus«, in: *Udo Tworuschka (Hg.):* Religionen heute, Frankfurt am Main und München 1977, S. 26–32 und S. 65–70.

Die zehn avataras Vishnus[17]

1. Matsya
Der Fisch. Er erschien zur Zeit der großen Flut, um die Menschheit zu warnen.

2. Kurma
Die Schildkröte. Er rettete Schätze aus der Flut.

3. Varaha
Der Eber. Er holte die von einem Dämon in die Tiefe gestürzte Erde wieder herauf.

4. Nara-Simha
Der Mann-Löwe. Er besiegte böse Dämonen.

5. Vamana
Der Zwerg. Er besiegte den Dämonen Bali, der die drei Welten beherrschte.

6. Parusha-Rama
»Rama mit dem Beil«. Er vernichtete Mitglieder der Kshatriya Kriegerkaste, die die Welt beherrschen wollten.

7. Rama-Chandra
Der Held des *Ramayana*-Epos. Er war ein edler Held, der das Böse in der Welt bekämpfte. Vorbild der Tugendhaftigkeit.

8. Krishna
Er ist ein *avatara* Vishnus und zugleich ein eigener Gott. Er ist der beliebteste aller Götter, der Held vieler Mythen, die ihn als Liebhaber, Krieger und König darstellen.

9. Buddha
»Der Erleuchtete«. Der neunte *avatara* ist Siddharta Gautama, der Gründer des Buddhismus (→ S. 123ff.).

10. Kalki
Der zehnte *avatara* wird erst noch erscheinen.

Ein moderner Hindu-Philosoph vergleicht Vishnu mit einem Schauspieler, der verschiedene Rollen spielt. Alle avataras sterben schließlich. Ihr Tod tritt immer dann ein, wenn das

17. Handbuch Weltreligionen, S. 184.

Böse auf der Welt vernichtet ist und die Gerechtigkeit gesiegt hat.
Das *inklusivistische* Denken der Hindus läßt letztlich eine unbegrenzte Zahl solcher »Herabgestiegenen« zu, so daß kurioserweise z. B. Karl Marx in das hinduistische Pantheon integriert werden kann. Der avatara-Gedanke erfuhr besonders in der Kolonialzeit einen neuen Aufschwung, da der Verfall des *dharma* während der britischen Fremdherrschaft besonders deutlich gespürt wurde. Insbesondere wird das hinduistische Christus-Bild gern vom avatara-Gedanken her entwickelt, obgleich es auch Vertreter gibt, die darin einen Rückfall in den hinduistischen Polytheismus erblicken.

4. Die Shaivas – die Anhänger Shivas

Die *Shiva-Frömmigkeit*, die ihren philosophischen Unterbau im *Shaiva-Siddhanta* (»Lehrbuch«) fand, wird in den berühmten Hymnen des entweder im 7. oder im 9. Jh. n. Chr. lebenden Dichters Manikkavashagar (»dessen Worte Juwelen sind«) am schönsten widergespiegelt. Die Shiva-Devotion ist insbesondere im drawidischen Süden Indiens zu Hause. Manikkavashagar preist die unermeßliche Gnade Shivas, die dem Menschen ohne vorherige Leistung gegeben wird. Der verzweifelte, keinen Ausweg aus dem Kreislauf der Wiedergeburt findende Mensch wird aus reiner Gnade von Shiva »in seinen Dienst genommen«. Der sich erniedrigende Gott »ist in meinen Leib gedrungen, / Hat aus Gnaden mich genommen / In seinen heiligen Dienst«.
Im Shivaismus hat die avatara-Lehre keine Bedeutung, weil Gott den Gläubigen in Gestalt ihres Gurus erscheint. Zu den wichtigsten Shiva-Gruppen gehören heute die auf das 12. Jh. n. Chr. zurückgehenden *Lingayats* (oder Vira-Shaivas), die einen kleinen *lingam* (Phallus) als Symbol Shivas bei sich tragen. Vor allem in Südindien treten sie als militante Hindu-Nationalisten auf.

● *Hauptmerkmale der bhakti-Frömmigkeit*[18]

1. Gott und die Seele, die nach Vereinigung mit ihm strebt, sind separierte Wesenheiten und bleiben auch solche, sogar wenn die Einigung vollzogen worden ist. Eine Zeile lautet: »Das Wasser kann sich selbst nicht schmecken, noch können Bäume ihre eigenen Früchte schmecken: Der Fromme muß getrennt sein. Freude erwächst nur aus der Trennung und Unterscheidung.«
2. Die Gottheit wird als *Gnadengottheit* gesehen, die nichts anderes möchte als das Wohlergehen der Menschen.
3. Der Mensch wird als im Wesen *sündig* und unvollkommen gesehen. Manikkavashagar sagt im Shiva-Glauben: »Ich bin unwirklich! Mein Herz ist unwirklich! Meine Verehrung ist unwirklich! Sünder, der ich bin, kann ich dich nur erreichen, wenn ich nach dir schreie. O Herr, sei gnädig, daß ich dich erreichen möge!«
4. Der Mensch ist befähigt, Gott gegenüber Verehrung zu erweisen. Dies tut er, indem er seinem *Guru* gegenüber *Verehrung erweist.*
5. Von den zahlreichen Methoden, *bhakti* zu üben, wird am meisten empfohlen, den Namen Gottes unaufhörlich zu wiederholen. Dies wird als wichtiger betrachtet als Frömmigkeit und Pilgerreisen usw. Gottes Namen anrufen kann man zu jeder Zeit und an jedem Ort. Es heißt, daß das Nennen des Namens Gottes die bösen Einflüsse der Lust, der Gier, des Hasses, kurz: aller negativen Haltungen beseitigt.

18. Zusammenfassung nach: *John R. Hinnells* and *Eric J. Sharpe (ed):* Hinduism, Newcastle upon Tyne 1972, S. 35f.

7. Hindu-Götter

● *Devas*

Unserem *einen* Gott die Pluralität hinduistischer *devas* gegenüberzustellen führt ganz sicher zu Fehleinschätzungen. Der Hindu hat, wenn er von Gott sprechen will, vor allem folgende Ausdrücke zur Verfügung: Bráhman und Íshvara. *Brahman ist nicht pluralisierbar.* Es ist ein religionsphilosophischer Begriff, der für das Allumfassend-Eine, das neutrale, qualitätslose Ur-Eine steht. Brahman liegt allem empirischen Sein zugrunde. Für solche Hindus, die nicht in den gleichen anspruchsvollen religionsphilosophischen Kategorien denken, tritt *Íshvara* (= personaler »Herr«) ein. Íshvara ist das in personalen Kategorien vorgestellte Brahman. Viele »einfachere« Gläubige, die intellektuell noch nicht weit genug auf dem religiösen Erkenntnisweg vorangeschritten sind, benötigen eine leichtere und zugänglichere (d. h. personale) Weise, sich Gott vorzustellen. *Deva* hingegen bezeichnet nur einen bestimmten Aspekt, eine Funktion von Brahman bzw. Íshvara. Hindus stellen sich devas als göttliche Funktionsträger vor. Je nachdem, ob es sich um einen volksgläubigen Hindu oder einen Vertreter des philosophischen Hinduismus handelt, sind devas entweder *reale Wesen* oder aber nur *Vorstellungen,* die aufgrund einer falschen Erklärung der Wirklichkeit angenommen werden. Für den intellektuellen Hindu ist einzig und allein Brahman real. Alles Empirische besitzt ohnehin keine eigentliche Realität; nur Brahman kommt diese Eigenschaft zu. Das Heilsziel des frommen Hindu-Intellektuellen besteht in der mystischen Vereinigung seines atman mit dem Brahman. Man sollte deva also nicht mit Gott übersetzen. Der Hindu kennt folglich nicht Millionen von »Göttern«, sondern Millionen von devas. Eher scheint eine Übersetzung mit »Himmlischer«, »Himmelsbewohner« u. ä. angebracht. Die devas entsprechen auch vielleicht den Engeln, wie sie monotheistische Religionen kennen.

● *Große Einzelgötter*

Vishnu und Shiva sind die großen Götter des heutigen Hindu-Pantheons. Mit dem persönlichen Gott Brahma (nicht zu verwechseln mit dem brahman) werden sie als Götterdreiheit *(trimurti)* zusammengefaßt und auch künstlerisch dargestellt. Trimurti symbolisiert das Göttliche in seinen drei Aspekten: Schöpfung (Brahma), Erhaltung (Vishnu) und Zerstörung (Shiva). Seit dem 12. Jh. wird Shiva als göttlicher König der Tänzer dargestellt. Der tanzende Shiva stellt eine theologische Aussage dar, nämlich die Idee einer »Schöpfung als Spiel«. Die Beziehung von göttlicher Einheit und der Vielheit der weltlichen Erscheinungen wird ausgedrückt. Die Schöpfung ist nach dieser Tanz-Theologie eine spielerische, absichtslose Entfaltung des göttlichen Wesens. Der Tanz ist eine alte Form der Magie. Durch den Tanz verwandeln sich Männer in Krieger und Helden. Tanzen ist etwas Schöpferisches, neue Situationen werden geschaffen und schlummernde Energien geweckt.

Shiva wird auch als der große Asket *(maha-yogi)* angesehen, der mit einem Dreizack, wie ihn viele Samnyasins besitzen, und anderen Attributen des Kampfes abgebildet wird. Wilde Tiere, insbesondere der Stier, umgeben ihn, eine Schlange windet sich um seinen Hals, und sein Körper ist mit Asche beschmiert.

Von besonderer Bedeutung, ebenfalls für Südindien, ist der insbesondere von Frauen praktizierte Kult der fruchtbaren *Muttergottheit*, die unter verschiedenen Namen, hauptsächlich aber als Durga und Kali, verehrt wird. Sie ist die Gemahlin *(shakti)* Shivas, und ihr Kult ist blutig, wild und trägt grausame Züge. Täglich werden ihr in Bengalen blutige Opfer – in der Hauptsache Ziegen – geopfert.

Zu erwähnen ist schließlich noch der mit der Shiva-Verehrung zusammenhängende *Shaktismus.* Es handelt sich dabei um eine Form des *Tantrismus*[19], der sehr weit verbreitet ist (vom Kap Komorin bis Tibet [→ S. 161 ff.]). Shivas Gemahlin, seine shakti, wird von den sogenannten Shaktas verehrt. Es gibt zwei Richtungen, die sog. »rechtshändige« und »linkshändige«. Oft von westlichen Forschern als anrüchig empfunden wurde die Verehrung der »linken Hand«: Die Ehefrau Shivas sitzt zum Zwecke der geschlechtlichen Vereinigung

19. Vgl. grundlegend: *Herbert V. Guenther / Trungpa Chögyam:* Tantra im Licht der Wirklichkeit, Freiburg 1976.

auf der linken Seite ihres Mannes. Der linkshändige Tantra ist ein Geheimkult. Die Shaktas treffen sich nachts und praktizieren die sogenannten 5 M, d. h. Tätigkeiten, die mit dem Buchstaben »m« beginnen und Hindu-Tabus brechen: Sie trinken Branntwein, essen Fisch, Fleisch und Getreidekörner und vollziehen den Beischlaf. »Dadurch sollen die animalischen Lebensäußerungen aus der Sphäre der menschlichen Leidenschaften in den höheren religiösen Bereich emporgehoben werden.«[20] Hierbei können alle Formen von symbolischer Ausführung über den Verkehr mit der eigenen Frau bis hin zur Promiskuität vorkommen. Der *rechtshändige Tantra* wird dagegen öffentlich praktiziert und enthält nichts »Anstößiges«.

8. Man lebt nicht nur einmal – Informationen zur Reinkarnationslehre[21]

Die Reinkarnationslehre ist nicht auf *Hinduismus, Buddhismus* und *Jainismus* beschränkt, sondern findet sich z. B. bei den *Griechen* (*Platon,* vor allem aber *Plotin* und die *Neuplatoniker;* die *Pythagoräer* und *Orphiker,* bei denen die Reinkarnationslehre der sittlichen Verbesserung diente). Die *Kelten* (Geheim-

20. *Heinz Bechert:* Art. Hinduismus, in: TRT, 4. Aufl. 1983, S. 281.
21. Vgl. *Adolf Köberle:* Wiederverkorperungslehre und biblischer Glaube, in: Materialdienst 39 (1976), S. 306–313. – *Ders.:* Das geheimnisvolle Reich der Seele, Freiburg (Herder-TB 1111) 1984, S. 89–121. – *Reinhart Hummel:* Reinkarnation und christlicher Glaube, in: Materialdienst 46 (1983), S. 68–78 (auch als Sonderdruck bei der EZW erhältlich). – *Hans-Joachim Klimkeit:* Art. Reinkarnation, in: TRT, Bd. 4, S. 225–229. – *Gerhard Adler* und *Helmut Aichelin:* Reinkarnation – Seelenwanderung – Wiedergeburt, Information 76 (II/79) EZW, 1979.

lehre der Druiden) und vielleicht auch die alten *Skandinavier* kannten diese Lehre. In der *Gnosis* und insbesondere in der von Mani gestifteten Weltreligion des *Manichäismus,* die sich im römischen, persischen, zentralasiatisch- türkischen und chinesischen Reich ausbreitete, ist die Reinkarnationslehre zentraler Gedanke. Der Manichäismus geht von der Abneigung alles Stofflichen aus. Der Mensch muß seine aus der Lichtwelt stammende Seele (Lichtfunken) aus der Materie befreien. Vermieden werden Geschlechtsverkehr, jegliche Zerstörung von Leben und Genuß von Lebendigem. Zu der streng rigorosen Ethik sind nur die von der Masse der *auditores* unterschiedenen *electi* verpflichtet. Ein *auditor* muß erst als *electus* wiedergeboren werden, um den Kreislauf der Weiterverkörperungen zu beenden und seinen Lichtfunken in die himmlische Lichtwelt zurückzuführen. Die Vorstellung der Wiedergeburt läßt sich auch in der *islamischen Mystik* (Sufismus, →S. 29 ff.), bei den *Ismaeliten* (→ S. 21) und *Drusen* (→ S. 51) finden. Große Bedeutung hat die Reinkarnationslehre in der *jüdischen Kabbalah,* wo es die Lehre von der »Rotation« gibt, bei der sich Vergehen und Vergeltung genau entsprechen. D. h., ein Mensch, der mit seinen Augen Sünde begangen hat, wird als Blinder wiedergeboren. Reinkarnationen in der Pflanzen- und Tierwelt, ja sogar im mineralischen Bereich, werden für möglich gehalten. Als Privileg einzelner kennt man die Reinkarnation auch aus dem *altägyptischen Totenbuch,* wo davon die Rede ist, daß Verstorbene in Gestalt auch z. B. von Blumen oder Tieren wiedergeboren werden. Im Bereich der *Stammesreligionen* kommt der Reinkarnationsgedanke ebenfalls vor. Er findet sich auch in manchen religiösen Neugründungen, z. B. in der *Mazdaznan*-Bewegung (→ S. 64).
Während für die östlichen Religionen der Kreislauf der Weiterverkörperungen als Zwang des Wiedergeborenwerdens erfahren wird, bewerten abendländische Vertreter die Reinkarnation positiv. In der deutschen Klassik steht der Gedanke der individuellen Persönlichkeit im Zentrum, die ihre Anlagen entfalten soll, wofür mehrere Leben nötig sind. Goethe und Les-

sing, aber auch Kant, Lichtenberg, Lavater und Herder standen der Reinkarnation aufgeschlossen gegenüber. Im 19. Jh. war das Evolutionsdenken der Wiedergeburtsidee förderlich. Dabei wurde der materialistische Hintergrund abgeblendet und der Mensch als geistiges Wesen verstanden, das zur Höherentwicklung bestimmt ist. Vor allem im *Spiritismus* (z. B. bei Allan Kardec, dem Begründer des modernen Spiritismus), in der *Theosophie* (→ S. 112), der aus ihr hervorgegangenen *Anthroposophie* (Rudolf Steiner) und deren christlicher Fassung der *Christengemeinschaft* findet sich die Auffassung, daß der Mensch aus dem Bereich des Materiellen in immer höhere geistige Gefilde aufsteigen kann. Um zu seinem wahren geistigen Sein zu finden, sind mehrere Reinkarnationen notwendig. Auch im Bereich der *phantastischen Literatur* (z. B. bei H. P. Lovecraft) hat die Reinkarnation ihre Bedeutung.
In unserem Jahrhundert ist die Reinkarnationslehre auch zum Gegenstand der *Parapsychologie* geworden. In der Literatur werden zahlreiche Fälle beschrieben, bei denen sich Personen an frühere Leben erinnerten und behaupteten, an bestimmten Orten schon einmal in früheren Leben gewesen zu sein *(déjà-vu)*. Die *Reinkarnationstherapie* geht davon aus, daß die Ursache vieler Störungen auf Erfahrungen und Verletzungen in vorherigen Daseinsformen zurückzuführen ist.
Im Alten und Neuen Testament hat die Reinkarnationslehre keinen Anhalt. Johannes 9, 1 ff., wo es darum geht, ob der Blindgeborene oder seine Eltern gesündigt haben, und Matthäus 16, 13 ff., wo Christus als wiedergeborener Prophet betrachtet wird, zeigen, daß Reinkarnationsgedanken im Judentum bekannt waren. *Origenes* vertrat diese Lehre, die auf dem Konzil von Konstantinopel (553) verdammt wurde. Auf viele religiös Suchende, insbesondere dem Esoterischen Zugeneigte, hat die Reinkarnationslehre heute eine sehr große Attraktivität.

9. Die religiöse Praxis

● *Tägliches Leben und häusliche Puja*

Mehrmals täglich vollzieht der fromme Hindu-Hausvater, als Angehöriger der obersten Kaste, genau festgelegte Riten. Während die Ehefrau bei Sonnenaufgang Gebete spricht, Blumen, Früchte und Weihrauch opfert und ein Bad zur Reinigung von Körper und (symbolisch) Geist nimmt, geht der Hausvater ins Freie, etwa an einen Fluß oder See, und ruft seinen *Ishtadevata* (seinen besonders verehrten Gott) an. Die Reinigungsriten sollen nach Möglichkeit im fließenden Wasser ausgeführt werden. Der Brahmane faltet im Wasser seine Hände zusammen und läßt das Wasser unter Absagen bestimmter *Mantras* wieder zurückfließen. Anschließend hüllt er sich in frische Tücher. Die *heilige Schnur,* das Zeichen des Brahmanen, wird zwar nie abgelegt, jedoch bei verschiedenen Funktionen unterschiedlich getragen, z. B. auf der rechten oder linken Schulter, um das Ohr gewickelt usw. Anschließend bringt der Hindu sein »geistliches Make-up« (K. Klostermaier) an. Er bemalt seine Stirn und andere Körperteile mit verschiedenen Arten von Kreide, Farbe oder Asche. Auch dabei werden Mantras gesprochen. Wichtigster Teil des Morgengebets ist das Aussprechen des *Gayatri-Mantras:* Dieser Text aus altvedischer Zeit preist symbolisch die Sonne: »Laßt uns über die herrlichen Strahlen der göttlichen Sonne meditieren. Möge sie unseren Geist anregen.« Bei der morgendlichen Zeremonie werden Ghee (halbflüssige Butter), Quark und Reis geopfert. Lesungen heiliger Texte und Wasserlibationen beenden den Ritus.

Die *häusliche Puja* ist das Zentrum des hinduistischen Kultes. Es gibt zwar auch den gemeinschaftlichen Tempelgottesdienst. Doch ist hier das Wichtigste nicht die Gemeinschaft, sondern die vielen einzelnen stehen ihrem Gott gegenüber. *Puja* bedeutet wörtlich: Ehrung, Gottesdienst, Hingebung usw.

Eine Puja der Brahmanen ist komplizierter als die von Gläubigen der untersten Kaste. In jedem Hinduhaushalt gibt es entweder einen besonderen Puja-Raum, wenigstens aber eine Zimmerecke, die dem rituellen Zweck dient. Zu den notwendigen Requisiten einer Haus-

puja gehört ein Altar, der der speziellen Familiengottheit geweiht ist. Reichere Familien besitzen ein kleineres Götterstandbild *(murti)*. Familien, die in bescheideneren Verhältnissen leben, begnügen sich mit einem Bild. Dabei ist es nicht einmal ungewöhnlich, wenn Bilder moderner Heiliger, wie z. B. Mahatma Gandhi, Ramakrishna oder sogar Jesus (i. a. Symbol des heiligen Herzens), zu sehen sind. Statt Bilder finden sich auch *Mandalas*.
Der Tagesablauf eines orthodoxen Hindu-Brahmanen ist genau vorgeschrieben. Am Vormittag soll er den Veda studieren, dann einer beruflichen Tätigkeit nachgehen. Die zweite Tageshälfte sieht ein weiteres Bad vor sowie ein Wasseropfer. Es besteht darin, daß man Wasser in die hohle Hand nimmt, Mantras spricht, ein paar Tropfen schlürft und den Rest auf dem Boden verspritzt. Dabei wird eine kurze Formel gesprochen: »Mögen die Devas, Rsis, Ptrs, die menschlichen Wesen, alle Wesen von Brahmā bis zum Grashalm gesättigt werden, ebenso alle Ahnen, die Mutter und der Großvater mütterlicherseits und der Rest, möge dieses Wasser gut sein für die Millionen von Familien aus vergangenen Zeiten, die in den sieben Kontinenten wohnen.«[22] Das Mittags- und Abendritual ähneln dem Morgenritual. Die Hausfrau zündet am Hausaltar Kerzen (oder heute auch elektrische Lampen) an, Lebensmittel werden geopfert und gesegnet und dann unter die Familienangehörigen aufgeteilt. Danach beginnt die Abendmahlzeit. Die hauptsächlich von Frauen gesprochenen Gelübde *(vratas)* haben verschiedene Anlässe: für das Wohl der Familie, gute Ernten usw.

● *Tempelpuja*

Die Tempelpuja wird zu Ehren spezieller Gottheiten begangen und im Auftrag der Tempelbesucher vom Kultpersonal des jeweiligen Tempels *(mandira)* ausgeführt. Beim Betreten des Tempels werden die Schuhe ausgezogen. Die rituelle Waschung ist ein wesentlicher Bestandteil der Annäherungszeremonien an die Gottheit. Der elefantenköpfige, rosarot dargestellte Gott Ganesha (oder Ganapati = Herr der Ganas) ist eine im hinduistischen Volksglauben besonders

22. *Klaus Klostermaier:* Hinduismus, Köln 1965, S. 118.

beliebte Gottheit, die beim Betreten des Tempels angerufen wird. Danach begibt sich der Fromme zu den Altären, wo er seinen *Ishtadevata* anbeten kann. Tempelpriester führen Riten durch, so daß die religiösen Aktivitäten der Gläubigen recht begrenzt sind. Seine Haupttätigkeit beschränkt sich auf das Umschreiten des Hauptschreines. Schließlich begibt sich der Hindu zum Heiligtum des besonderen Gottes jenes Tempels. Das Innerste des Heiligtums darf nur von Priestern betreten werden, nicht jedoch von einfachen Gläubigen. Der Priester zeichnet dem Gläubigen das Zeichen des Gottes mit geweihter Asche auf die Stirn. Schließlich erhält der Fromme seine Opfergaben wieder zurück, um sie zu Hause zu verzehren.

● *Riten des Lebenszyklus*

Bevor ein Kind geboren wird, finden *Samskaras* (Riten im Zusammenhang mit dem Lebenszyklus) statt, die den guten Verlauf der Schwangerschaft und nach Möglichkeit männliche Nachkommen sichern sollen. Neben dem Ritus des »Einpflanzens des Embryos« werden noch weitere Samskaras während der Schwangerschaft durchgeführt. Nach der Geburt wird das Neugeborene nach einer bestimmten Zeremonie gewaschen, und man schreibt (teilweise auch heute noch) die heilige Silbe »AUM« (Om) mit einer goldenen Feder, die in Honig und Butter getaucht ist, auf die Zunge. Wie in anderen Religionen auch, gibt es eine *Namengebungs*zeremonie für das Neugeborene sowie 40 Tage nach der Geburt ein Tempeldankopfer. Im 6. Monat wird eine Entwöhnungsfeier des Kindes durchgeführt, das nun feste Nahrung zu essen bekommt. Auch Geburtstage werden gefeiert. Von besonderer Bedeutung sind die Riten anläßlich der Überreichung der »heiligen Schnur« *(Upanayana)*. Sie werden selbst noch bei den liberalsten Brahmanen-Familien ziemlich allgemein geübt. Die Überreichung der »heiligen Schnur«, deren genaue Bedeutung in der Forschung unklar ist und die der Brahmane immer trägt, stellt einen entscheidenden Wendepunkt im Leben eines Jungen der obersten drei Kasten dar. Der nun »Zweimalgeborene« tritt in den ersten der vier klassischen Lebensabschnitte ein: Er wird Brahmanen-Schüler (→ S. 103). Der Kopf des Knaben wird bis auf eine Wirbellocke geschoren, und der Priester oder ein Guru sprechen Mantras.

Mit Beginn des fünften Lebensjahres ihres Sohnes beginnt die Mutter jedes Jahr einen Monat lang unter Anleitung des Hausbrahmanen von sich etwas abzugeben (Verzicht auf Essen, Darbringen von Reis und Gemüse, Fastenübungen). Der Guru erzählt eine mythische Geschichte, in der es ebenfalls um den Verzicht einer Mutter geht, die durch ihre Askese große Kraft erwirbt. Auf höheren Stufen opfert die Frau dann sogar ihre Schmuckstücke, ihr einziger persönlicher Besitz. Höhepunkt ist das völlige Fasten unter Anwesenheit anderer Menschen, welche die Welt repräsentieren, an die die Mutter ihren Sohn abgibt. Schließlich erklärt der Guru die Mutter für reif, das »Hinschenken der Frucht« in Gestalt ihres Sohnes an die Welt zu vollziehen[23].

Die Hochzeitsriten gehören mit zu den aufwendigsten und kostspieligsten Zeremonien. Aufgrund der Kastengesetze gibt es eine hohe Zahl von Ehehindernissen. In der Regel sind Hindu-Ehen monogam, und nur selten hört man, daß orthodoxe Hindus aufgrund der Erlaubnis in den religiösen Lehrbüchern vier Frauen besitzen (z. B. Gandhis Vater). Das Ziel der Ehe wird im Zeugen männlicher Nachkommen gesehen. Die Hochzeitszeremonie, bei der stets ein Brahmane anwesend ist, der die einschlägigen Sanskrit-Verse murmelt, enthält eine Vielzahl symbolischer Elemente. Texte aus den Veden werden zitiert, Opferhandlungen durchgeführt. Wichtigster Bestandteil der Zeremonie ist das gemeinsame Umschreiten des häuslichen Feuers von Bräutigam und Braut.

Während in vedischer Zeit die Erdbestattung vorgeherrscht haben dürfte, ist der Normalfall heute die *Feuerbestattung*. Nach dem Eintritt des Todes wird der Leichnam gewaschen, das Zeichen auf seine Stirn gedrückt, in Tücher gehüllt, in einen Sarg gelegt und von den männlichen Verwandten zum Verbrennungsplatz getragen, wobei z. B. die Formel »Ramas Name ist Wahrheit« wiederholt wird. Kein Fremder darf bei der von verschiedenen Gebeten, die noch aus vedi-

23. Vgl. *Friso Melzer:* Antwort aus dem Schweigen. Der Guru als Seelenführer, Freiburg 1978, S. 22f.

schen Totenritualen stammen, begleiteten Verbrennungszeremonie anwesend sein. Die zeremoniellen Ereignisse anläßlich der Trauerfeier für die von Sikh-Extremisten ermordete indische Ministerpräsidentin Indira Gandhi haben einen Einblick in das traditionelle Totenritual vermittelt: Sohn Rajiv Gandhi umschritt mit einem brennenden Holz in der Hand siebenmal den Scheiterhaufen, wobei er mit dem Feuer jedesmal das Kopfende berührte. Der Leichnam war auf Sandelholz gebettet, dem Symbol der Reinheit und der Kühle. Dann zerschlug der Sohn mit einem langen Bambusrohr mit drei Stößen den Schädel Indira Gandhis – ein sonst im allgemeinen von den Priestern durchgeführter Akt – um der »Seele« die Möglichkeit zu geben, den Körper zu verlassen. Der grobstoffliche Körper wird nach Hindu-Glauben durch die Verbrennung zerstört, während der feinstoffliche Leib durch Opfergaben (z. B. Reisbällchen und Wasserspenden) aufgebaut wird und die Seele begleitet. Der Totengott Yama oder seine Helfer ziehen dieses als daumengroßes Männchen vorgestellte Wesen aus einer Öffnung des zertrümmerten Schädels hinaus. Der Tote wird während dieser Zeit als *preta* (Hinübergegangener) bezeichnet. Nach dem Ende der Periode der Unreinheit, die alle Familienmitglieder betrifft, geht der Tote endgültig zu seinen Ahnen ein. Die Priester begleiten die Feierlichkeiten, indem sie u. a. singen: »Für den, der geboren ist, ist der Tod sicher. Aber für den, der stirbt, ist die Geburt gewiß.« Am nächsten Tag, wenn der Leichnam vollständig verbrannt ist, kommen Verwandte und Freunde zusammen, um Gebeine und Asche zu sammeln und im Fluß zu versenken. Jeder einzelne Fluß kann dabei als die Mutter Ganga (Ganges) betrachtet werden, als heiliger Fluß, der deshalb auf die Erde kam, um dem Toten den Aufstieg in den Himmel zu ermöglichen. Indira Gandhis Asche wurde von Sohn Rajiv, nachdem er den Scheiterhaufen mit heiligem Wasser gelöscht hatte, in 35 Urnen gesammelt und in die Hauptstädte der einzelnen indischen Staaten geschickt. Am 11. November 1984 wurde die Asche dann über den Bergen des Himalaya, dem Sitz der Götter und Ursprung aller heiligen Flüsse Indiens, verstreut.

● *Wallfahrten*

Durch Wallfahrten erwirbt man sich Verdienste, verbessert also sein *Karma.* Der Hinduismus kennt sieben heilige Städte: Benares, Mathura (= Krishnas Geburtsort), Ayodhya (= Ramas Königreich), Hardwar (hier befindet sich ein steinerner Fußabdruck Vishnus; ebenfalls Zentrum der Shiva-Verehrung); Ujjain (= Zentrum der Shiva-Lingam-Verehrung); Conjeeveram (Zentrum der Durga-Verehrung im Süden). Heiligster Ort ist *Benares,* ein Zentrum der Shiva-Verehrung. Die ganze Stadt gilt als heilig, vor allem aber der Ganges, Mutter Ganga, wie die Hindus sagen.

In Benares zu sterben, ist der Wunsch vieler Hindus, da von hieraus ein direkter Aufstieg zum Himmel als gesichert gilt. Daher finden gerade in Benares viele Totenverbrennungen statt.

Zu den populären Wallfahrtsorten gehört auch die nordindische Stadt *Vrindaban,* die dem Gott Vishnu bzw. seinem »Herabstieg« Krishna geweiht ist.

Alle zwölf Jahre findet das Pilgerfest *Kumbh Mela* statt, das mehrere Millionen Menschen anlockt – eine Einmaligkeit in der ganzen Welt – und in vier Städten, von denen die wichtigsten Allahabad und Hardwar sind, hintereinander begangen wird. Nach der religiösen Überlieferung kämpften Götter und Dämonen um einen Krug *(kumbha)* mit Nektar. Schließlich nahmen ihn die Götter mit sich zum Himmel. An den vier Orten hielten sie an und segneten sie, indem sie sie mit dem Krug berührten.

● *Lexikon hinduistischer Feste*

Der Hinduismus ist eine ausgesprochen *festfreudige* Religion. In den zahlreichen lokalen und überregionalen Festen spiegelt sich die Mannigfaltigkeit hinduistischer Glaubensweisen. Die Festdaten werden nach den astrologischen Berechnungen des indischen Kalenders bestimmt. Viele Feste sind jahreszeitlich bedingte Naturfeste. Die Festlichkeiten dauern gewöhnlich mehrere Tage lang.

1. Divali

Divali ist ein *Lichterfest*, das für große Teile Indiens zu Beginn des Neujahrs (November) begangen wird. Beliebt ist es bei Studenten, insbesondere bei Geschäftsleuten, die es zu Ehren der Göttin Lakshmi – Vishnus Frau – begehen, die für Reichtum und geschäftlichen Erfolg zuständig ist. Parties für Geschäftsfreunde werden gegeben; die Stadt ist hell erleuchtet von den vielen Öllämpchen, die in den Fenstern stehen. Frauen backen traditionelle Süßspeisen und Gebäck. Divali symbolisiert den Sieg des Guten über das Böse, der Finsternis über das Licht, wie es in den Mythen um König Rama und Vishnu erzählt wird.

2. Holi

Holi ist ein dem Gott Krishna geweihtes Frühlingsfest (Februar/März). Erkennbar wird der Fruchtbarkeitscharakter schon daran, daß die Menschen phallische Symbole tragen und wie auf unserem Karneval ausgelassen feiern. Jeder darf tun, was ihm gefällt, die allgemeine Ordnung ist auf den Kopf gestellt, Kastenregeln und Tabus sind aufgehoben.

3. Schiwaratri

Hier steht Schiwa in Gestalt eines phallischen Symbols (= Lingam) im Mittelpunkt. Dieser Phallus wird morgens mit Gangeswasser gebadet. »Im eigentlichen Tempel steht kein Bild, nur auf einer großen schwarzen Darstellung des mütterlichen Schoßes ein mächtiges Lingam aus schwarzem Basalt. Von allen Seiten drängen die Leute heran – schütten Wasser und Milch auf das Lingam, streuen Blumen darauf, reiben es inbrünstig mit der rechten Hand. Dann wandern sie um das Lingam herum.«[24]

4. Saraswati-Puja

Ein beliebtes Fest für Schulkinder, vornehmlich in Nordindien. Die Göttin Saraswati wird insbesondere von Schülern, Studenten, Wissenschaftlern und Künstlern verehrt. Saraswatis Symboltier ist der Elefant, der durch seine großen Kräfte Hin-

24. *Klaus Klostermaier:* Christ und Hindu in Vrindaban, Köln & Olten 1968, S. 21.

dernisse und Schwierigkeiten aus dem Wege räumen kann. Das Fest wird im Freien gefeiert. Gemeinsam opfert man auf einem Altar eine aus Lehm geformte Saraswati-Figur, die am Ende des Festes in einem Fluß versenkt wird, der sie in das unendliche Meer hinausführt.

● *Kleines Lexikon hinduistischer Autoritätspersonen*

1. Brahmane:

Angehöriger der höchsten Kaste und derjenige Mensch, der dem obersten göttlichen Prinzip (*das* Brahman) am nächsten steht. Um Priester sein zu können, muß man Brahmane sein.

2. Guru:

Dieser nicht nur im Westen, sondern auch in Indien zum Modewort entartete Sanskritbegriff bedeutet ursprünglich eine Eigenschaft: »schwer, gewichtig, verehrungswürdig«. Auf Menschen übertragen, konnte es den verehrungswürdigen Vater bzw. auch die Mutter meinen. In den *Upanishaden* steht Guru für den verehrungswürdigen religiösen Lehrer, den Meister, der in die heilige Tradition einführt und mit eigener Erfahrung verbindet. Er ist ein »Seelenführer« (F. Melzer), Weisheitslehrer, der nicht nur die heiligen Texte auslegt, sondern den »Schüler« *(tschela)* aufgrund eigener Erfahrung zur inneren Reifung und zur Erkenntnis des in ihm anwesenden Göttlichen führt. Der Guru früherer Zeiten suchte sich seine Schüler selbst aus, lief ihnen aber nicht wie einige moderne Gurus hinterher. Das *darshan* ist eine wichtige Übung, die darin besteht, daß der Schuler seinen Guru »anschaut«, schweigend mit ihm verbunden ist und in ihm das Göttliche erkennt. Für den Guru kommt auch die Bezeichnung *acharya* vor.

3. Pandit:

Priester, der aus der Brahmanenkaste stammt. Die wenigsten Brahmanen werden heute Pandit. Der Pandit ist ein Kenner der vedischen Texte, er weiß auch große Teile der Epen auswendig.

Sein gelehrtes Sanskrit-Wissen setzt ihn in die Lage, die heiligen Texte verbindlich auszulegen. Der Pandit hat nicht nur priesterliche Funktionen im Tempel, sondern darüber hinaus unterweisende Aufgaben.

4. Sadhu:

Wörtlich: »Der Arme«, identisch mit *Samnyasin* (→ 5). Das arabische Wort für Sadhu ist Fakir, das persische lautet Derwisch.

5. Samnyasin:

Bezeichnung für einen Wandermönch, der auf der 4. Lebensstufe allem entsagt hat, der arm, ohne festen Wohnsitz durch das Land zieht, (→ S. 78). Der Samnyasin trägt das orangefarbige Gewand der vollkommenen Entsagung. Er befindet sich außerhalb aller Ordnungen, auch des Kastensystems. Als von bestimmten Orden Unabhängiger wird er auch Sadhu (→ 4) genannt.

6. Sri:

Ehrentitel, der im Unterschied zu Swami (→ Nr. 7) zeigt, daß der Betreffende »nicht in einer anerkannten Guru-Tradition steht und ohne Legitimierung durch eine solche wirkt« (R. Hummel).

7. Swami:

Titel eines Samnyasins (→ 5) oder Yogis, der einem bestimmten religiösen Orden vorsteht. Swami wird oft als Titel für einen Guru oder ein Ordensoberhaupt gebraucht; es bedeutet wörtl. »Herr, Meister«.

10. Die Verehrung der Kuh

Obgleich von den vielen Wörtern, die das Sanskrit für Kuh kennt, keines berechtigt, von *heiligen* Kühen zu sprechen[25], gehört die »heilige Kuh« so sehr zu den Wörtern unserer Alltagssprache, daß wir es nur noch schwer oder gar nicht mehr loswerden können. Wir schlachten oder schaffen sog. heilige Kühe ab, wenn wir etablierte Einrichtungen kritisieren wollen. Die »heilige Kuh« ist wie z. B. das Wort Pharisäer in unserer Sprache zu einem verletzenden Wort geworden. Die Gefühle, welche viele Inder der Kuh gegenüber aufbringen, sind in anderen agrarischen Gesellschaften ebenfalls nicht unbekannt. In Nordholland gibt es z. B. das Denkmal einer Kuh mit der Inschrift »Unsere Mutter«[26].

Bereits in den *Veden* wird die Kuh als sündlose Göttin, Schöpfungsmittlerin und Symbol der Unsterblichkeit gepriesen. Sie verkörperte für den Indoarier die Mutter Erde, die ebenso wie die Kuh mit ihrer Milch den Menschen ernährt, mit ihren Pflanzen und Früchten menschliches Leben erhält. Erst in den Brahmana-Texten wird die Unverletzlichkeit der Kuh propagiert. Jedoch wird noch dem Gast zu Ehren das Schlachten einer Kuh erlaubt. Erst in den Gesetzeswerken (Dharmashastras) bahnt sich ein *umfassendes Verbot der Kuhtötung* an. Sie nimmt eine Ausnahmestellung unter den Tieren ein, wird zugleich mit den Göttern erwähnt, reinigt im rituellen Sinn, wenn man sie berührt und führt zum Himmel, wenn man sie füttert. Nur zum Opfer an die Götter, die zufriedengestellt werden müssen, darf eine Kuh getötet und ihr Fleisch gegessen werden. Unter dem Einfluß des *Buddhismus* und *Jainismus* (→ S. 167 ff.),

25. Vgl. *Peter Antes:* Die Botschaft fremder Religionen, Mainz 1981, S. 55.
26. *Lionel Blue* und *June Rose:* Ein Vorgeschmack des Himmels. Abenteuer religiöser Kochkunst, München 1979, S. 129.

die gegen die blutigen Tieropfer protestierten und das Töten lebender Wesen untersagten, entwickelten sich unblutige Rituale, und es herrschte die Vorstellung, daß Tiere schutzwürdige Objekte sind. Der Einfall der *Muslime,* die den Genuß von Rindfleisch billigten, trug dazu bei, dem Hindu seine Einstellung gegenüber der Kuh bewußter zu machen. Auch die englische Kolonialmacht achtete die religiösen Gefühle der Hindus in bezug auf die Kuh wenig, so daß eine entschiedene Opposition unter der einheimischen Bevölkerung entstand. Der Schutz der Kuh wurde zum *Symbol der nationalen und religiösen Solidarität* gegen Fremdherrscher.

Die Beliebtheit der Kuh wird auch dadurch verstärkt, daß Krishna, ein »Herabstieg« *(avatara)* des Gottes Vishnu, als Kuhhirte seine Jugend verbrachte und in den zahlreichen mythologischen Erzählungen über sein Leben die Kuh immer eine wichtige Rolle spielt. Bei großen Bevölkerungsteilen besteht die feste Überzeugung, daß die fünf Produkte der Kuh (Milch, Sauermilch, Butter, Urin und Kot) die magische Fähigkeit haben, von Sünden zu reinigen. Es heißt auch, daß unfruchtbare Frauen, die den Urin eines Rindes gerochen haben, gebären werden. In manchen Regionen Indiens wird jährlich eine Kuhfeier begangen. Bei diesem Ritual wird die Kuh als Verkörperung des göttlichen Universums gesehen: Ihre Füße symbolisieren die vier Veden, die Spitzen ihrer Hörner die Götter, ihr Gesicht den Mond, ihre Schultern die Sonne, ihr Leib Agni, den Gott des Feuers, und ihr Schwanz die heiligen Wasser des Ganges.

Das Bild der Kuh ist Symbol der indischen Nation und Parteiemblem der Kongreßpartei.

Unter den Indern gibt es starke Gegner und überzeugte Befürworter der Kuhverehrung, die darin einen wesentlichen Bestandteil ihrer Religion sehen. Man weist auf den wirtschaftlichen Nutzen der Kuh hin (z. B. auf ihre Funktion als »Müllabfuhr«, Düngerproduktion, Aufgabe als Zugtiere, Milchversorgung). Trotz der besonderen Stellung der Kuh wird sie auf der anderen Seite aber auch nicht unbedingt geliebt, wie die Tatsache der Gründung von Vereinigungen zum Schutz der Kuh bezeugt. Vor allem *Gandhi* (→ S. 67ff.) und andere Befürworter der Kuhverehrung haben darauf hingewiesen, daß der Schutz der Kuh ein Zeichen dafür sein soll, daß die gesamte stumme Kreatur zu schützen sei.

11. Abriß: Der Neuhinduismus – Reformbewegungen

Nach der einflußreichen Begegnung Indiens mit dem Islam, der das Land über Jahrhunderte hinweg prägte und z. B. Religionsgemeinschaften wie die Anhänger Kabirs und die Sikhs (→ S. 173 ff.) hervorbrachte, war es dann der intensive Kontakt mit dem Westen, der – um die Wende des 19. Jh. einsetzend – eine hinduistische Renaissance, den *Neu-* oder *Neohinduismus*[27] hervorrief. Die Einführung der englischen Sprache, des englischen Erziehungssystems und der damit transportierten westlichen Wissenschaft prägte »neue Hindu-Typen« (Eric J. Sharpe) und veränderte das Gesicht des Hinduismus. Auch die christlichen Missionen, insbesondere die protestantischen, welche hauptsächlich die unteren Bevölkerungsschichten erreichten, bewirkten unterschiedliche Hindu-Reaktionen.

● *Brahmo-Samaj*

Die Reformbewegungen kritisierten weniger eigene religiöse Wahrheitsaussagen als vielmehr deren Konsequenzen im *praktischen Bereich.* Der Hinduismus bot zu jener Zeit einen durch die lange Periode inneren Kampfes bedingten Tiefstand: Entartung des Priesterstandes, Überhandnahme der Idolatrie, soziale Mißstände (z. B.

27. Vgl. grundlegend: *Hans-Joachim Klimkeit:* Der politische Hinduismus, Wiesbaden 1981.

Witwenverbrennung, Kinderaussetzung, Unterdrückung der Kastenlosen).

Die bedeutendsten Vertreter des *Brahmo-Samaj* (Brahma-Vereinigung) waren Ram Mohan Roy, Debendranath Tagore und Keshab Chandra Sen.

Roy (1772–1833) schrieb das »Evangelium M«, dessen Zentralgedanke der vermeintlich ursprüngliche Monotheismus ist. Bibel und Evangelium Jesu faszinierten den »ersten Vater des modernen Indien« und Vorkämpfer der Welteinheitsidee.

Der Nachfolger Roys in der »Gemeinde«, Debendranath Tagore (1817–1905), drängte die christlichen Einflüsse zugunsten hinduistischer Ideen stärker zurück und schuf vier Glaubensartikel, die die Idee des Monotheismus enthalten sowie die menschliche Pflicht, Gott liebevoll zu verehren. Der Literaturpreisträger Rabindranath Tagore (1861–1941), Sohn des Debendranath, fühlte sich, bevor er Anhänger der Hinduorthodoxie wurde, lange Jahre der Gemeinschaft verbunden. Christlich ausgerichtet war Debendranaths Lieblingsschüler, Keshab Chandra Sen (1838–1884), der durch die Gründung des »Brahmo-Samaj von Indien« (1867) die Gemeinschaft spaltete. Seine Jesus-Liebe gründete auf dem Gedanken, daß Jesus »Asiate« war und sich so »Ost und West« in harmonischer Einheit zusammenfinden könnten.

● *Arya-Samaj*

Dieser prochristlichen Haltung stand der radikal antichristliche, 1875 gegründete *Arya Samaj* (Arier-Vereinigung) gegenüber, dessen Hauptführer *Dayananda Saraswati* (1824–1883) sich ebenfalls zu einem idolfreien und rigiden Monotheismus bekannte. Auch er bekämpfte soziale Mißstände, distanzierte sich jedoch vom Brahmo-Samaj und lehnte religiöse Toleranz ab. Alle anderen Religionen (vornehmlich Christentum, Islam, aber auch hinduistische Sekten) wurden von ihm als falsch verworfen. Nur die Veden sind die ausschließliche Offenbarungsquelle. Sie enthalten keine Widersprüche, ja sogar der europäische Fortschritt habe seinen Ursprung im Veda. In seinem Hauptwerk »Das Licht der Wahrheit« preist er Indien als das Ursprungsland der Weltgeschichte. Die stolze Besinnung auf das eigene Erbe führte zum Erwachen der nationalen Idee. Auch der Arya-Samaj spaltete sich in verschiedene Richtungen auf.

● *Ramakrishna-Mission*

Die dritte maßgebende Bewegung ist die von *Ramakrishna* (1836–1886) gegründete gleichnamige Mission. Der Ekstatiker Ramakrishna, der mystische Erfahrungen mit Rama, Krishna, Jesus, Muhammad und der christlichen Mutter Gottes hatte, lehrte die *Einheit aller Religionen*. Die verschiedenen Wege führen alle zum gleichen Ziel. Grundlage seiner Lehre ist die *Vedanta*-Philosophie: daß der Mensch seine Einheit mit dem Brahman erkennen und verwirklichen müsse.

Der wichtigste Schüler Ramakrishnas war der Swami Vivekananda (1862–1902). Ost und West sind für ihn zwei unvereinbare Hemisphären. Dem wissenschaftlich-rationalen, auf Theorie, Technik und Politik bedachten Westen stellt er den religiös-philosophischen, auf Weisheit und Lebenspraxis zielenden Orient gegenüber. Seine kulturmorphologischen Gedanken gehen davon aus, daß die Herrschaft in der Zukunft der vierten Kaste, also den Shudras, gehören wird. »Ihr Verdienst ist die größte Verteilung der materiellen Güter und Förderung des allgemeinen Wohlstandes, ihr Nachteil der (mögliche) Verfall der Kultur. Gewöhnliche Erziehung und Ausbildung werden weit verbreitet, aber außergewöhnliche Genies werden immer seltener auftreten.« Die höchste Gotteserfahrung war für Vivekananda das Identitätserlebnis: Nicht der »Gott über mir« oder – wie oft in der Mystik – der »Gott in mir«, sondern die Erfahrung des »Ich bin Gott« kennzeichnet sie. Vivekananda ist nicht zuletzt auch dadurch berühmt geworden, daß er auf dem großen Weltkongreß der Religionen (1893) in Chicago sehr erfolgreich auftrat. Die Ramakrishna-Mission, die die Vedanta-Philosophie Shankaras als den Königsweg ansieht und allen Religionen einen unterschiedlich gestuften Platz zuweist, hat seit der Jahrhundertwende vor allem in den USA, aber auch in Europa Fuß gefaßt. Die Vedanta-Zentren in der Bundesrepublik haben eine vergleichsweise bescheidene Wirkung.

● *Aurobindo*[28] *und der »Integrale Yoga«*

Eine zukunftsweisende Synthese östlicher Geistigkeit und westlichen Denkens versuchte der Brahmane Sri Aurobindo (1872–1950). Er studierte mehrere Jahre in Cambridge klassische Philologie und beherrschte einige moderne westliche Sprachen. Nach Indien zurückgekehrt, trat er als militanter Nationalist auf und verfaßte Dramen und Gedichte. Wegen seines radikalen Nationalismus wurde Aurobindo ins Gefängnis gebracht, wo er Auditionen und 1909 eine Vision Krishnas erlebte. Aurobindo zog sich völlig aus dem politischen Leben zurück und siedelte nach *Pondicherry* über, wo er einen Ashram gründete, um sich dort 41 Jahre lang in einer Wohn- und Lebensgemeinschaft der Pflege religiöser Verinnerlichung zu widmen. In diesem Ashram scharte der Meister viele Schüler um sich (u. a. Sri Chinmoy, → S. 116f.) und verfaßte eine große Anzahl von Büchern. Die organisatorische Leitung der Gemeinde übernahm die marokkanische Jüdin *Mira Richard,* die von den Schülern verehrungsvoll »die Mutter« genannt wird. Während nach alter indischer Tradition der Ashram eine Einsiedelei darstellt, deren Mittelpunkt der Guru ist, umfaßt Aurobindos Gründung zahlreiche Ländereien, verfügt über mehr als 300 zum Teil sehr große Gebäude, Wohnhäuser, Handwerkstätten, technische Betriebe, eine Druckerei und ein ganzes System von Erziehungsanstalten: Kindergarten, Schulen, sogar eine eigene Universität.

Aurobindo verkündete die Vision eines neuen Menschen, der ein neues Zeitalter heraufführen soll. Sein »Integraler Yoga«, der sich an den *»ganzen«* Menschen wendet, lehrt, daß sich in Aurobindo die Herabkunft Gottes, des Supramentalen, vollzogen hat und die Menschheit in eine weitere Entwicklungsstufe eingetreten ist. Wie schon Vivekananda bietet auch Aurobindo den Hinduismus als Heil für das Abendland an.

Aurobindo hat den traditionellen Hinduismus an drei Stellen weitergebildet: Am auffälligsten ist seine im Unterschied zur maya-

28. Vgl. *Satprem:* Sri Aurobindo – das Abenteuer des Bewußtseins, München 1973. – *Otto Wolff:* Sri Aurobindo in Selbstzeugnissen und Bilddokumenten, Reinbek bei Hamburg 1967.

Auffassung stehende positive Bewertung der materiellen, leibhaften Wirklichkeit. Zweites Merkmal ist die Bejahung der Einzelperson. Ziel ist nicht die Ent-Ichung in einer höheren impersonalen Einheit, sondern der Durchbruch zu einem echten Personalismus. Gott ist Person. In der Begegnung des Menschen mit Gott wird zwar das »Ich« des Menschen, jener Ort der »Ichsüchtigkeit« (Mensching), vernichtet, dafür aber die wahre Person begründet. Bedeutend ist schließlich der Evolutionsgedanke, der die traditionellen Grenzen des Hinduismus sprengt. Im gesamten Universum spielt sich der allmähliche Aufstieg der Materie bis zu den höchsten Formen des Bewußtseins ab. Diese Evolution ist mit dem Durchbruch des Bewußtseins, der im Menschen erfolgt ist, nicht abgeschlossen, sondern sie drängt auf eine den Menschen noch transzendierende Stufe: das Supramentale. Der Aufstieg des neuen »Übermenschen« ist ein Ergebnis der Herabkunft Gottes. Zwei gegenläufige Bewegungen kennzeichnen den Vorgang: So wie Gott in die Menschheit herabsteigt (avatara-Gedanke), so steigt der Mensch stufenweise ins Supramentale hinauf.

Aurobindos Zukunftserwartung trug endzeitliche Züge. Die Vorstellung des Übermenschen besaß auch Anziehungskraft in sozialreformerischen Kreisen, da dieser Idealmensch sich nicht über die Welt erheben, sondern ein *Gottesreich auf Erden* errichten sollte. Nach den letzten Informationen ist heute das großartige Experiment »Auroville«, jener 1968 gegründeten, für 20000 Menschen gedachten Zukunftsstadt vom Scheitern bedroht. Nach dem Tode der »Mutter« (1973) kam es zu Spaltungen, heftigen Auseinandersetzungen und finanzieller Mißwirtschaft. Der indische Staat übernahm daher Auroville. Heute leben dort etwa 3000–4000 Menschen, teilweise in der Illegalität ohne Geld für die Rückkehr.

● *Theosophische Gesellschaft*[29] *und Krishnamurti*[30]

Von großer Bedeutung für den Neuhinduismus ist das Entstehen der *Theosophical Society*, die nicht einmal in Indien entstand, sondern 1875 von der spiritistisch veranlagten und zum Buddhismus bekehrten *Helena Petrowna Blavatsky* (1831–1891) in New York gegründet wurde. Zum ersten Präsidenten wurde der amerikanische Oberst *Henry Steel Olcott* (1832–1907) gewählt. 1879 wurde die Theosophische Gesellschaft nach Indien verlegt. In den Gedanken der Theosophen verbinden sich spiritualistische, okkulte Erfahrungen mit der karma-Idee. Nachfolgerin von Madame Blavatsky wurde die Engländerin *Annie Besant* (1847–1933), die zum Brahmanismus übertrat. Die Bewegung sprang von Indien nach Europa und Amerika über, wo zahlreiche Sektionen entstanden. Es kam zu mehreren Abspaltungen, deren bedeutendste die *Anthroposophische Gesellschaft* ist, die 1923 gegründet wurde, als *Rudolf Steiner*, der Generalsekretär der deutschen Sektion, sich mit der Präsidentin, Annie Besant, überwarf, die den Hindujungen *Jiddu Narayana* (*1895), der sich *Krishnamurti* nannte, als neuen Weltheiland verehrte. Krishnamurti, der den Kult um seine Person zwanzig Jahre lang erlaubte und als Oberhaupt des von Besant gegründeten »Order of the Star in the East« (1911) fungierte, trennte sich 1929 von den Theosophen und verwarf alles, was er bisher gelehrt und geschrieben hatte. Er arbeitete als Redner und freier Lehrer und lebt seither in Kalifornien, wo bis 1968 die »Krishnamurti Writings Inc.« für die Vermarktung seiner Person und Schriften zuständig war. Heute gibt es die »Krishnamurti Foundation« (Sitz: London). Krishnamurti ist unter den asiatischen Heilsverkündern der totale Antiheld. Er fordert radikales, revolutionäres Umdenken, sich selbst zu erkennen und sich von allen Autoritäten (auch den inneren) zu lösen. Er wird als Mann der »Weisheit, Bescheidenheit und Barmherzigkeit« beschrieben, der keinen Personenkult duldet. In

29. Vgl. *Stephan Wehowsky:* Art. Theosophie, in: TRT, Bd. 5, 4. Aufl. 1983, S. 200–202.

30. Vgl. *Mary Lutyens:* Krishnamurti. Jahre des Erwachens, Eine Biographie, München 1981.

Saanen (Berner Oberland) finden alljährlich die »Saanen Gatherings« statt.

● *Sarvepalli Radhakrishnan*

Sarvepalli Radhakrishnan (1888–1975) war einer der einflußreichsten, zugleich auch westlich geschulten Denker des Neuhinduismus. Von Hause aus Philosoph und »Religionswissenschaftler«, diente er seinem Land als Botschafter, Vizepräsident und zuletzt Staatspräsident, bis er sich 1967 aus der Politik zurückzog. 1961 erhielt er den Friedenspreis des Deutschen Buchhandels.
In seinen zahlreichen englischsprachigen und in hohen Auflagen gedruckten Werken (z. B. The Hindu View of Life, 1926; An Idealist View of Live, 1932) predigt der aus einer Brahmanenfamilie stammende Gelehrte und zeitweilige Universitätsprofessor seinen Landsleuten, »in dieser dahineilenden Welt nicht mehr stillzusitzen und alte Hymnen zu singen«, andererseits fordert er den Westen auf, die alten indischen Weisheiten zum Wohle der Menschheit zu nutzen. Sein großes Thema ist die Synthese von östlicher Spiritualität und westlicher Rationalität. Wichtig ist ihm der auf Ramakrishna und Vivekananda zurückgehende Gedanke der Einheit der Religionen. Radhakrishnan, der das Ideal Platos vom Philosophen-König verkörperte, war zeitlebens ein engagierter Apologet des Hinduismus, ein Verfechter religiöser Toleranz und Gegner von Absolutheitsansprüchen, wie er sie insbesondere vom Christentum, mit dem er schon als Student am Madras Christian College (1905–1909) in Berührung kam, vertreten fand. Radhakrishnans Bild von Hinduismus und Christentum ist weitgehend unhistorisch, eine Abstraktion. Ihn interessierte nicht der konkrete Glaube seiner Landsleute, die nach seiner Einschätzung teilweise primitiven Göttern huldigten. Radhakrishnans Hinduismus ist der Hinduismus der Vedanta-Philosophie. Sein Bild vom Christentum, das in heutigen gebildeten indischen Kreisen weitgehend prägend geworden ist, ist oft polemisch: Das Christentum ist ein Synkretismus, es hat kein befriedigendes Gottesbild. Jesus steht unter Buddha, der Emotionen und Leidenschaften, denen Jesus ausgeliefert war, hinter sich gelassen hat. Die Behauptung der Einmaligkeit Jesu Christi wird unter

Hinweis auf die avatara-Lehre, die viele »Herabstiege« zuläßt, relativiert.

12. Abriß: Indische religiöse Bewegungen im Westen[31]

● *Ananda Marga*
Die hauptsächlich in Indien verbreitete Religionsgemeinschaft, die »für sozialen und spirituellen Fortschritt« sorgen will, wurde 1955 von dem Bengalen *Prabhat Rainjan Sarkar*, genannt: *Sri Anandamurti* (geb. 1921) gegründet. Durch seinen Onkel *Subhas Chandra Bose*, der in der indischen Unabhängigkeitsbewegung tätig war und Gandhis Lehre von der Gewaltlosigkeit kritisierte, stand Sarkar unter *tantrischem* Einfluß (→ S. 163). Sarkar gründete zahlreiche Unterorganisationen, teilweise paramilitärischer Natur. Von der Regierung Indira Gandhis wurde Ananda Marga im Zusammenhang mit der Ausrufung des Notstands wegen elitärer und demokratiefeindlicher Tendenzen verboten und ihr Führer von 1971–1978 gefangengenommen. Unbewiesen ist wohl bis heute der Vorwurf, daß Ananda Marga Morde begangen haben soll. Im Umfeld von Ananda Marga ist es jedoch immer wieder zu Gewalttaten gekommen. Die Wahlniederlage Indira Gandhis bescherte Ananda-Marga-Mitgliedern die Freiheit und das Ende ihrer Unterdrückung.

31. Vgl. grundsätzlich: *Reinhart Hummel:* Indische Mission und neue Frömmigkeit im Westen, Stuttgart 1980; außerdem die einschlägigen Informationen und Reflexionen im Materialdienst der Evangelischen Zentralstelle für Weltanschauungsfragen, auf die ich mich ohne ausdrückliche Zitation oft beziehe. Vgl. *zusammenfassend:* »Jugendreligionen« in den 80er Jahren. Eine Bestandsaufnahme, in: Materialdienst 47 (1984), S. 92–113. Vgl. neuerdings *Reinhart Hummel:* Gurus in Ost und West. Hintergründe, Erfahrungen, Kriterien, Stuttgart 1984.

Ananda Marga verknüpft Kundalini-Yoga-Praxis, die über acht Meditationsstufen zur Einswerdung mit der gesamten Schöpfung führen soll *(sadhana)* mit gesellschaftsreformerischen Anliegen. Ananda Marga ist somit in den Umkreis des Reformhinduismus einzuordnen und stellt eine moderne Bewegung des Tantrayoga dar. In Indien wurde der »Weg der Glückseligkeit« zu einem sozialen und politischen Sprengsatz: Sri Anandamurti kämpfte gegen Kastengeist, Provinzialismus und Nationalismus, gegen Korruption und Rassendiskriminierung. Er entwarf ein utopisches Gegenbild: Eine elitäre Führungsgruppe spirituell fortschrittlich denkender Menschen, *sadvipra* (etwa »moralisch Handelnder«) genannt, soll diese neue Gesellschaft aufbauen. Anandamurti empfiehlt die »revolutionary marriage«, d. h. die Heirat über Kastengrenzen usw. hinweg. Das Ziel ist eine aus *sadvipras* gebildete Weltregierung. Anandamurtis Gesellschaftskonzeption vereinigt hinduistische und marxistische Ideen.
Seit dem Ende der 60er Jahre hat Ananda Marga auch im Westen Fuß gefaßt, wo sie – wie schon in Indien – insbesondere durch ihre sozialen Aktivitäten, aber auch durch ihre Neigung zu Gewalttaten beeindruckt. Die Margiis genannten Anhänger sind auf ihren Guru Sri Anandamurti hingebungsvoll fixiert, den sie *Baba* (»geliebter Vater« und sich selbst u. a. *Baba-Lovers*) nennen. Ananda Marga ist ordensähnlich organisiert. Ein 16-Punkte-Programm, das auf einer Monatstabelle täglich kontrolliert wird, enthält genaue Vorschriften bezüglich der körperlichen Reinigung, Kleidung und vegetarischer Kost sowie Hinweise für die Meditation. Wichtig ist die Teilnahme am *Dharmacakra*, ein aus mindestens fünf Mitgliedern bestehender, wöchentlich einmal zusammentreffender Kreis, in dem gemeinsame Meditation praktiziert wird. Außerdem findet der *Kirtan* statt, d. h. ein gemeinsames spirituelles Singen und Tanzen des *Siddhi-Mantra: Baba nam Kevalam* (»einzig Babas Name«). Die Gesamtanhängerzahl beträgt schätzungsweise zwischen 2 und 3 Mio. (nach AM-Angaben sogar 8 Mio.) In der Bundesrepublik Deutschland dürfte es ca. 3000 Initiierte, jedoch nur etwa 200 Vollmönche geben.

● *Prout (= Progressive Utilisation Theory / Progressive Nutzungstheorie)*

Es handelt sich um eine Unterorganisation der Ananda Marga, die von revolutionärem Kampfgeist erfüllt ist. Die Sadvipra-Idee (vgl. Ananda Marga) ist der beherrschende Gedanke. Ziel von PROUT ist der Umsturz der Gesellschaft. Die mittlerweile in Bengalen gegründete Gemeinschaft »Amra Bengali«, die über 50000 Mitglieder und eine eigene Befreiungsarmee verfügt, hat die Mehrheit der Bengalen hinter sich. Weitere Gruppen gibt es in Afrika. PROUT verkündet ein ökonomisches und gesellschaftspolitisches Reformprogramm, das eine völlige Umgestaltung der gegenwärtigen Strukturen impliziert: So wird die ganze Welt in sich selbst versorgende Zonen aufgeteilt, die in Kultur, Sprache, Geographie und Rohstoffen zusammenpassen. Regiert wird die Welt durch moralisch einwandfreie, wirtschaftliches Verständnis besitzende Führungspersönlichkeiten. 1981 fand der erste PROUT-Weltkonvent in Frankreich statt. Auf ihm wurde über die Einteilung der Welt in 250 samaj (Gesellschaften) beraten.

● *Chinmoy-Bewegung*

Die von dem Bengalen Chinmoy Kumar Ghosh (geb. 1931) gegründete Gemeinschaft findet zunehmend auch in der Bundesrepublik Deutschland Anhänger. Sri Chinmoy lebt und wirkt hauptsächlich in den USA, wo sich in New York das Welt-Zentrum der Bewegung befindet. Hier leiten er bzw. seine Vertreter eine der verschiedenen Meditationsgruppen für UNO-Angestellte. Im Zentrum von Sri Chinmoys Botschaft steht der *Friedensgedanke,* dem u. a. die spektakulären Friedenskonzerte dienten. Sri Chinmoy erhielt seine religiöse Prägung durch Sri *Aurobindo* (→ S. 110f.) in dessen Ashram in Pondicherry. Es gibt mancherlei gedankliche Übereinstimmungen zwischen beiden Meistern. Die Chinmoy-Gemeinschaft ist eine typische *Guru-Bewegung*: Im Mittelpunkt steht der verehrte Meister, der trotz z. T. größter äußerer Entfernung in einer intensiven Beziehung zu seinen Jüngern steht, die in einem schnellen Verfahren als solche anerkannt werden. In den frühen Morgenstunden konzentriert sich Chinmoy auf alle seine Schüler, während diese auf ihn hin, d. h. in der Regel auf sein Bild, meditieren. Zu den verwendeten Meditationsformen gehören: *Bhakti-* (→ S. 83 ff.) und *Kundalini*-Yoga (→ S. 163). Sri Chinmoy unterscheidet sich von anderen Gurus u. a. dadurch, daß er eine bemerkenswerte Verbindung von hinduistischem »Seelenführer«, Dichter (Verfasser von: Gedichtbänden, Aphorismensammlungen, Theaterstücken zur Meister-Jünger-Thematik, Kurzgeschichten, Essays), Musiker (7 Sri Chinmoy Friedenskonzerte 1984), Maler und Sportler darstellt. Der ehemalige Zehnkämpfer veranstaltet in New York regelmäßige Langstreckenläufe, die Teil seines meditativen Programms sind. Von den heutigen, im Westen wirkenden Gurus verkörpert Sri Chinmoy nach Meinung einiger Beobachter am ehesten »Echtheit«. Der pekuniäre Aspekt tritt übrigens in seiner Gemeinschaft wohltuend in den Hintergrund (vegetarische Restaurants, Blumenläden usw., die von Chinmoy-Jüngern geführt werden, gehören teilweise zu den sog. *Divine Enterprises*). Die Chinmoy-Anhänger (Kleidung: weiß und hellblau) leben *vegetarisch,* konsumieren *keinen Alkohol* und *kein Nikotin* und praktizieren außerhalb und innerhalb der Ehe (hier wenigstens phasenweise) sexuelle Enthaltsamkeit. Es gibt Chinmoy-Zentren in der Bundesrepublik Deutschland z. Zt. in sieben Städten, außerdem in der Schweiz. In den USA genießt die Bewegung anscheinend beträchtliches Renomee.

● *ISKCON (International Society for Krsna Consciousness)*
Die als Hare-Krishna-Bewegung bekanntgewordene Religionsgemeinschaft, die in der Bundesrepublik Anfang bis Mitte der siebziger Jahre durch ihre kahlgeschorenen, Schriften und Taschenbücher gegen Spenden anbietenden Mönche Aufsehen erregte, seither jedoch nur noch wenig Beachtung findet, wird hier insbesondere erwähnt, weil sie heute in Indien sowie in Schwarzafrika an Bedeutung zunimmt. ISKCON ist die orthodoxeste aller indischen Meditationsbewegungen im Westen. Sie zählt zur Gruppe der Gaudiya-Vaishnavas (→ S. 86 ff.), die auf den Bhaktiheiligen *Caitanya* zurückgeht (1485–1533). Gegründet wurde ISKCON von *A. C. Bhaktive-*

danta Swami Prabhupada (1896–1977), der von seinem Guru mit der Missionierung des Westens beauftragt wurde. ISKCON wurde 1966 gegründet. Die Gemeinschaft wird seit dem Tode des Swamis von einem 11köpfigen Gremium geleitet, das jeweils für eine bestimmte Weltzone zuständig ist. Die Krishna-Verehrung ist identisch mit *sanathana dharma* (→ S. 75): Grundlage aller Gesellschaft sind die vier *varnas* sowie die vier *ashramas*. Die vedische Kultur erhält absolute Verbindlichkeit. Die alten Gesetze Manus gelten auch heute noch. ISKCON-Anhänger, die sog. *Prabhus* (Krishna-Mönche), leben nach asketischen Regeln: Sie sind Vegetarier und lehnen Genußmittel (Tee, Alkohol, Zigaretten) ab. Im Mittelpunkt von ISKCON steht eine glühende *bhakti*-Frömmigkeit, die sich insbesondere im »Kirtan«, einem rauschhaften Tanz morgens und abends vor dem Altar Krishnas, und dem Chanten (monotoner Sprechgesang) des »Hare Krishna Rama« äußert.
ISKCON ist auch in der Missionierung Indiens tätig. Hauptsächlich in Mayapur, dem Geburtsort Caitanyas, Bombay und in Vrindaban, der heiligen Stadt Krishnas, befinden sich die größten Ashrams. ISKCON ist in Indien stark sozial und entwicklungspolitisch engagiert. Es wird viel für die materielle Besserstellung der Bevölkerung getan, z. B. durch Gründung von Musterdörfern. ISKCON wird von Teilen der Oberschicht und konservativer Hindukreise unterstützt und findet in den Massenmedien ein unerwartetes Echo.

● *»Bhagwan« und der Rajneeshismus*

Diese psycho-religiöse Bewegung wurde von dem Inder *Rajneesh Chandra Mohan* (geb. 1931) – von Hause aus Jaina – gegründet. Im Alter von 21 Jahren (1953) erlangte er seine Erleuchtung und wurde Bhagwan (»Gesegneter«, »Erhabener«) genannt. Bhagwan war bis 1966 Professor für Philosophie an der Universität Jabalpur. Er hielt zahlreiche Vorträge, in denen er sich schonungslos, offen und humorvoll über sexuelles Verhalten, Religion und Politik äußerte. Von Bombay aus übersiedelte Bhagwan nach *Poona* (1974), wo ein riesiger Ashram gegründet wurde. Aus Gesundheitsgründen verließ Bhagwan Poona und gründete 1982 in *Oregon/USA* die neue Stadt *Rajneeshpuram*.

Im Mittelpunkt der Bewegung, die sich seit 1983 ausdrücklich als Religion mit bestimmten Grundsätzen und Praktiken (Priester, Riten des Lebenszyklus usw.) etabliert hat, sich aber trotzdem als »religionslose Religion« begreift, steht das enge Meister-Schüler-Verhältnis. Jeder *Samnyasin* (Bhagwans Schüler) trägt eine orangefarbige Kleidung »in den Farben des Sonnenaufgangs« und eine Holzperlenkette mit dem Bild Bhagwans (die sog. *Mala*). Er führt außerdem einen neuen Namen, den er eigens von Bhagwan bekommen hat. Im Zentrum der religiösen Handlungen stehen verschiedenartige Meditationsübungen, welche die Unbewußtheit und Unwissenheit, die jeden einzelnen an sein Ego ketten, beseitigen sollen. Bhagwans Meditationstechniken stellen eine Synthese von traditioneller östlicher Religion mit westlicher Psychologie dar, sowohl der Psychologie Freuds, Jungs und Adlers als auch der »humanistischen Psychologie« (z. B. Fritz Perls, Alexander Lowen, Arthur Janov). Während die humanistische Psychologie das Ego zum »Wachstum« und zur »Selbstverwirklichung« führen will, geht Bhagwan noch weiter. Er lehrt die Selbstwerdung im Sinne der jedermann eigenen »Buddha-Natur«. Bei der »dynamischen Meditation« geht es um einen Wechsel von Erregung und Entspannung. Aufgestaute Gefühle werden ausagiert und Verdrängungen dadurch gelöst. Tanzübungen spielen hierbei eine besondere Rolle.

Die aus dem indischen Tantrismus stammende Kundalini-Meditation strebt die Transzendenz-Erfahrung nicht (wie z. B. der Yoga) durch Unterdrückung, sondern durch Ermöglichung der Energien an. Die Sinneswahrnehmungen und Gemütsbewegungen als stärkste menschliche Bewegkräfte sollen gemacht werden. Die Sexualität hat vom tantristischen Hintergrund her für Bhagwan einen hohen Stellenwert für die religiöse Entwicklung. Sie ist jedoch kein Selbstzweck, sondern soll transzendiert und schließlich fallengelassen werden. Verschiedene Massagetechniken (z. B. intuitive Massagen, Akupressur, Rebalancing, Rolfing usw.), Atemtherapie, bioenergetische Übungen (z. B. Aerobic u. a.), T'ai Chi Ch'uan (→ S. 192) und Yoga usw. sollen dazu verhelfen, den eigenen Körper zu erleben und zu entspannen.

Zu den religiösen Praktiken gehören Vorträge, das morgendliche

Satsang (»in stiller Herz-zu-Herz-Kommunion mit dem Meister sitzen«) sowie das abendliche *Darshan* (»Singen, Tanzen und Verschmelzen mit dem Sein des Meisters«). Der Rajneeshismus kennt vier Feiertage: Erleuchtungstag des Meisters, dessen Geburtstage, »Tag des Meisters« (Teil des sechswöchigen Welt-Festivals in Rajneeshpuram, um den Meister zu feiern), Mahaparinirvana-Tag, als Feier »für alle Neo-Sannyasins, erleuchtet oder nicht erleuchtet, die ihren Körper verlassen haben, und für alle, die ihren Körper verlassen werden«.

Die Astrologie hat eine erhebliche Bedeutung im Rajneeshismus. Bemerkenswert ist auch die Gründung von Diskotheken, meist »Zorba the Buddha« genannt, was die Vereinigung von Seele und Körper sowie aller Polaritäten überhaupt ausdrücken soll. Restaurants und Kioske gehören ebenfalls hierher. Zwischen manchen Tanz-Meditationen und Discorhythmen bestehen Analogien. In Rajneeshpuram soll sich der Quantensprung in der Höherentwicklung des menschlichen Bewußtseins vollziehen. Nur wenige Auserwählte werden den nuklearen Holocaust überleben und die Keimzelle einer neuen Menschheit bilden.

In der Bundesrepublik gibt es ca. 80 Bhagwanzentren mit mehreren zehntausend Anhängern. Weltweit beträgt die Anhängerzahl ungefähr 350000.

● *Sathya Sai Baba und die Sai-Religion*

Sathya Sai Baba (geb. 1926) ist der Stifter der universalistischen *Sai-Religion,* die 1976 verkündet wurde. Der Gründer sieht sich selbst als mittleres Glied einer »Trinität«, die aus *Shirdi Sai,* ihm selbst und dem zukünftigen *Prema Sai* besteht. Shirdi Sai war ein berühmter, von Hindus und Muslimen gleichermaßen verehrter Fakir, der in Shirdi, im ostindischen Bundesstaat Maharashtra lebte und 1918 starb. Sathya Sai Baba hält sich für eine Reinkarnation dieses Shirdi Sai und wird im angrenzenden Bundesstaat Karmatate selbst in seiner nächsten Inkarnation als Prema (Liebe) Sai auf die Erde zurückkehren.

Zentrum der Sai-Religion ist Puttaparthi (Andhra Pradesh), wo sich der Ashram Sathya Sais befindet. Dem Guru werden erstaunliche

Wunderheilungen, Hellsehen, psychotherapeutische Fähigkeiten, ja eine Totenerweckung und »Materialisierungen« nachgesagt. Kernidee der Sai-Religion ist die Einheit aller Religionen (symbolisiert in einem Bombayer Stupa (→ S. 130), auf dem Worte aus den Schriften verschiedener Religionen eingemeißelt sind) in Liebe. Die Sai-Religion hält die Veden und das vedische Opfer für grundlegend, pflegt das Mantra-Singen (vgl. Hare Krishna), bemüht sich um die Erziehung und Ausbildung der Frauen, um den Ausgleich zwischen Hindus und Muslimen sowie um die Zusammenkunft von Menschen unterschiedlicher Kasten. Die Meditation – im engeren Kreis auch die tantrische Kundalini-Meditation zur Erweckung paranormaler Kräfte (Siddhi = durch die Luft fliegen, durch Feuer gehen, unsichtbar werden usw.) – spielt eine große Rolle. Den normalen Anhängern wird empfohlen, den leichteren Bhakti-Weg zu beschreiten. Es gibt »Devotees« der Sai-Religion in den USA und in anderen Ländern. Die Gesamtzahl wird derzeit mit 2 Mio. angegeben.

● *Transzendentale Meditation (TM)*

Diese von *Maharishi Mahesh Yogi* (geb. 1918) in den fünfziger Jahren gegründete und Anfang der sechziger Jahre nach den USA und Europa exportierte Meditations*technik* (»Wissenschaft der kreativen Intelligenz«) hat ihren Zenit hierzulande überschritten. Dafür beginnt sie in Indien nach ursprünglicher Erfolglosigkeit, an Bedeutung zuzunehmen, weshalb sie in diesem Abriß skizziert werden soll.

TM verleiht jedem Schüler in einer rituellen Initiation ein *Mantra*, mit dessen Hilfe er zweimal täglich zwanzig Minuten lang meditieren soll. Dies führe zu innerer Ausgeglichenheit, besseren sozialen Beziehungen, zur Schaffung einer idealen Gesellschaft usw. Durch TM werde das normalerweise nur etwa 10–15% benutzte geistige Potential 100% aktiviert, *paranormale* Fähigkeiten würden freigesetzt. TM untermauert seine Thesen mit einem gewaltigen wissenschaftlichen Aufwand und hat auch mehrere Organisationen gegründet (z. B. Maharishi Kollegs für Naturgesetze), sogar einige Universitäten (MIU; MERU). Seit 1978 verkündet TM die »Weltregierung des Zeitalters der Erleuchtung«. Organisiert ist TM in den östlichen »Weltplan-Centers«. TM verwendet Elemente des *tantristischen Yoga* (→ S. 163), den sog. *Kundalini-Yoga*. In ihren *Siddhi-Programmen* lehrt man die Kunst des Fliegens, die jedoch eher eine Art des Hüpfens darstellt, die auf paranormalen Kräften beruht, die ein erleuchteter Yogin erreichen kann (z. B. Präkognition, Unsichtbarwerden, Fliegen usw.).

Literatur:

J. R. Hinnells und E. J. Sharpe (Hg.): Hinduism (World Religions in Education), Newcastle upon Tyne 1972.

R. Hummel: Indische Mission und neue Frömmigkeit im Westen, Stuttgart 1980.

K. Klostermaier: Hinduismus, Köln 1965.

P. Schreiner: Begegnung mit dem Hinduismus. Eine Einführung, Freiburg 1984 (= Herder TB 1143).

P. Schreiner: Hinduismus (Reihe »Religionen«, Bd. 4), Göttingen 1985.

DER BUDDHISMUS

Das »Rad der Lehre« – zentrales Symbol des Buddhismus.

1. Die große Alternative

Buddhisten machen seit einiger Zeit Schlagzeilen in der bundesdeutschen Presse: »Der lachende Gott vom Dach der Welt« lautete die Überschrift eines Spiegel-Artikels (18. 10. 1982), der über den Besuch des aus Tibet vertriebenen »Gottkönigs«, des 14. Dalai Lama, in der Bundesrepublik berichtete. In der unmittelbaren Umgebung des Autors richtete der Karma-Kagyu-Verein in Wachendorf/Mechernich ein Lehrinstitut für buddhistische Studien im tibetischen Geist ein. Anders als im sauerländischen Medelon, wo sechs ebenfalls tibetisch geprägte Buddhisten die Gemeinde in Aufruhr versetzten und man Sitte und Brauchtum für bedroht hielt, stießen die Eifeler Buddhisten auf positive Aufnahme: Als Vertreter der Kirchengemeinde Antweiler-Wachendorf sprach der Pfarrer ein Grußwort, in dem er die Bedeutung des Buddhismus als Weltreligion hervorhob und zum Zeichen der Freundschaft eine Sonderausgabe der Bibel überreichte.
Verglichen mit den neuhinduistischen Heilsbewegungen (→ S. 114 ff.), die bei uns oft unrichtig »Jugendreligionen« genannt werden, machen die Buddhisten hierzulande im allgemeinen jedoch recht wenig Aufsehen. Sie sind die »Stillen im Lande«, die gleichwohl aber nach außen wirken wollen. Gerade der Buddhismus ist von Christen gelegentlich als *die große Alternative* zum eigenen Glauben gesehen worden. Der katholische Theologe Romano Guardini schrieb einmal:

»Einen Einzigen gibt es, der den Gedanken eingeben könnte, ihn in die Nähe Jesu zu rücken: Buddha. Dieser Mann bildet ein großes Geheimnis. Er steht in einer erschreckenden, fast übermenschlichen Freiheit; zugleich hat er dabei eine Güte, mächtig wie eine Weltkraft. Vielleicht wird Buddha der Letzte sein, mit dem das Christentum sich auseinanderzusetzen hat. Was er christlich bedeutet, hat noch keiner gesagt. Vielleicht hat Christus nicht nur einen Vorläufer aus dem Alten Testament gehabt, Johannes, den letzten Propheten, sondern auch einen aus dem Herzen der antiken Kultur, Sokrates, und einen dritten, der das letzte

Wort östlich-religiöser Erkenntnis und Überwindung gesprochen hat: Buddha.«[1]

2. Verbreitung und Hauptzweige

Der Buddhismus ist in Indien entstanden, wurde jedoch durch hinduistischen und islamischen Einfluß gegen Ende des ersten nachchristlichen Jahrtausends von dort verdrängt. Seine dunkelste Epoche ist die Zeit vom 13.–19. Jh. Buddhistische Heiligtümer wurden hinduisiert, und der Buddha wurde sogar als »Herabstieg« des Gottes Vishnu (→ S. 87ff.) verehrt. Es gibt heute nur noch wenige Buddhisten in Indien – etwa die Hälfte der Christen, d. h. ganze 0,8%. Sie verteilen sich auf bestimmte Regionen und Städte. Insbesondere durch die Forschungen westlicher Religionshistoriker und Archäologen im letzten Jahrhundert ist ein Impuls zur Renaissance des Buddhismus ausgegangen. Dieser führte dazu, daß sich indische Gelehrte und später auch ostasiatische Forscher verstärkt um das buddhistische Erbe bemühten. In Indien entstanden buddhistische Zentren der Gelehrsamkeit (Nalanda, Lucknow, Calcutta, Chittagong). Die »Mahabodi Society« leistete Wesentliches für die Restaurierung buddhistischer Pilgerstätten. Auch wenn der Buddhismus heute in Indien nur noch verschwindende Anhängerzahlen hat, stellen trotzdem zahlreiche indische Orte wichtige Pilgerstätten dar.
Den Buddhismus gibt es ebensowenig wie *das* Christentum oder irgendeine andere Religion. Vielmehr existieren unterschiedliche Schulrichtungen und Erscheinungsformen, die auch geographisch voneinander getrennt sind. Es gibt den *Theravada-Buddhismus* (früher *Hinayana* genannt). Er ist vor allem im südostasiatischen

1. *Romano Guardini:* Der Herr. Betrachtungen über die Person und das Leben Jesu Christi, Würzburg, 12. Aufl. 1961, S. 360.

Bereich verbreitet (Sri Lanka, Thailand, Burma, Laos, Kambodscha) und wird daher auch »südlicher Buddhismus« genannt. Hauptsächlich im Norden verbreitet ist der *Mahayana-Buddhismus,* der ungefähr im 4. und 3. vorchristlichen Jh. entstand und heute in folgenden Ländern vertreten ist: China, Korea, Japan, Vietnam. Als dritte Richtung ist der *Vajrayana-Buddhismus* Tibets zu nennen, der auch *Lamaismus* genannt wird. Auch die Mongolen und die Bevölkerung Bhutans sowie Teile Nepals sind Anhänger des Lamaismus.

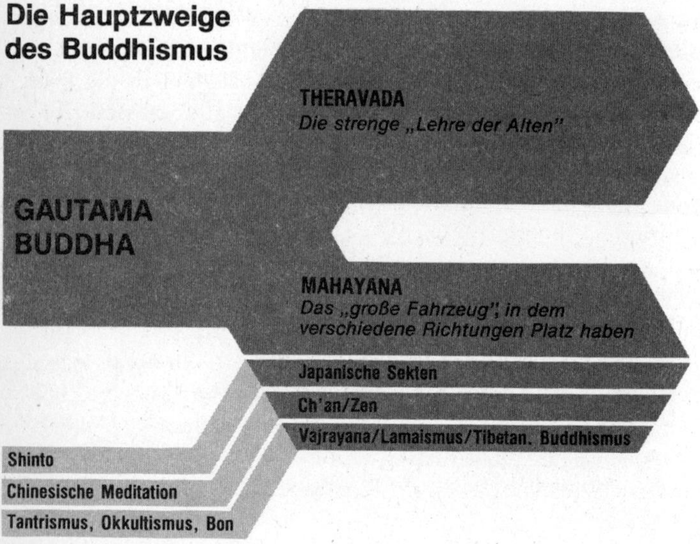

Aus: Handbuch Weltreligionen, S. 239

3. »Ich nehme meine Zuflucht zum Buddha« – Das Leben Buddha Shakyamunis

Der Buddhismus ist eine gestiftete Religion, die auf eine historische Persönlichkeit zurückgeht: den Buddha (wörtl. der Erwachte, Erleuchtete). Buddha ist kein Familienname, sondern ein Würdetitel, vergleichbar mit Christus[2]. Von Hause aus hieß er *Siddharta* (»erfüllter Wunsch«) *Gautama,* wobei letzterer Name der Familienname ist und etwa »größter Stier«, »Führer der Herde« bedeutet. Siddharta Gautama wurde um 560 v. Chr. – nach neueren Forschungen um 450 v. Chr. – als Angehöriger des Shakya-Stammes in Lumbini (heute in Nepal gelegen) als Sohn des wohlhabenden Provinzgouverneurs *(raja)* Suddhodano, der aus der Kriegerkaste stammte, geboren. Für Buddhisten beginnt das Leben des Buddha Shakyamunis (des »Weisen aus dem Shakya-Geschlecht«) nicht erst mit seiner Geburt, sondern von dem Augenblick an, als der zukünftige Buddha, der *bodhisattva,* im Tushita-Himmel als die anderen Gottheiten an Lebenskraft, Schönheit, Ruhm und Selbstzucht übertreffendes Wesen auf die Erde hinabstieg. Seine Mutter Maya, eine besonders tugendsame, 40 Jahre alte Frau träumte davon, daß der Bodhisattva in Gestalt eines kleinen weißen Elefanten in ihren Schoß eingeht. Man erzählt, daß ihre Schwangerschaft ohne die geringsten Beschwerden verlief. Auch die Geburt wird als wundersames Ereignis geschildert. Sie verlief völlig schmerzlos, und der zukünftige Buddha wurde unbefleckt geboren. Auch in der Natur geschehen Zeichen und Wunder: Es erklingen himmlische Musikinstrumente, Baume beginnen zu blühen, nirgendwo gibt es mehr Dunkelheit, alle Wesen empfinden körperliches und seelisches Glück, Krankheiten hören auf, Blinde können wieder sehen, Taube wieder hören, Arme erlangen Reichtum. Ebenfalls in der Tierwelt

2. Vgl. das grundlegende Werk von *Gustav Mensching:* Buddha und Christus, Stuttgart 1978.

hören die Leiden, die durch das gegenseitige Sichauffressen bedingt sind, auf. Die Geburt des zukünftigen Buddha kündigt den Beginn einer heilvollen Zeit an.

Eine bemerkenswerte Parallele[3] zur lukanischen Simeon-Geschichte (Lk 2,25 ff.) ist die Geschichte von der Ankündigung des Sehers Asita (a-sita = nicht weiß, dunkel) oder nach anderer Tradition Kaladevala. Asita war ein Asket, dem besondere visionäre Fähigkeiten nachgesagt wurden. Als er erfuhr, daß der zukünftige Buddha geboren war, eilte er zum Hof des Provinzgouverneurs, um sich den Erlöser anzusehen. Asita nimmt das Buddhakind in den Arm, vergießt aber im Unterschied zum getrösteten Simeon Tränen, weil er schon vor der Heilsverkündigung des Buddha sterben und damit nicht mehr am Heil teilhaftig sein wird.

Siddharta lebt in gutsituierten Verhältnissen. Mit 16 Jahren heiratet er, mit 29 bekommt er einen Sohn geschenkt, den er Rahula (Fessel) nennt. Dann vollzieht sich die entscheidende Wende in Siddhartas Leben: Eine Woche nach der Geburt Rahulas zieht der zukünftige Buddha »aus der Heimat in die Heimatlosigkeit«. Auf vier Ausfahrten – so erzählt die Legende – begegnen Siddharta der Reihe nach ein abgezehrter Greis, ein von Krankheit Befallener und schließlich ein Leichnam. Auf die Frage Siddhartas, ob nur diese konkreten Personen alt, krank bzw. tot sein können, antwortete der Wagenlenker, daß es für niemanden davon einen Ausweg gebe. Auf der letzten Ausfahrt begegnet ihnen schließlich ein Bettelmönch, der ein Ideal verkörpert, dem Siddharta nachstrebt.

Nach altindischer Asketentradition rasiert Siddharta Gautama Bart und Haupthaar ab, legt die gelben Asketengewänder an, verläßt seine Familie und beginnt mit einem Wanderdasein. Er begibt sich in die Schule mehrerer Lehrer (Gurus), die ihm aber auf seinem spirituellen Weg nicht weiterhelfen. Er verläßt die Gurus und betreibt sechs Jahre lang härteste Askese. Die buddhistische Kunst stellt ihn in dieser Situation als einen bis zum Skelett abgemagerten Einsiedler dar. Während dieser Zeit schließen sich ihm fünf Mitasketen an. Als

3. Vgl. *Norbert Klatt:* Literarkritische Beiträge zum Problem christlich-buddhistischer Parallelen, Köln 1982.

Siddharta nach sieben Jahren merkt, daß der entsagungsvolle Weg nicht zum Heil führt, beschreitet er den »mittleren Weg«. Er nimmt wieder Nahrung zu sich, was seine Asketengefährten mißbilligen.
Im Jahre 528 v. Chr., nach der Tradition während der ersten Vollmondnacht des Monats Vesakh (Mai), gelangt der 35jährige Siddharta nach tiefer Meditation unter einem Feigenbaum zur wahren Einsicht in das Wesen aller Dinge. Er erlangt *bodhi* (Erwachung, Erleuchtung) und wird dadurch zum *Buddha*, zum Erwachten.
Seine erste öffentliche Predigt hält er in Sarnath, im Gazellenhain von Benares (heute: Varanasi). Dort wird erstmalig »das Rad der Lehre in Bewegung gesetzt«. Die fünf Asketengefährten werden nach anfänglichem Zögern schließlich so sehr von der neuen Heilslehre in Bann geschlagen, daß sie Buddhas erste Jünger werden.
Mehr als 45 Jahre widmet der Buddha sein Leben der Mission. Er predigt in Nordindien seine Lehre einem größeren Menschenkreis und gründet einen Mönchs- und später Nonnenorden *(Sangha)*. Nur während der jährlichen Regenperiode von Ende Juni bis Ende September zieht er sich zurück und gönnt sich Ruhe. Er wird von Königen und reichen Gönnern beherbergt, die Parks und Baulichkeiten für die junge Gemeinde stiften.
Der Meister beeindruckt durch seinen untadeligen Charakter. Er strahlt Zuversicht und Erlösungsgewißheit aus. Sein kontemplatives Element wirkt bei Auseinandersetzungen ausgleichend. Er entzieht sich spekulativen Lehrstreitigkeiten, die nicht zum Heil führen. Außerdem imponiert die antibrahmanische Einstellung zum Kultwesen. Der Buddha überredet niemanden zur Lehre, ja er warnt sogar vor voreiligen Übertritten zum Dhamma. Vielmehr besitzt er die Gabe, andere Menschen zur Einsicht zu führen, sie also zu überzeugen. Je nachdem, welche Zuhörer er vor sich hat, paßt er seine Lehre ihrem Verständnis an. So predigt er einfacheren Gemütern den Weg zu einer besseren Weiterverkörperung; den wenigen Anspruchsvollen aber weist er den Weg zum *Nirvana*. Zu seinen Jüngern zählen einige Familienmitglieder, z. B. sein Sohn Rahula, der Halbbruder Nanda, sein Neffe und Lieblingsjünger Ananda sowie entferntere Verwandte. Der *Jüngerkreis* ist wie bei den anderen großen Meistern der Religionsgeschichte *konzentrisch* aufgebaut: Innerhalb der

16 (19) Jünger gibt es neben den schon genannten zwei weitere Lieblingsjünger: Sariputta und Mahamoggalana. Darüber hinaus wird von 500 weiteren Jüngern gesprochen.
Ein einziges dramatisches Ereignis im Leben Buddha Shakyamunis ist bekannt: Es wird berichtet, daß sein Vetter Devadatta anstelle des Buddha Oberhaupt der Gemeinde werden will und sogar einen Mordanschlag auf den Ehrwürdigen verübt. Dieser mißlingt allerdings, und der Buddha stirbt im Alter von 80 Jahren so friedlich, wie er gelebt hatte und wie auch seine Gemeinde leben sollte, an den Folgen einer Ruhr. Er hinterläßt keinen Nachfolger, sondern verweist auf die Lehre und den Orden. Seine letzten Worte lauten: »Wohlan denn, ihr Jünger, laßt euch gesagt sein: ›Alle Erscheinungen sind vergänglich; kämpfet unermüdlich!‹«
Buddha starb während einer tiefen Meditation und ging in das Nirvana ein. Eine Woche danach wurde sein Leichnam eingeäschert und die Asche verteilt. Die Empfänger dieser letzten Überreste setzten diese in »Verehrungshügeln« (Thupas, Stupas) bei.

4. Kleines Lexikon: Heilige Schriften des Theravada

Welche Schriften jeweils als *kanonisch* gelten dürfen, ist für den Buddhismus nicht leicht zu beantworten. Vergleiche mit anderen Heiligen Schriften, wie z. B. der Bibel und dem Koran, sind insofern problematisch, weil diese Bücher für die betreffenden Religionen als Ganze verbindlich sind. Von *der* Heiligen Schrift des Buddhismus zu sprechen, heißt aber in eine ganze Bibliothek einführen. *Den* Buddhismus als einheitliche Religion gibt es ja nicht. Jede der drei großen buddhistischen Schulen besitzt ihre eigenen Heiligen Schriften. Es gibt keine einzige Schrift, die für alle Buddhisten gleichermaßen verbindlich wäre.

Die Theravadins, die sich am *Pali-Kanon* orientieren, lehnen das Mahayana-Schrifttum ab, ja nehmen es nicht einmal zur Kenntnis. Umgekehrt ist es anders: Die Sanskrit-Version des Pali-Kanon ist ins Tibetische, Mongolische und Chinesische übersetzt worden und bildet einen Teil des dort anerkannten Schrifttums. Verständlicherweise genießen diese Texte nicht denselben Rang wie die Mahayana-Literatur. In Tibet beispielsweise dienen Theravada-Texte höchstens als Material für religiöse Grundkurse, an die sich dann gleichsam das Oberseminar, die eigentliche und tiefgründige Lehre, anschließt. Selbst der klassische Pali-Kanon wies nicht überall und zu aller Zeit einen identischen Textbestand auf. Schon im älteren Buddhismus haben nicht alle Schulen in gleicher Weise die gleichen Texte als kanonisch akzeptiert.
Nach dem Tode Buddhas gab es mehrere Konzile, die über die »reine Lehre« diskutierten. Auf dem ersten »Konzil« (genauer: Ordensversammlung), wenige Wochen nach Buddhas Eingang ins Nirvana, soll noch Einigkeit bestanden haben, und die ersten Grundlagen des Pali-Kanons sollen festgelegt worden sein. Auf dem 2. Konzil von Vaishali (etwa 380 v. Chr.) traten bereits *erhebliche Lehrdifferenzen* auf. Auf Veranlassung des großen Kaisers Ashoka fand 250 v. Chr. das 3. Konzil in Pataliputra statt. Erst im ersten vorchristlichen Jahrhundert wurden die *Traditionen einer ganz bestimmten Schule* festgelegt, die von sich behauptete, in direkter geistiger Nachfolge zur Urgemeinde zu stehen (= Theravadin, Älteste). Ihr Kanon ist vollständig erhalten.
Der Pali-Kanon oder das Tripitaka ist die Heilige Schrift des Theravada-Buddhismus. Das Tripitaka (wörtl. der Dreikorb) hat seinen Namen daher, daß die auf Palmblättern geschriebenen Texte in drei *(tri)* großen Körben *(pitaka)* gesammelt wurden:

1. *Vinaya Pitaka* (Korb der Ordensregeln);
2. *Sutta Pitaka* (Korb der Lehrreden);
3. *Abhidhamma Pitaka* (Korb der philosophischen Behandlung des Dhamma, d. h. der Lehre).

Das Vinaya Pitaka enthält Ordensregeln für Mönche und Nonnen. Das Sutta Pitaka ist der wichtigste »Korb« des Pali-Kanons. Er zerfällt in fünf »Nikayas« (»Sammlungen«) und enthält die zentralen Texte zur Lehre. Der Abhidhamma Pitaka enthält eine philosophische Behandlung des Dhamma, wie er im Sutta-Pitaka dargestellt ist. Dieser letzte Korb gliedert sich in sieben Bücher, die eine psychologische Analyse des Daseins enthalten. Das Werk wird von vielen Buddhisten als weniger bedeutsam eingestuft.
Das buddhistische Tripitaka ist heilig in einem anderen Sinn als z. B. Bibel und Koran und kraft einer anderen Legitimation. Es ist nicht Wort Gottes, noch enthält es göttliches Wort, sondern ist nach orthodoxer Ansicht das »Wort Buddhas«, oder wie weniger orthodoxe Buddhisten sagen, enthält das Wort Buddhas.

5. »Ich nehme meine Zuflucht zum Dhamma« – Die Lehre des Buddha Shakyamuni

Im Mittelpunkt der Lehre *(dhamma)* steht wohl die zu allen Zeiten gemachte alltägliche Beobachtung, daß unser Leben nicht nur durch Glück, Liebe, Heil, sondern auch durch Unglück, Mißgunst, Leiden, also Unheil gekennzeichnet ist. Schwache und Andersdenkende werden unterdrückt; im Inneren wie im Äußeren herrschen Friedlosigkeit.

● *Der Realismus der Buddhajünger*

Viele Menschen sind rastlos und haben Angst davor, etwas zu verpassen. Solche Symptome dokumentieren unsere Abhängigkeit von der Welt, von Dingen und Menschen. Viele Jugendliche sind arbeitslos und sehen in ihrem Leben keinen Sinn und keine Zukunft. Sie greifen zum Alkohol oder zu stärkeren Drogen. Menschen töten aber auch andere Menschen – aus den unterschiedlichsten Motiven: aus Haß, im Kriege, unbeabsichtigt im Straßenverkehr oder durch Lieblosigkeit und Mißachtung. Die Menschen erhalten sich am Leben, indem sie Tiere töten. Die medizinische und kosmetische Forschung verbraucht darüber hinaus Millionen von Tiere zu Testzwecken von fragwürdigem Ergebnis. Wohin man sieht, den Buddhisten bestätigt dies ihre Sicht der Dinge: Alles was ist, ist leidvoll. Für sie ist dies kein Pessimismus, sondern Realismus. Doch es gibt auch das Gegenteil: Menschen, die einander lieben und helfen, die sich freuen und lachen können. In Wirklichkeit »leiden« aber nach buddhistischer Ansicht auch sie.

● *Die »vier edlen Wahrheiten«*

In der »Nacht der Erwachung«, die im Buddhismus das Analogon zur christlichen Weihnacht oder zur islamischen »Nacht der Bestimmung« ist, wurde dem Buddha ein *dreifaches Wissen* zuteil:

- Erinnerung an frühere Geburten;
- Karma-Gesetz;
- Aufleuchten der »vier edlen Wahrheiten«.

Im Buddhismus steht die Befreiung aller Lebewesen, also nicht nur der Menschen, aus einer Unheilssituation im Mittelpunkt. Buddhisten sprechen von *»dukkha«*, was im allgemeinen mit »Leiden« übersetzt wird. Dies ist der Inhalt der *ersten Wahrheit.* Sie setzt mit der Analyse des Leidens beim Menschen an. Das, was uns als Individualität erscheint, ist nur eine Zusammenfassung von fünf »Gruppen«:

1. Körperlichkeit *(rupa);*
2. Empfindungen *(vedana);*
3. Vorstellungen, Wahrnehmungen *(sannja);*
4. Willensakte, Triebkräfte *(sanskara);*
5. Bewußtsein *(vijnana).*

Diese fünf »Gruppen«, mit denen jeder Mensch die ihn umgebende Welt »ergreift«, heißen darum Gruppen, weil sie selbst wieder in Einzelelemente zerfallen: z. B. in freudige, leidvolle oder neutrale Gefühle usw. Die fünf Gruppen sind *»dukkha«*, weil sie die »drei

Merkmale« besitzen: Sie sind leidvoll, vergänglich und nicht das Selbst.

Dukkha ist mehr als bloß körperliches Leiden; denn »was auch immer empfunden wird, das gehört zum Leiden«, also auch freudige, positive Gefühle, die den Keim des nachfolgenden Leidens in sich tragen. Dukkha geht auch nicht in normalen sinnlichen Erfahrungen auf. »Das Leiden nicht erkennen ... wird Nichtwissen genannt.« Dukkha ist also ein *religiöser Begriff*, der seinen Ausgang zwar beim körperlichen Unwohlsein nimmt, darin aber nicht aufgeht. Dukkha ist der Begriff der menschlichen Unheilssituation, d. h., sich im Zustand des Samsara zu befinden und sich weiterverkörpern zu müssen.

So wie es vor dieser Welt, deren Anfang und Ende wir nicht kennen (und zu unserem Heil auch gar nicht kennen müssen), bereits andere Welten gegeben hat und nach dieser geben wird, so ist es für einen Buddhisten völlig normal, wenngleich auch eine fürchterliche Erfahrung, daß er viele Male wiedergeboren wird. Daß der Mensch überhaupt *als Mensch* wiedergeboren wurde, ist schon ein außerordentlicher Glücksfall, weil nur ein Mensch die Möglichkeit besitzt, dem ewigen Kreislauf zu entrinnen. Ein Buddhist würde unsere Auffassung von der Einmaligkeit jedes individuellen Lebens geradezu *glauben* müssen – so unverständlich schiene sie ihm. Neuere Untersuchungen haben allerdings gezeigt, daß sowohl im Hinduismus als auch Buddhismus (z. B. in Thailand) der Einfluß des säkularen Denkens dazu geführt hat, z. B. die Doktrin von der Weiterverkörperung in Frage zu stellen[4]. Bei uns im Westen jedoch hat diese Weltsicht zweifellos an Attraktivität gewonnen (→ S. 93 ff.) Dukkha bedeutet das Leiden aufgrund endloser Weiterverkörperung. Sie wird mit einem sich drehenden Rad verglichen. »Die Schrecken der Wiedergeburt« (Georg Grimm) werden in dem folgenden Zitat deutlich:

4. Vgl. u. a. *David Gosling:* Thai Buddhism in transition, in: Religion 7 (1977), S. 18–34.

Und der Erhabene hob ein klein wenig Erde mit dem Nagel seines Fingers auf und fragte die Mönche: »Was ist wohl größer, Mönche, dies klein wenig Erde, das ich auf dem Nagel meines Fingers habe, oder die große Erde?« – »Viel mehr, als dies klein wenig Erde, ist die weite Erde. Gegenüber der weiten Erde kann dies winzig wenig Erde, das der Erhabene auf dem Nagel seines Fingers hat, nicht gezählt, nicht gerechnet, in gar keinen Vergleich gesetzt werden.« – »Mönche, ebenso winzig ist, gegenüber der Anzahl der Lebewesen überhaupt, die Anzahl der Wesen, die nach ihrem Tode als Menschen oder gar als Götter wiedergeboren werden, im Vergleich zu der unermeßlichen Zahl von Wesen, die nach dem Tode als Tiere, als Gespenster oder Teufel wiedererscheinen« (Samy.-Nik. LVI, 102–131).

Von den Kräften, die dieses Rad in Bewegung halten, nennt die *zweite Wahrheit* als Ursachen die Gier bzw. den Durst *(tanha)* – und zwar nach Lust, nach Werden und nach Entwerden (Todessehnsucht). Hinzu kommen nach buddhistischer Auffassung *Haß* und *Wahn,* d. h. die fälschliche Vorstellung eines Selbst. *Tanha,* die Hauptwurzel des Leidens, meint die menschliche Begehrlichkeit, also die Sexualität *(kama),* aber auch das Streben nach Leistung, Macht usw.
Die *dritte edle Wahrheit* spricht von der Aufhebung der Gier, durch die *dukkha* schließlich aufhört. Hierbei geht es um das Nirvana, von dem weiter unten berichtet werden soll.
Die *vierte edle Wahrheit* zeigt den Weg auf, der aus dem Leiden herausführt. Es ist *der achtgliedrige Pfad,* der aus den folgenden Elementen besteht: rechte Ansicht, rechtes Denken, rechtes Reden, rechtes Handeln, rechtes Leben, rechtes Streben, rechte Wachsamkeit und rechtes Sichversenken. Aus dem Leiden kann kein Gott, auch nicht der Buddha befreien. Er ist kein Erlöser, sondern der »Wegweiser« des Pfades, den der Mensch selbst gehen muß. Der Buddhismus legt großes Gewicht auf das praktische Tun und die erlösende Erkenntnis des Menschen. Der Mensch soll und kann auch viel tun, doch erfährt er die Frucht seiner Bemühungen letztlich als Geschenk. Anfänglich braucht der Beschreiter des Weges noch »Glauben« *(saddha)* im Sinne des Vertrauens in die Wahrheit der Worte Buddhas. Je weiter er fortschreitet, desto mehr wird dieses

durch *Wissen* abgelöst. Der edle *achtteilige Heilsweg* gliedert sich letztlich in *drei* Stufen:

1. ethisch-asketische Zucht (sila-Gebote);
2. Versenkung (samadhi);
3. Erkenntnis (panna).

Die sila (Moral/Tugend)-Gebote enthalten die buddhistische Ethik. Auch bei dieser geht es um das Tun des Guten und das Unterlassen des Bösen. Grundlegend ist dabei jedoch die *Karma-Idee.* Karma bedeutet nicht nur die Tat, sondern den der Tat voraufgehenden *Willensentschluß,* der sich in Taten, im Reden und Denken manifestieren kann. Buddhisten sprechen vom »heilvollen« und »unheilvollen« Karma. Unheilvolles Karma ist die Auswirkung der negativen Triebkräfte, die zum Leiden führen: Gier, Haß und Wahn. Heilvolles Karma dagegen ist motiviert durch Selbstlosigkeit, Freundlichkeit *(metta)* und Wissen. Selbst die Anhäufung von heilvollem Karma führt niemals zum Heil, sondern nur zu einer glücklicheren, aber zeitlich begrenzten Weiterverkörperung, z. B. als Gott. Überwiegt dagegen unheilvolles Karma, so hat dies negative Auswirkungen auf die nächste Geburt. Endgültige Befreiung geschieht nur durch ein Tun, das von allen Triebkräften frei, also »von der Wurzel abgeschnitten« ist.

Für den Laienbuddhisten gelten *fünf* (bzw. *acht*) ethische Verhaltensrichtlinien, für den Mönch dagegen *zehn*:

»Ich gelobe abzustehen vom:
1. Töten;
2. Nehmen dessen, was nicht gegeben;
3. unrechten Wandel in Sinnenlüsten;
4. Lügen;
5. Genuß berauschender Getränke.«

Hieran schließen sich fünf weitere, typische Mönchsgebote an: nicht zu unerlaubter Zeit essen; nicht an Lustbarkeiten (Tanzen, Musik, Schauspiel) teilnehmen; sich keiner Kränze, Wohlgerüche und Schmucksachen bedienen; nicht in zu hohem und breitem Bett schlafen; kein Silber oder Gold annehmen.

Von der Lehre her läßt der Buddhismus keinen Raum für das geplante Töten, für Verfolgungen und »Heilige Kriege«[5]. Ja er verbietet generell, lebenden Wesen Leid zuzufügen. Buddhisten heben mit Recht den friedliebenden Charakter ihrer Religion hervor und betrachten gewaltsame Ausschreitungen als Ausnahme. Trotzdem läßt sich nicht verleugnen: Auch buddhistische Länder haben Kriege geführt. Buddhistische Führer aus den Mahayana-Ländern haben z. B. 1959 auf einem Kongreß in Tokio den Verteidigungskrieg gebilligt, während die Vertreter des Theravada-Buddhismus für absoluten Pazifismus eintraten. Manche modernen Buddhisten umgehen das Buddha-Gebot der absoluten Friedfertigkeit auch mit dem Argument, daß es besser sei, einen Menschen zu töten, wenn dieser sonst den Tod vieler anderer verursachen würde. Was das Problem der Kriegsdienstverweigerung in einem buddhistischen Staat betrifft, so verweisen die buddhistischen Begründungen einerseits auf die Gesetzmäßigkeit des Staates und seines Schutzes sowie andererseits auf die Karma-Lehre: Es gibt beabsichtigte und nichtbeabsichtigte Handlungen, die dann keine karmischen Reste hinterlassen. Daher gehört das Töten im Kriege ohne Haßgefühle zu den letzteren. Für den zwischenmenschlichen Bereich fordern Buddhisten, allen Lebewesen mit Wohlwollen zu begegnen. Deshalb lehnen sie auch die *Abtreibung* ab. Aufgrund der Lehre von der Weiterverkörperung nimmt man dadurch dem lebendigen Wesen die Chance, eine neue Verkörperung in einer unter Umständen besseren Daseinsform zu erreichen. Nur in Extremfällen der medizinischen und sozialen Indikation werden von manchen Ausnahmen gestattet.

Das Gebot des *Nicht-Stehlens* meint im übertragenen Sinn auch die Übertretung der Rechte anderer, Zeitverschwendung, Pflichtverletzung, Verschwendung öffentlichen Eigentums usw.

5. Vgl. *Monika Tworuschka:* Frieden im Buddhismus, in: *Udo Tworuschka: (Hg.):* Religionen heute, Frankfurt und München 1977, S. 114–119. – *Hans-Werner Gensichen:* Weltreligionen und Weltfriede, Göttingen 1985. – *Ders.:* Krieg und Friede. Texte aus den Weltreligionen (= Arbeitstexte Nr. 25. II/1984), EZW-Texte. – *Ders.:* Art. Frieden I, in: TRE Bd. XI, Lieferung 4/5. S. 599–605.

Das dritte Verbot bezieht sich auf den *unerlaubten Geschlechtsverkehr*[6], z. B. mit Mädchen, die noch unter dem Schutz ihrer Eltern, Brüder, Schwestern oder Verwandten stehen, auf verheiratete Frauen usw. Mönche und Nonnen haben den Beischlaf vollständig zu vermeiden, Laienanhängern ist er nur innerhalb der Ehe gestattet. Die Sexualität wird von Buddhisten nuancemäßig unterschiedlich eingeschätzt. Einig ist man sich in der Beurteilung, daß sie nicht das Höchste des Lebens ausmachen kann. Die Ehe dient nach Ansicht einiger dazu, um »schrittweise inneren Abstand von der Erotik zu gewinnen«. Die Sexualität wird nicht einmal als Notwendigkeit begriffen, sondern als ein vermeidbares »Übel« bewertet. Demgegenüber meinen andere Buddhisten, daß Sexualität eine biologische Notwendigkeit für den Fortbestand der Art ist. Sie ist nicht von Übel, »wenn sie sich als Kommunikationserlebnis zwischen zwei Menschen ereignet«. Sexualität wird insofern bejaht, wie sie zur Befreiung aus dem Leiden hilfreich ist. »Solange das Sexuelle die Hingabe des Individuums steigert und dazu beiträgt, über sich selbst hinauszuwachsen, ist es förderlich. Wenn aber jenes Stadium erreicht ist, in der das Sexuelle keine Steigerung mehr bedeutet, wird es zum Hindernis und schließlich zur Fessel« (Lama Anagarika Govinda).

Das vierte Gebot untersagt *Lüge* und *Unwahrheit* im privaten wie im öffentlichen Bereich, während das fünfte bereits ein Verbindungsglied zu den stärker auf den Mönch zugeschnittenen Verhaltensregeln darstellt.

Laienbuddhisten, die noch zusätzliche Regeln beachten, unterliegen der achtfachen Regel. Sie unterlassen das Essen zur Unzeit, enthalten sich von Vergnügungen und vermeiden Annehmlichkeiten. Die Einhaltung dieser zusätzlichen Gebote bezieht sich auf die zweimonatlichen Fasttage *(Uposatha)*, an denen die Hausleute auch in das Kloster gehen und das Leben eines Mönchs führen.

Die buddhistische Ethik erhebt einerseits einen universalen Anspruch; denn sie gilt keinem besonderen Volk oder Stand, sondern

6. Vgl. *Peter Gerlitz:* Sexualität im Buddhismus, in: *Michael Klöcker* und *Udo Tworuschka (Hg.):* Sexualität, a.a.O., S. 148–169 u. 210f.

unterschiedslos allen Menschen. Andererseits unterscheidet sie aber zwischen den Verpflichtungen für Laien und Mönche. Weil sich die Menschen nämlich nicht alle gleichzeitig im gleichen Reifestadium befinden, können sie nicht alle Gebote erfüllen. Irgendwann auf dem endlosen Weg der Weiterverkörperungen muß sich jeder einmal den höheren ethischen Verpflichtungen der Mönche/Nonnen unterwerfen.

Auf die Stufe der ethisch-asketischen Zucht folgt die der *Versenkung (samadhi)*. Hierzu sind bestimmte Voraussetzungen erforderlich, wie äußere Abgeschiedenheit, ein geeignetes Kloster usw. Es gibt unterschiedliche *Meditationsübungen*. Beliebter Meditationsgegenstand sind Beispiele der Vergänglichkeit von Welt und Mensch, z. B. Leichen. Auf jeder der insgesamt vier Meditationsstufen werden bestimmte Bewußtseinszustände zurückgelassen, bis schließlich *panna*, die erlösende Erkenntnis, erreicht ist, die den Übergang zum Nirvana der diesseitigen Ordnung markiert.

Daneben gibt es eine *abstrakte Versenkungsmethode*. Man beginnt bei einem konkreten Gegenstand, z. B. Erde, Wasser, Feuer usw., und richtet seinen Blick so lange darauf, bis ein »Nachbild« als innerer Reflex beim Schließen des Auges vorhanden bleibt. Auf dem Wege fortschreitender Abstraktion verflüchtigen sich die Nachbilder schließlich, so daß an ihre Stelle der leere Raum tritt.

Schließlich gibt es die Meditation der *vier Unendlichkeitsgefühle*. Hiermit sind vier erstrebenswerte Haltungen gemeint: *metta*, *karuna* (= Mitleiden), *mudita* (= Mitfreude) und *upekkha* (= Gleichmut), die Teilaspekte der Grundhaltung des Wohlwollens gegenüber allen Kreaturen darstellen. In der *metta*-Haltung konzentriert sich das sozial-ethische Ideal des Buddhismus. Metta bedeutet Freundlichkeit, Güte, Liebe – aber nicht im sexuellen Sinne (= kama). Metta meint, negativ, die Beseitigung jeglichen Übelwollens; positiv: die Einstellung der Mutter, die den einzigen Sohn mit ihrem eigenen Leben beschützt. Die metta-Meditation beginnt bei der Person des Meditierenden selbst: »Möge ich selbst glücklich und frei von Leiden sein.« Dann wird dieser Glücklichkeitswunsch schrittweise ausgeweitet: Über die eigene Familie, über Verwandte und Freunde bis hin zu Fernerstehenden, ja schließlich Feinden.

Metta erstreckt sich nicht allein auf die Mit*menschen*, gleich welcher Rasse, Religion oder Nation sie auch angehören, sondern auch auf die Tierwelt, ja letztlich »auf alle Formen des Lebens und auf diese Weise auf das ganze Universum«. Auf der dritten Stufe der *Erkenntnis* (panna) wird der geistige Zustand erreicht, in welchem das anfangs auf Vertauen und Glauben hin angenommene dreifache Wissen selbst erkannt wird, das Wissen um: die früheren Geburten, das Karma-Gesetz und die vier edlen Wahrheiten.

Derjenige, der den achtfachen Pfad beschreitet, wird *Sotapanna* genannt, d. h. »ein in den Strom *(sota)* Eingetretener«. Solche Menschen streben die Freundschaft mit gleichstrebenden Menschen an, studieren den *dhamma*, denken gründlich über die Dinge der Welt nach und meditieren. Schließlich führen sie ein den *sila*-Geboten entsprechendes Leben. Sotapannas werden nach Ansicht des Buddha maximal siebenmal wiedergeboren, um dann noch einmal wiedergeboren zu werden. Der »Nie-Wiederkehrende« hat schon zu Lebzeiten die Welt der fünf Sinne völlig überwunden und ist innerlich losgelöst. Nach dem Tode geht er in das Nirvana ein.

Nirvana ist das Ziel des buddhistischen Strebens und heißt Verlöschen. Damit mag das Auslöschen einer Kerze gemeint sein, deren Licht symbolisch für das Unheil steht, und deren Brennstoff der Daseinsdurst *(tanha)* ist. Verlöscht die Flamme und erkalten also die Leidenschaften, dann wird das Feuer nicht einfach zu einem Nichts, sondern es ist nur in einen anderen Daseinszustand übergegangen. Nirvana darf man also nicht mit »Nichts« übersetzen, und der Buddhismus ist darum *keine nihilistische Philosophie*. Nirvana ist im Gegenteil etwas Positives. Was es genau ist, das können Buddhisten ebensowenig sagen, wie die Gläubigen anderer Religionen ihr Heilsziel beschreiben können. Sie können es nur symbolhaft andeuten: Nirvana ist nirgendwo lokalisierbar, sondern es befindet sich dort, wo immer es einem Menschen geschenkt wird. Was immer es ist, es macht den Erwachten glücklich. Man hat es auch negativ zu umschreiben versucht und gesagt, was es alles nicht ist. Man hat es in paradoxen Formulierungen wiedergegeben, um deutlich zu machen, daß es mit weltlicher Logik nicht zu erfassen ist. Wenigstens soviel läßt sich aber sagen: *Nirvana ist das Ende des Leidens.*

In modernen Interpretationen ist Nirvana bisweilen zum Antrieb für die Umgestaltung der Gesellschaft geworden. Für manche Reformer ist es die Chiffre für eine diesseitige gesellschaftliche Utopie, eine Gesellschaftsordnung ohne Ichsucht und Eigennutz. Der ehemalige burmesische Ministerpräsident U Nu hat seine revolutionären Ziele z. B. mit einer solchen Nirvana-Auffassung legitimiert. Er hat vom »Nirvana auf Erden« gesprochen, wo es keine Knechte und Herren mehr geben wird. Auch wenn Nirvana nicht gerade im Sinne einer gesellschaftlichen Utopie verstanden wird, so gibt es buddhistische Denker, die die Erlangung des Heilszieles an die vorherige Erfüllung sozialer Pflichten binden. Ihr Vorbild ist nicht mehr der *arhat* (Mönch), der »wie ein Rhinozeros einsam seine Straße zieht«, sondern der aktive, sozialverantwortliche Bürger: »Nirvana ist weder egoistisch noch individualistisch, sondern altruistisch und sozial. Es zielt nicht auf asketische Reinheit und Trennung von der Welt, sondern auf Sozialverpflichtung.«

6. »Ich nehme meine Zuflucht zum Sangha« – Die Gemeinde

Es gibt im Buddhismus *Mönche (bhikkhu)*, die wie Buddha Shakyamuni »aus dem Haus in die Hauslosigkeit« gegangen sind, und *Laien* – auch Hausleute oder Hausner genannt –, die diesen Schritt nicht vollziehen. Ein richtiges buddhistisches Leben, so wie es der Buddha gelehrt hatte, können beide Gruppen führen. Der Buddha hielt seine Lehre sogar für unvollkommen, wenn sie nicht auch von den Laien gelebt werden könnte. Viele Lehrreden richten sich an diese Gruppe und entfalten eine buddhistische Laienethik (→S. 138). Im Unterschied zum Mönch kann der Laie dem Leiden der Welt im allgemeinen nicht mit voller Kraft entgegenstreben, da er in Familie und Beruf usw. Aufgaben zu erfüllen hat.

Dem Weg des Buddha Shakyamuni folgend, beginnt ein buddhistischer Junge, manchmal sogar noch ein Kind, sein Noviziat. Der Zeitpunkt hierfür wird durch *Astrologie* vorherbestimmt. Dem Jungen wird der Kopf kahlgeschoren. Dabei hält er einen Haarbüschel in der Hand und meditiert darüber. Von seinen Eltern und Verwandten bekommt der junge Novize *(Samanera)* Geschenke. Es gibt keine feste Regel, wie lange der Junge im Kloster verbringt: vielleicht mehrere Wochen oder sogar Jahre. Mit 20 Jahren kann man als Vollmönch *(bhikkhu)* ordiniert werden. Bhikkhu zu werden, gilt in Thailand z. B. als ein besonders verdienstvoller Schritt. Jeder gute und pflichtbewußte Thai-Sohn will – und sei es nur für die üblicherweise dafür bevorzugte Zeit von drei Monaten während der Regenperiode – einmal in seinem Leben zum Bhikkhu ordiniert werden. Unter den älteren Thais gilt es als die höchste Steigerung aller Verdienste, wenn der Sohn die gelbe Robe nimmt[7]. Sobald der Entschluß gefaßt ist, wird der Tag des Eintritts entweder in der Tageszeitung bekanntgegeben, oder der zukünftige Bhikkhu verschickt Karten an Freunde und Bekannte. Er bittet sie darin um Vergebung für alles, was er gegen sie getan haben mag. Zwei bis drei Wochen lang memoriert er dann Pali-Texte, die er während der Ordinationsfeier aufsagt. Die Feierlichkeiten können einen ganzen Tag in Anspruch nehmen. Der zukünftige Bhikkhu begibt sich, mit geschorenem Haupt und dem weißen Naga-Gewand bekleidet, in einer Prozession von seinem Wohnort zum Kloster. Es kommt vor, daß er auf Schultern getragen wird. In der Hand hält er einen blühenden Lotos und Räucherstäbchen; über ihm ist ein großer goldfarbiger Schirm ausgebreitet, der den *Naga* vor der Sonne schützen soll. Die Eltern des Sohnes tragen die acht typischen Mönchsrequisiten: Almosenschale, drei Roben, einen Gürtel, Rasiermesser, eine Nadel und einen Wasserfilter. In der eigentlichen Zeremonie bezeugt der Kandidat sein ernstes Begehren, dem *Sangha* angehören zu wollen, und bittet den ältesten Mönch um Zustimmung. Frage und Ant-

7. Vgl. *Prasert Ruangskul:* Buddhist Ordination, in: WFB Review XV (1978), S. 19f.

wort nach festgelegtem Ritus wechseln einander ab; schließlich stimmt die Mönchsgemeinde der Aufnahme zu. Der Bhikkhu darf nun die gelbe Robe anziehen. Während der Zeremonie werden buddhistische Kerntexte rezitiert. Anders als beim christlichen Mönchtum, bedeutet die Bhikkhuschaft keine lebenslange Verpflichtung. Die Mönche können jederzeit auf eigenen Wunsch den Orden verlassen. Verstößt dagegen ein Bhikkhu gegen die vier großen Verbote (Geschlechtsverkehr, Diebstahl, Mord, Anmaßung von Vollkommenheit), so wird er aus dem Orden ausgestoßen. Außerdem gibt es dreizehn Vergehen, die einen vorübergehenden Ausschluß nach sich ziehen sowie 99 Vergehen, die zu einer schlechten Weiterverkörperung führen, wenn sie nicht bereut werden.

Der Tagesablauf eines Bhikkhu ähnelt dem des Buddha: Zwischen vier oder fünf Uhr morgens steht er auf und legt die gelbe Robe an. Nach dem Genuß einer Schale Tee spricht er die dreifache Zufluchtsformel (»Ich nehme meine Zuflucht zum Buddha – Ich nehme meine Zuflucht beim Dhamma – Ich nehme meine Zuflucht beim Sangha«) und hält anschließend eine etwa einstündige Meditation. Danach werden notwendige tägliche Arbeiten im Kloster und Garten verrichtet. Der Bhikkhu begibt sich zum Bodhi-Baum und schreitet mit achtsamen Schritten auf und ab. Der Vormittag ist dazu bestimmt, Essen und andere Almosen bei den Laienanhängern zu sammeln. Dadurch übt sich der Beschenkte in Demut und Bescheidenheit und bricht seinen eigenen Stolz. Der Gebende aber erwirbt sich Verdienste, d. h. sammelt heilvolles Karma. Der Rest des Tages gilt dem Studium der heiligen Schriften. Es gibt Mönche, die die Meditation besonders pflegen, um *arhat* zu werden, d. h. jemand, der zu Lebzeiten das Leiden überwunden hat und nach dem Tode in das Nirvana eingeht; andererseits gibt es solche, die die Heiligung auf dem Wege des Dienstes an der Gesellschaft anstreben. Heute sind viele Mönche in der Sozialarbeit tätig.

Bhikkhu und Laienanhänger sind eng aufeinander angewiesen, bedingen sich geradezu gegenseitig: Die Laienanhänger versorgen die Bhikkhus mit dem Lebensnotwendigen; die Bhikkhus andererseits unterweisen sie in der Lehre und im heiligen Wandel.

Die Organisation des Sangha in Sri Lanka (Ceylon)[8]

Sangha

(Im Unterschied zu Burma und Thailand gibt es kein religiöses Oberhaupt [Sangha raja].)

3 Sekten:

Ramanya Nikaya — *Siam Nikaya,* — Amarapura Nikaya

Zweig Malwatte

Zweig Asgiriya

siehe Malwatte

Mahanayake Thera (Oberhaupt)

Anunyake (Stellvertreter)

Versammlung der älteren Mönche (Thera), meistens Äbte der Klöster

Mönche (Bhikkhus):
Dorfberater, Lehrer, Erzieher
Novizen (Samaneras)

Tempelgehilfen

8. Aus: *Heinz-Jürgen Loth, Monika Tworuschka* und *Udo Tworuschka (Hg.):* Christsein im Kontext der Weltreligionen, Frankfurt am Main und München 1981, S. 52.

7. Die religiöse Praxis: Die Puja

Im Mittelpunkt der buddhistischen Glaubenspraxis steht die *puja*, die kultische Verehrung des Buddha. Sie stellt eine komplexe Symbolhandlung, ein meditatives Zeremoniell dar. Die deutschen Buddhisten haben einen möglichen Pujaverlauf entworfen, der hier wiedergegeben werden soll[9]: Auf dem Altar befindet sich auf einer Erhöhung die Buddha-Statue und eine brennende Kerze. Davor sind sieben Kerzen halbkreisförmig aufgestellt, davor eine Wasserschale, links eine Kerze, rechts eine gefüllte Wasserkanne. Außerdem gehören zu den notwendigen Requisiten Räucherstäbchen, Blumenschmuck und ein Gong.
Die Opfergaben: Blumen, Kerzen und Weihrauch enthalten eine reiche Symbolik. Die hinfällige Schönheit der *Blumen*, die bald verwelken, soll an die Vergänglichkeit alles Seins erinnern: »Diese Blumen, frisch in der Farbe, süß duftend und erlesen / Bringe ich dar zu den heiligen, lotusgleichen Füßen des edlen Weisen. / Mit vielen Blumen verehre ich den Buddha. / Und durch sein Verdienst möge mir Erlösung zuteil werden. / Wie selbst die Blumen dahinwelken müssen, so geht auch mein Körper der Vernichtung entgegen.«
Die *Kerzen* erinnern an den großen Meister Buddha, dessen *bodhi* die Dunkelheit des Nichtwissens vertreibt. Der *Weihrauch* schließlich symbolisiert den süßen und reinigenden Duft der Lehre *(dhamma)*, die das ganze Bewußtsein durchdringt. Darüber hinaus symbolisiert es den angenehmen Duft heilvoller Taten, die man schon von fern erkennt.
Die Pujafeier beginnt mit der Rezitation der Formel: »Om – Namo Buddhaya – Namo Triratnaya«. Die linke Kerze am Buddhalicht wird mit den Worten angezündet: »Das Licht der Erleuchtung will ich weiterreichen, um das Dunkel des Unwissens zu erhellen.« Die Kerze wird auf ihren Platz zurückgestellt; dabei wird gesagt:

9. Buddhistische Andacht (Puja), in: Buddhistische Monatsblätter 24 (1978), S. 139–142. – Vgl. auch *H. Saddhatissa* und *Russell Webb:* A Buddhist's Manual, London 1976.

Nun »vergegenwärtige ich mir die sieben Glieder der Erleuchtung.« Die 7 Kerzen werden nacheinander angezündet, die erste am Buddhalicht, die weiteren jeweils an der vorherigen, mit den dreimal gesprochenen Sätzen:

Sati sambojjhanga (Achtsamkeit) – Dhamma-vicaya sambojjhanga (Lehrergründung) – Viriya sambojjhanga (Tatkraft) – Piti sambojjhanga (Freude) – Passaddhi sambojjhanga (Ruhe) – Samadhi sambojjhanga (Sammlung) – Upekkha sambojjhanga (Gleichmut).

Dann wird Wasser aus der Kanne in die Wasserschale gegossen; dabei wird gesagt: »Wie das Wasser in der Schale gesammelt, gebändigt, nutzbar wird, so werde ich auch das Gemüt im Gefäß der Lehre fassen, daß es Werkzeug wird des Weges. Erkennend will ich nun betrachten das Feste, innen und außen – das Flüssige, innen und außen – das Feurige, innen und außen – das Luftige, innen und außen. Das gehört mir nicht, das bin ich nicht, das ist nicht das Selbst. Körper, Geist und auch Gemüt loszulassen will ich üben, um Erleuchtung zu gewinnen.«
Nach kurzem Bedenken werden die Verehrungsformeln, Zufluchtsformeln sowie die fünf Verhaltensregeln jeweils dreimal hintereinander auf Pali gesprochen. Danach folgt eine Rezitation der Kernaussagen der Buddha-Lehre in Gestalt der vier edlen Wahrheiten, Aussagen zur Nicht-Ich-Lehre, sowie der 12fachen Ursachenkette und der achtfache edle Pfad. Beschlossen wird die Puja mit der Rezitation der *Metta-Sutta.*
Die Riten des nibbanischen Buddhismus sind ihrem Wesen nach nicht auf die Erreichung bestimmter Absichten gerichtet. So sind etwa Opferungen vor Buddhastatuen für die Erlangung des Nirvana im Grunde bedeutungslos. Nach Auffassung der buddhistischen Gelehrten sind sie nur legitim als Ausdruck der tiefen Verehrung des dahingegangenen Buddha. Man betet Buddha also nicht an, sondern man ehrt sein Angedenken. Der Buddha selbst ist ja in das Nirvana eingegangen und daher unerreichbar; sein Einfluß dagegen dauert fort.

8. Kleines Lexikon: Feste

Buddhistische Festtage, die in ihrer Ausgestaltung von Land zu Land divergieren, fallen stets auf einen *Uposatha*-Tag. Buddhistische Feiertage erinnern an bestimmte Ereignisse aus dem Leben Buddha Shakyamunis. Einige besonders wichtige Feste sollen herausgegriffen werden.
Wie in anderen Traditionen, so wird auch in buddhistischen Ländern ein *Neujahrsfest* begangen. Es dauert 3–4 Tage und findet im April statt. Erst nachträglich wurde es buddhisiert, und es ist kaum buddhistischer, als unser Neujahrsfest christlich ist. Von überragender Bedeutung ist das »dreimal heilige« *Vesakh-Fest*. Es hat seinen Namen vom Monat Vesakh, der in den April/Mai fällt. An diesem Vesakh-Vollmondtag denken Buddhisten seit dem 12. Jahrhundert an drei Ereignisse von überragender Bedeutung: die Geburt Buddhas, seine Erwachung und sein Eingehen in das Nirvana. In *Nepal* beispielsweise ist Vesakh ein öffentlicher Ruhetag, und niemand darf an diesem Tag lebende Wesen töten. Schon eine Woche vor dem Vesakh-Tag strömen die Laienanhänger in die Tempel und zu öffentlichen Plätzen, um die Buddha-Lehre verkündigt zu bekommen. Die Häuser und Straßen sind geschmückt, man lädt bevorzugt zu dieser Zeit Verwandte ein. Man baut eine Pagode in Miniaturform nach, schmückt sie mit Blumen und stellt ein Buddha-Bild hinein. Mehrere Menschen tragen dieses Gestell auf ihren Schultern durch die Straßen; eine riesige Menschenmenge folgt. Interessanterweise ist in Japan, dem größten asiatischen buddhistischen Land, Vesakh-Uposatha so gut wie unbekannt. Der japanische Mahayana-Buddhismus, hauptsächlich der Zen, begeht die drei Ereignisse getrennt voneinander (vgl. Amida-Buddhismus, S. 215 ff.).

9. Abriß: Der Buddhismus in Deutschland[10]

● *Anfänge des Buddhismus in Deutschland*

Mit den großen asiatischen Traditionen wurde Deutschland erst im 18. Jh. bekannt. Die Bhagavadgita, Veden, Mahabharata, Shakuntala sowie Schriften des Buddhismus fanden großes Interesse bei Dichtern, Philosophen und Wissenschaftlern. Buddhismus und Brahmanismus wurden damals häufig in einem Atemzug genannt und nicht unterschieden. Es war der nie aus Königsberg hinausgelangende *Immanuel Kant* (1724–1804), der sich als *Geograph* mit Indien beschäftigte und hauptsächlich über den Hinduismus, gelegentlich auch Buddhismus spricht. *Johann Gottfried Herder* (1744–1803) berichtete aufgeschlossen über Indien, die Wiege der Menschheit. Vom Buddhismus jedoch weiß er wenig zu sagen. Es finden sich bei ihm Aussagen über Tibet, insbesondere über das Klima und die Sittenlehre der Mönche. Herders großes Interesse an der indischen Kultur ließ ihn zu einem der wichtigen Wegbereiter des Buddhismus in Deutschland werden. Von den Romantikern war es vor allem *Schelling* (1775–1854), der sich ausgiebig mit dem Buddhismus beschäftigte. *Georg Wilhelm Friedrich Hegel* (1770–1831) setzte sich für seine Zeit erstaunlich ausführlich mit dem Buddhismus auseinander. Dies lag allerdings weniger in seinem Indien- bzw. Buddhismus-Interesse begründet, sondern ergab sich daraus, daß er in diesem Zusammenhang sich mit zeitgenössischen Meinungen beschäftigte. Wie viele seiner Zeitgenossen hielt Hegel den Buddhismus für Atheismus, in dessen Mittelpunkt das Versenken in das angebliche Nichts steht. Er sieht den Buddha negativ und verwechselt offensichtlich den an seiner Zehe saugenden kleinen Krishna-Knaben (→ S. 88) mit dem meditierenden Buddha: »... in denkender Stellung, Füße und Arme übereinandergelegt, so daß

10. Vgl. jetzt grundsätzlich *Klaus-Josef Notz:* Der Buddhismus in Deutschland in seinen Selbstdarstellungen (= Europäische Hochschulschriften, Reihe XXIII: Theologie, Bd. 223), Frankfurt am Main u. a. 1984.

eine Zehe in den Mund geht – dieses Zurückgehen in sich, dies an sich selbst Saugen ...« Der pessimistische Philosoph *Arthur Schopenhauer* (1788–1860), der nach eigener Aussage keine christlichen Symbole, sondern einen vergoldeten Buddha aus Tibet zu Hause stehen hatte, verhalf dem Buddhismus in Deutschland zum Durchbruch. Schopenhauer, der seine Indienkenntnisse schon aus dem zunehmenden wissenschaftlichen Schrifttum beziehen konnte, entdeckte erst spät eine Reihe von Affinitäten zwischen seiner Philosophie und der Religion Buddhas. Sein »Wille« entsprach dem Daseinsdurst *(tanha),* das »Erkennen« als einziges Lebensglück setzte er dem »achtfachen Pfad« gleich. Um die Übel des Lebens zu überwinden, war Mitleiden erforderlich usw. Die durch Schopenhauer stark betonte pessimistische Linie, die das Christentum als *die* Religion des Pessimismus in Parallele zum gleichfalls pessimistischen Buddhismus stellte, wurde insbesondere durch *Richard Wagner* (Tannhäuser, Parsifal) und *Friedrich Nietzsche* aufgenommen, der im Buddhismus die einzige positivistische Religion sah.
Ungefähr seit dem letzten Drittel des 19. Jh. wurden buddhistische Grundtexte ins Deutsche übersetzt. Insbesondere nahmen sich einige buddhistische Verlage der Betreuung solcher Übersetzungsvorhaben an und unterstützten so die buddhistische Bewegung in Deutschland. Vor allem auch durch den Kontakt mit buddhistischen Ländern (hauptsächlich Ceylon und Burma; später Thailand), wo zahlreiche deutsche Buddhisten (mehr als 100) sich mit den Lehren des Buddha vertraut machten, wurde die Grundlage der deutschen buddhistischen Bewegung gelegt. Seit 1958 gibt es die *»Deutsche Buddhistische Union« (DBU)* in Hamburg, einen Dachverband, dessen Mitglieder die einzelnen buddhistischen Gemeinschaften in Deutschland sind. Ihre Aufgabe liegt in der Betreuung kleinerer Gruppen sowie in der Kontaktpflege mit den anderen europäischen und asiatischen Gemeinschaften. Seit 1984 ist anstelle des bisherigen Präsidenten *Max Glashoff,* der aus Altersgründen nicht mehr kandidiert hatte, der zur AMM (→ S. 152) gehörende *Karl Schmied* Präsident der DBU. Die DBU bemüht sich um eine Anpassung des buddhistischen Erbes an die säkularisierte westliche Welt, um die Konstituierung einer alle buddhistischen Richtungen umfas-

senden Ökumene und um den Dialog mit anderen Religionsgemeinschaften, insbesondere dem Christentum.

● *Gemeinden auf hinayanistischer Grundlage*

1. Georg Grimm[11] *und die altbuddhistische Gemeinde*

Der deutsche Buddhismus ist keine einheitliche Größe, sondern zeigt eine erstaunliche Vielfalt, deren Ursache in den buddhistischen Schulrichtungen und den deutschen Gründergestalten liegt. Die meisten deutschen Buddhisten berufen sich auf den Pali-Kanon. Daneben gibt es tibetisch und japanisch orientierte Gemeinden. Die von *Georg Grimm* und *Karl Seidenstücker* 1921 gegründete »Altbuddhistische Gemeinde«, deren Zentrum das Buddhistische Haus Georg Grimm in Utting am Ammersee darstellt, ist eine sehr aktive, dem bedeutenden Erbe Georg Grimms verpflichtete Gemeinschaft. Dr. Georg Grimm (1868–1945) sollte nach dem Wunsch seiner Eltern Priester werden. Ernsthafte Gewissensnöte, Zweifel an der Existenz eines persönlichen Gottes und an den christlichen Dogmen, ließen ihn das Theologiestudium aufgeben. Grimm studierte fortan Jura und wurde Richter. Als »mildester Richter Bayerns« (so die Widmung auf einem Kranz) war er in der Lage, seinen Mitmenschen zu helfen. Grimms sog. *Altbuddhismus* ist nach § 3 der Satzung der Altbuddhistischen Gemeinde *keine* Theravada-Schule, die ja schon eine spätere Entwicklung darstellt. Die Altbuddhistische Gemeinde fußt auf dem Pali-Kanon. Im Fluchtpunkt der überaus zahlreichen und gelehrten Werke Grimms steht sein transzendentes Verständnis der *anatta-Lehre*. Ausgehend von der Erkenntnis des Buddha (»Es gibt, ihr Mönche, ein Ungeborenes, Ungewordenes, Ungeschaffenes, Nichthervorgebrachtes ...«, Itivuttaka 43), vertrat Grimm als Grundthema seiner Schriften die Ansicht, daß es ein Ich jenseits der »fünf Gruppen« gebe, eine Ansicht, wie sie in der religionswissenschaftlichen Diskussion vor allem auch Gustav Mensching z. B. gegen Helmuth von Glasenapp

11. Vgl. einführend: *Max Hoppe:* Georg Grimm, Sonderdruck aus Yana XXVI (1973) 1. Heft, S. 1–39.

vertreten hatte. Seit dem Tode des »Mahathera« ist der Neubeginn der Gemeinde im schön gelegenen Utting hauptsächlich dem Wirken von Grimms Tochter *Maya Keller-Grimm* (die u. a. schöne Gedichtsammlungen herausgegeben hat) sowie dem jetzigen Leiter *Max Hoppe* (Dhammapalo) zu verdanken. Die Gemeinde gibt die seit bald vier Jahrzehnten zweimonatlich erscheinende Zeitschrift »Yana« heraus, die Beiträge zur buddhistischen Lehre enthält und auch zu Problemem der heutigen Zeit Stellung nimmt.

2. Paul Dahlke
Der zweite der großen alten deutschen buddhistischen Gemeindegründer war der Berliner homöopathische Arzt *Paul Dahlke* (1865–1928), der 1924 das »Buddhistische Haus« in Berlin-Frohnau gründete. 1957 wurde es von der »German Dharmaduta Society« (Colombo, Sri Lanka) übernommen, und so finden sich ständig singhalesische Mönche dort. Dahlke hatte auf mehreren Asienreisen den Buddhismus kennengelernt und beherrschte die Grundsprachen, um Pali-Texte zu übersetzen. Seine wichtigste Aufgabe sah er darin, den Buddhismus nach Europa zu verpflanzen. Dahlke verfaßte zahlreiche Schriften und vertrat nach eigener Ansicht die reine Lehre des Theravada. In Berlin wurden regelmäßig die großen Vollmondfeiern abgehalten. In vielem war Dahlke das genaue Gegenstück zu Georg Grimm.

3. Kleinere Gemeinschaften
Zu erwähnen sind außerdem noch die *Buddhistische Gesellschaft Hamburg* (Zeitschrift: »Buddhistische Monatsblätter«, in der alle buddhistischen Richtungen zu Wort kommen) sowie das von *Paul Debes* geleitete *Buddhistische Seminar* (Zeitschrift: »Wissen und Wandel«, die fast ausschließlich Kernstücke des Pali-Kanons interpretiert). Daneben gibt es noch in vielen bundesdeutschen Städten buddhistische Gemeinden.

● *Gemeinden auf mahayanistischer Grundlage*
1. Es gibt eine Reihe von buddhistischen Gemeinden, die auf dem

Boden des *tibetischen Vajrayana*[12] (→ S. 161 ff.) stehen, der auf breiteres Interesse etwa ab den 60er Jahren stieß, als die ersten Flüchtlinge aus Tibet nach der kommunistischen Machtergreifung nach Europa kamen. Das bedeutendste Zentrum ist der Orden *Arya Maitreya Mandala* (Zweig für Westeuropa), abagekürzt AMM, der 1952 im indischen Sanchi und in Berlin verkündet wurde. Der Ordensmeister ist einer der größten westlichen Interpreten des Vajrayana-Buddhismus überhaupt: der aus Sachsen stammende, wissenschaftlich und künstlerisch vielseitige Lama *Anagarika Govinda* (geb. 1898). Zu seinen Hauptwerken zählen »Grundlagen tibetischer Mystik« (1958) und »Der Weg der weißen Wolken« (1966), in dem er »Erlebnisse eines buddhistischen Pilgers in Tibet« schildert. Sein designierter Nachfolger ist der Leiter des Ordenszweiges für Westeuropa, Dr. med. *Karl-Heinz Gottmann.* Im Mittelpunkt dieser die buddhistischen Schulen verbindenden Richtung steht der Bodhisattva Maitreya, der von allen buddhistischen Richtungen anerkannt wird.

Tibetisch ausgerichtet ist auch die kleine *Buddhistische Gemeinde am Niederrhein* (Moers), die von Rev. *Wilhelm Müller* (Anagarika Subhuti) selbstlos und engagiert geleitet wird. Die Gemeinde gibt die Zeitschrift »Der Pfad« heraus, die sich häufig aktuellen Problemen widmet. Anagarika Subhuti setzt sich besonders für Tierschutz, Vegetarismus und den Kampf gegen Rauschmittel ein.

Das 1977 gegründete *Tibetische Zentrum* (Hamburg), das unter der Schirmherrschaft des XIV. Dalai Lama steht, hilft insbesondere Exil-Tibetern bei der Erhaltung ihrer Kultur. Zu erwähnen ist schließlich noch das *Kamalasila Institut für buddhistische Studien des Karma-Kagyu-Vereins* in Wachendorf (Mechernich, Eifel). Die vielerlei tibetischen Gemeinden gehören unterschiedlichen Traditionen an, obgleich die Grenzen bisweilen fließend sind.

2. Als erster vertrat in Deutschland der Berliner *Harry Pieper* (1907–1978) seit 1954 den japanischen *Amida*-Buddhismus (→

12. Vgl. *Klaus-Josef Notz:* Der Tibetische Buddhismus in Deutschland. Versuch einer Bestandsaufnahme und Wertung (= Information Nr. 91, VII/84), EZW-Texte (Lit!).

S. 215 ff.). Sein Erfolg war jedoch sehr gering. Posthum wurde ihm auf der 3. Europäischen Shin-buddhistischen Konferenz (18.–22. 8. 1984) der Ehrentitel »Shogon Hashi« (ehrwürdiger Meister) verliehen. Ein engagierter und qualifizierter Vertreter im deutschsprachigen Raum ist heute *Friedrich Fenzl*, Repräsentant der Österreichischen Jodo-Shin-Gemeinschaft, der Pieper als seinen Lehrer betrachtet.

3. Es gibt etwa zwei Dutzend *Zen-Buddhistische* Gemeinden (→ S. 227ff.) in der Bundesrepublik Deutschland. Zur Popularisierung des Zen haben insbesondere die Werke *Eugen Herrigels* (»Zen in der Kunst des Bogenschießens«) beigetragen, auf die im Laufe der letzten drei Jahrzehnte eine große Anzahl deutschsprachiger Zen-Bücher folgte.

10. Der Mahayana-Buddhismus

Eigentliche Weltreligion ist der Buddhismus in seiner *Mahayana-Form* geworden. Der Ausdruck *Mahayana* wurde von Anhängern dieser religiösen Richtung geprägt und bezeichnete das größere Fahrzeug, auf dem nicht nur – wie bei dem kleinen und daher minderwertigen Fahrzeug *Hinayana* – der einzelne an sein eigenes Heil dachte, sondern das Heil der vielen im Mittelpunkt stand. Auf dem zweiten »Konzil« in Vesali (383 v. Chr.) gab es Unstimmigkeiten in praktischen Ordensangelegenheiten. 700 Mönche berieten u. a. über neue Speisebestimmungen sowie über die Erlaubnis, Geld anzunehmen, über den Besitz einer Decke usw. Möglicherweise lag der Spaltung aber auch die Diskussion des *»arhat«* zugrunde. Gegenüber den konservativen Mönchen vertrat eine liberale Gruppe die Ansicht, daß der *arhat* noch nicht zwischen Gut und Böse stünde, sondern noch an das *samsara* gebunden, noch nicht frei von Zweifeln usw. sei. Die oppositionelle Gruppe stellte dem *arhat* ihr *bodhisattva*-Ideal gegenüber. Beim ersten großen Schisma spalteten

sich die *Mahasanghika* (»große Gemeinde«), denen die Probleme der Laienanhänger am Herzen lagen, von den Konservativen, den *Sthaviravadins* (skr. = Anhänger der Lehre des Alten) bzw. auf Pali *Theravadins.* Es blieb nicht bei der Zweiteilung, und ein Schisma folgte dem anderen. Schließlich entstanden mehrere Schulen, von denen nur noch die Theravadins heute übriggeblieben sind.
Der Mahayana-Buddhismus wurde von mehreren vorhergehenden Richtungen sowohl der konservativen wie auch progressiven geprägt. Die Theravada-Richtung ist also nicht identisch mit dem Urbuddhismus, sondern eine sehr alte und sehr konservative Spielart des Frühbuddhismus, auch Abhidhamma-Buddhismus genannt.
Die Vertreter des Mahayana-Buddhismus hielten ihre Religion nicht nur für bedeutender und größer, weil sie Erlösung für viele bedeutet, sondern auch, weil sie hochbedeutsame Schriften gefunden zu haben behaupteten, die angeblich auf den Buddha selbst zurückgingen, aber bislang verborgen gehalten wurden. Sie geben sich als *Sutren,* d. h. als Reden Buddhas aus, in denen Buddha Shakyamuni Mahayana-Gedanken geäußert habe. Man hielt die Schriften nur deshalb so lange verborgen, weil die Menschen noch nicht zu ihrem tiefen Verständnis reif waren. Zu den wichtigsten Mahayana-Texten zählen die folgenden:

11. Kleines Lexikon: Heilige Schriften des Mahayana[13]

1. Der *Lalitavistara* (»die ausführlichen Erzählungen vom Spiel« des Buddha): eine legendarische Buddha-Biographie, in

13. *Peter Pfandt:* Mahāyāna Texts Translated into Western Languages. A Bibliographical Guide, Köln 1983 (= Veröffentlichung des Religionswissenschaftlichen Seminars der Universität Bonn, hg. von *H.-J. Klimkeit*).

der das historische Leben in überirdische Zusammenhänge gestellt wird (Wundererzählungen).
2. Der *Saddharma-pundarika-Sutra*: »Der Lotos der guten Lehre (→ S. 224 ff.), entstanden um 200 n. Chr. In diesem wichtigsten Mahayana-Sutra wird Buddha als göttliches Wesen geschildert, dessen Nirvana nur doketischen Charakter hat.
3. Die *Prajnaparamita-Sutras* (»Das Buch von der vollkommenen Weisheit«). Riesige Textmassen, die die Idee der »Leerheit« thematisieren.
4. Der *Sukhavati-vyuha*: (»Beschreibung des Landes der Seligkeit«). Beschreibt das reine Land im Westen, in dem Buddha Amithaba wohnt (→ S. 215 ff.).
5. Der *Shikshasamuccaya* (»die Summe der Lehre«) enthält 27 sog. Karikas, d. h. einprägsame Memorialverse, und ist für die Mahayana-Ethik bedeutsam (Entstehung etwa Mitte 7. Jh. n. Chr.). Der Text behandelt alle Merkmale der Mahayana-Lehre.
6. Die *Avadanas* (»religiöse, moralische Großtaten«), die Geschichten aus den früheren Geburten des Buddha enthalten, sollen in einer Moral enden, derzufolge niemand seinem karmischen Schicksal entrinnen kann.

12. Gemeinsamkeiten und Unterschiede zwischen Theravada und Mahayana[14]

● *Gemeinsamkeiten*

1. Alle buddhistischen Lehrrichtungen halten das individuelle Dasein für *leidhaft* und daher *erlösungsbedürftig*.
2. Die Idee der *Weiterverkörperung* im nächsten Leben, der Karma-

14. Ich folge hier der Darstellung von *Hans-Wolfgang Schumann:* Buddhism. An outline of its teaching and schools, London 1973, S. 91 ff.

Gedanke: die Idee der Tat, die durch vorausgegangene Taten bedingt ist und selbst wiederum weitere Taten bewirkt.

3. Gemeinsame Annahme ist, daß die Welt, in der wir leben, nicht die einzige ist, sondern eine von vielen Millionen, die waren oder noch sein werden. Es wird kein Schöpfergott angenommen, der die Welt in Gang setzt, sie erhält und nach seinem Plan einem Ziele zuführt.

4. Weiterhin gemeinsam ist die Auffassung, daß die phänomenale Erscheinungswelt substanzlos, ohne Selbst *(an-atta)* ist und sich ständig verändert.

5. Was das Heilsziel betrifft, so lehren Theravada und Mahayana das Verlöschen der leidhaften Person *(Nirvana).*

6. Schließlich teilen alle Richtungen die Überzeugung, daß Erlösung nur über die Beseitigung der drei Grundübel *Gier, Haß* und *Wahn* sowie durch anschließende Erwachung *(bodhi)* möglich ist.

7. Der Glaube an Buddha, sei er der historische Meister und Arzt, der die Religion stiftete bzw. – zutreffender – der den alten Pfad wiederentdeckte oder der Übermensch bzw. das transzendente Himmelswesen, vereint alle Schulen, obwohl die Bedeutung des Glaubens variiert.

● *Unterschiede*

1. Der *Mahayana*- Buddhismus kennt die Vorstellung einer *Übertragbarkeit des Karmas.* Der konservative Buddhismus lehrt nur ein *persönliches* Karma, das jeder Mensch selbst bewirkt und das bei jedem ganz allein seine Wirkungen zeigt. In der Moderne vertraten Theravadins trotzdem die Idee eines »kollektiven Karmas« (das Volk, die Gruppe, die durch ein gleiches Schicksal geprägt ist). Der Mahayana dagegen durchbricht die strenge Kausalität und hält es für möglich, daß bestimmte Wesen ihr angesammeltes positives Karma auf Bedürftige übertragen.

2. Das Heilsziel macht eine Wandlung durch. Nicht mehr das Eingehen in das leidenschaftslose Nirvana ist Höchstwert, sondern der Status des *Bodhisattva,* des Buddha-Kandidaten, der so lange auf sein Eingehen in das Nirvana verzichtet, bis er alle Wesen gerettet hat. Das eigene Verlöschen wird sekundär.

3. Die Mahayanins lehren ein *ewiges Absolutes.* Dies ist aber nichts Jenseitiges, sondern dem *samsara* immanent. Die normalem Verstand nicht einsichtige Gleichung lautet: *Nirvana ist samsara.* In der Leerheit der Dharmas ist das Absolute zu erkennen. Alle Wesen sind im Kern mit dem Absoluten, der *ewigen Buddha-Natur,* identisch. Nirvana ist für das Mahayana nicht etwas, was nach langem Prozeß erst noch zu schaffen wäre. Nirvana ist vielmehr die Bewußtwerdung der eigenen Buddhanatur. Ein Mahayanin ist gleichsam von Anfang an erlöst, er muß sich nur daran erinnern.
4. Der Mahayana-Buddhismus ist ein *Idealismus.* Leiden ist für ihn nur Schein, während es für den Theravada-Buddhismus real ist.

13. Buddha Shakyamuni und die vielen Buddhas – Grundzüge der Buddhologie

● *Die vielen Buddhas*

Buddha Shakyamuni, der »Weise aus dem Shakya-Geschlecht«, war eine historische Persönlichkeit. Doch war er darüber hinaus und wesentlich ein »Typus der in einem bestimmten Individuum seine Verwirklichung gefunden hat« (E. Conze). Als Buddha und »Erwachter« stand er im Gegensatz zu den schlafenden Weltmenschen. Von Anfang an waren buddhistische Dogmatiker bemüht, die Buddhaschaft auf den historischen Buddha zu begrenzen. Grundsätzlich konnte ja jeder, der den edlen achtfachen Pfad beschritt, bodhi erlangen, d. h. Buddha werden. Allmählich wurde der Buddha jedoch über die gewöhnlichen Menschen hinausgerückt. Man glaubte, der Buddha könnte den Heilsuchenden auf magische Weise beistehen und Wunder wirken. So kam es zur Herausbildung mehrerer *yanas* (Laufbahnen): Auf der untersten Stufe stand der *arhat,* der »einsam wie ein Rhinozeros« seine Straße ziehende Mönch-Heilige, der sein eigenes Heil nicht sich selbst, sondern der Belehrung durch andere verdankt. Auf höherer Stufe steht der *paccekа-*

buddha, der »Einzelerwachte«, der zwar die Wahrheit selbst gefunden hat, aber nur für sich anwendet. Für die Glaubenspraxis sind solche pacceka-buddhas ohne Bedeutung. Sie kommen im Unterschied zum *samma-sam-buddha*, zum »Vollkommen Erwachten«, der seine Botschaften anderen verkündet, auch in größerer Zahl vor. Buddha Shakyamuni war ein solcher vollkommen Erwachter. Vor ihm gab es schon sechs vollkommen Erwachte. Sie erscheinen immer, wenn auf Erden die Gerechtigkeit darniederliegt. Im Hinayana-Buddhismus gibt es neben einer *Siebener-Reihe* später auch die Auffassung von 25, ja Millionen von Buddhas. Alle Buddhas besitzen bestimmte Eigenschaften: Sie können nicht getötet werden, besitzen die 32 unverlierbaren körperlichen Merkmale, leiden niemals Bedarf, erscheinen nicht eher auf dieser Welt, bis die Lehre der vorherigen Buddhas so weit verschwunden ist, daß sie nicht mehr zum Heil ausreicht. Alle Buddhas werden in Indien und nur als Männer geboren. Nach Siddharta Gautama wird noch ein zukünftiger Buddha, der Buddha *Maitreya* (der Mitleidvolle) erscheinen. Dieser »Messias« tritt in einer allgemeinen Krisensituation auf, in der alles sich im Niedergang befindet. Ein König erscheint und wird ein Friedensreich aufrichten, diesem folgt der Buddha Maitreya. Aber auch auf diesen folgt in Zukunft ein weiterer Buddha, so daß keine Aufhebung des zyklischen Weltbildes vorliegt.

● *Die drei Körper des Buddha*

Ein wesentliches Merkmal der Mahayana-Lehre ist die schon im Hinayana ansatzweise entwickelte *tri-kaya-Lehre*, die Lehre von den »drei Körpern«. Man unterscheidet drei Körper des Buddha: 1. *Dharmakaya;* 2. *Sambhogakaya;* 3. *Nirmanakaya.* Nach der Definition von Hans-Wolfgang Schumann ist *Dharmakaya* »die in sich selbst ruhende, gleichzeitig immanente und transzendente Wahrheit oder Wirklichkeit aller Wesen und Erscheinungen: das unzerstörbare, zeitlose Absolute, das Eine Wesenhafte in und hinter allem Gewesenen, Daseienden und Kommenden. Er ist Träger und Gegenstand der Erleuchtung-Buddhaschaft.«[15] *Sambhogakaya* (Ge-

15. *Schumann:* Buddhism, S. 77.

nuß- und Wonneleib) bezeichnet den mit den menschlichen Sinnen unerfaßbaren, transzendenten Buddha als ein überirdisch-ätherisches Wesen, das man um Fürbitte für eine bessere Wiedergeburt ersucht. Der Buddha *Amithaba* (bzw. Amitayus – oder in Japan: Amida → S. 215 ff.) ist ein solcher Genußleib-Buddha. Die Sambhogakayas sind die Lehrer der im Mahayana zu großer Bedeutsamkeit und Volkstümlichkeit gelangten *Bodhisattvas* (→ S. 160). Unter *Nirmanakaya* (»grobstoffliche Wirklichkeit«) wird schließlich der sich auf Erden physisch manifestierende individuelle Buddha verstanden.

14. Heilswege im Mahayana-Buddhismus

● *Der Weg der Weisheit*

Im Mahayana-Buddhismus kann man mehrere typische *Wege zum Heil* unterscheiden. Dabei zeigen sich Übereinstimmungen zu den hinduistischen *margas* (Wege). Letztlich sind es wohl typische, d. h. religionsgeschichtlich konstante Strukturen, die sich hierin ausdrücken. Dem »Weg der Erkenntnis« *(jnana marga)*, der die *unio* von *atam* und *braham* lehrte, steht im Mahayana der »Weg der Weisheit« gegenüber. Sein charakteristischer Begriff ist die »Leerheit« *(shunyata)*, eine zwischen Sein und Nichtsein stehende Wirklichkeit: das Absolute, Ungeborene. Der Weisheitsweg wird in der *Prajnaparamita-Literatur* (»von der Vollkommenheit der Weisheit«) gelehrt. Es kommt darauf an, alle Dinge als »leer« zu begreifen. Auf der Ebene der niederen »Wahrheit der Erscheinung« hält man die Objekte der Erscheinungswelt noch für real; die »höchste Wahrheit« dagegen erkennt die Unangemessenheit der dualistischen Auffassung und begreift, warum *Samsara* und *Nirvana* letztlich eins, d. h. »leer« sind.

● *Der Bodhisattva-Weg*

Diesem Philosophenweg steht der populäre *Bodhisattva-Weg*[16] gegenüber, der Weg der »Heilande«. Ein Bodhisattva ist im Mahayana-Buddhismus ein Wesen *(sattva)*, das sich entweder systematisch um Buddhaschaft *(bodhi)* bemüht bzw. diese schon erreicht hat, doch so lange auf den Eingang in das Nirvana verzichtet, bis alle Wesen erlöst sind. Nicht mehr der »einsam wie ein Rhinozeros« seine Straße ziehende Hinayana-arhat steht im Zentrum, sondern der an die mitleidenden Menschen denkende Bodhisattva. Nicht daß der Buddha Shakyamuni ein egozentrischer Heilssucher gewesen wäre, der etwa nur an sein eigenes Fortkommen gedacht hätte! Er entschloß sich ja, zum Wohle der Menschen, seine Erkenntnis nicht für sich zu behalten. Im Suttanipata, der »Kleinen Sammlung von Lehrvorträgen«, die zum ältesten theravada-buddhistischen Schrifttum gehören, ist ebenfalls davon die Rede, daß derjenige, »der durch eigene Regung in die Lehre eingeweiht ist ... anderen helfen kann durch sein Wissen«. Trotzdem ist das im Hinayana durchaus angelegte altruistische Denken an die Mitwanderer im Samsara erst im Bodhisattva-Ideal des Mahayana zu seiner Blüte gelangt. Zwei Arten von Bodhisattvas gibt es: *transzendente und menschliche.* Bei den *himmlischen Bodhisattvas* handelt es sich um spirituelle Wesen, Heilandgottheiten, die von den Gläubigen in allen Lebenslagen angerufen werden. Ein Bodhisattva nimmt die Last allen Leidens auf sich, duldet und erträgt alles, ist mutig, wenn es darum geht, Menschen zu retten. Aufgrund eines Gelübdes, alle Wesen aus dem Strom des Samsara zu retten, durchlebt er selbst alle Elendslagen und sogar die Schmerzen der Hölle. Es gibt einige berühmte Bodhisattva-Gestalten im ostasiatischen Buddhismus, insbesondere den volkstümlichen, ikonographisch mit 11 Köpfen und tausend helfenden Armen dargestellten Bodhisattva *Avalokitesh-vara*

16. Vgl. *Hans-W. Schumann:* Buddhism, S. 127–132. – Eine Textinterpretation des Shikshasamuccaya gibt *Karl Hoheisel* in seinem Artikel »Buddhismus. Das unendliche Mitfühlen eines Bodhisattva«, in: *Udo Tworuschka* und *Dietrich Zilleßen (Hg.):* Thema Weltreligionen, Frankfurt am Main und München 1977, S. 159–168.

(sanskr. »im Stande der höchsten Erkenntnis zu erreichen«), der zum Inbegriff des gnadenspendenden und barmherzigen Heilands geworden ist. In China wird er als *Kuan Yin,* die weibliche Göttin der Barmherzigkeit, verehrt, angerufen von Schiffern und Fischern, aber auch von Frauen, die Kindersegen und Heilung von Krankheiten begehren. Als Göttin *Kwannon* wird sie in Japan, als *Tschenresi* bei den Tibetern verehrt. Zum Dank für die erfahrene Hilfe sollen die Geretteten selbst Bodhisattva werden wollen, um auch ihre Mitmenschen vom Leiden zu befreien. Diese *menschlichen Bodhisattvas* legen ein spezielles Bodhisattva-Gelübde ab. Der Bodhisattva-Weg ist Mönchen wie Laien, Männern ebenso wie Frauen, zugänglich. Auf einem 10stufigen Pfad erreicht der menschliche Bodhisattva schließlich die höchste Stufe der Bodhisattvaschaft: Er ist allwissend geworden, sein Körper leuchtet über das ganze Universum hin, und schon nach einer weiteren Verkörperung hat er *bodhi* erreicht. – Der »Weg des Glaubens« kommt ausführlich im Zusammenhang mit dem japanischen Amida-Buddhismus zur Sprache (→ S. 215ff.

15. Der Vajrayana-Buddhismus/ Lamaismus[17]

Der Vajrayana-Buddhismus entstand in Indien, wanderte nach Nepal, Tibet und China und gelangte schließlich nach Japan (Tendai- und Shingon-Schule; vgl. S. 205 ff.). Er ist eine *Sonderform* des Mahayana. Vajrayana bedeutet »Donnerkeil« und meint ursprünglich den Blitz-Zepter des vedischen Gottes Indra. Die Vajrayana-Buddhisten beziehen das Wort auf die Erleuchtung und die absolute Leere, aber auch auf das rituelle Zepter des Mönches, der die Dunkelheit des Nichtwissens zerstört. In der Hauptsache findet man

17. Vgl. *Notz:* Tibetischer Buddhismus (Anm. 12).

das Vajrayana in *Tibet* und einigen davon kulturell und religiös abhängigen Staaten (Mongolei, Bhutan, Nepal). Die ältere religionswissenschaftliche Literatur hielt diese Religion für »entarteten« Buddhismus und beschäftigte sich daher wenig mit ihr. Seit einiger Zeit hat das Interesse am religiösen Erbe Tibets jedoch zugenommen. Hierfür mögen mehrere Gründe ausschlaggebend sein: Durch den psychologischen Kommentar C. G. Jungs wurde das geheimnisvolle »Bardo Thödol«, das *Tibetanische Totenbuch*, einer größeren Zahl religiös Suchender bekannt. Die Schriften und Fernsehbeiträge Heinrich Harrers über Tibet sowie die große Tibetausstellung in München fanden ihr Publikum. »Sieben Jahre Tibet« (1966) lautet der Titel eines in vierzig Sprachen übersetzten Bestsellers, der Harrers Leben und Freundschaft mit dem jetzigen 14. *Dalai Lama* (geb. 1935) in faszinierender Weise beschreibt. Die durch die Invasion Chinas hervorgerufene Flucht des Gott-Königs in sein nordindisches Exil Dharamsala (1959) lenkte die Aufmerksamkeit zeitweilig auf die menschliche und politische Tragödie Tibets. Etwa 100000 Exiltibeter leben heute über die Welt verstreut. Der tibetische Buddhismus öffnet sich daher auch bereitwilliger als bisher dem Westen. Seit der Flucht des Dalai Lama und der Zerschlagung der alten tibetischen Kultur ist es in der Bundesrepublik Deutschland zur Gründung verschiedener tibetisch-buddhistischer Gemeinschaften gekommen. Auf religiösem Sektor dürften vor allem die tiefgründigen Schriften des deutschen Buddhisten *Lama Anagarika Govinda* (geb. 1898) das Interesse auch mancher Angehörigen der alternativen Szene an Tibet und seiner Spiritualität geweckt haben.

Der Buddhismus in Tibet – mit seinem gewaltigen Tempelberg, dem Potala in der Hauptstadt Lhasa, – auch *Lamaismus* genannt, vereinigt in sich Elemente autochthoner Religionen (u. a. der Bon-Religion) und des Mahayana: insbesondere spielen die Lehre von der *Leerheit* aller Erscheinungen, die Buddhologie und die Auffassung vom Mitleid eine große Rolle. Seine Hauptleistung liegt im *Praktischen.* Hierbei verwendet das Vajrayana tantristische Methoden. Das Sanskrit-Wort *Tantra* bedeutet wörtlich »Aufzug eines Gewebes« und meint ein System von Riten, das zur höchsten Wirklichkeit führen will. Diese altindische Erlösungslehre, die zeitweilig verborgen unterhalb von Hinduismus und Buddhismus lebte (nachweisbar vom 5. Jh. n. Chr.), gewann im ersten nachchristlichen Jahrtausend großen Einfluß auf beide Religionen. Insbesondere prägte sie den tibetischen Lamaismus.

Der *Tantrismus* lehrt die geistige Vervollkommnung und Erlösung durch schnelle Erreichung der Buddhaschaft. Kernelement des Tantrismus ist der *Kundalini-Yoga,* der Yoga der Schlangenkraft. Insbesondere durch die Schriften Paramahansa Muktanandas[18] (gest. 1982) und Gopi Krishnas[19] wurde diese Meditationsmethode im Westen verbreitet. »Am unteren Ende des Rückgrats schlummert eine mächtige Kraft, die shakti heißt, was auch der Name einer indischen Göttin ist. Die Kraft ist zusammengerollt wie eine Schlange (Kundalini), und mit Hilfe der rechten Technik wird die Kraft geweckt und dazu gebracht, sich das Rückgrat aufwärts zu schlängeln. Jedesmal, wenn sie das Rückgrat überquert, kommt sie an einer der sogenannten Cakras[20] vorüber, einem Kraftzentrum, dessen Kraftpotential aktiviert wird. Da vereinigt sich Shakti – die weibliche Kraft im Menschen – mit der männlichen (bisweilen Shiva genannt ...), und der Yogi erlebt einen Zustand höchster Seligkeit und Befreiung.«[21]

Bei dieser Methode (vgl. S. 92 f.) kam es auch praktisch zu geschlechtlichen Vereinigung zweier in bestimmten Positionen einander gegenübersitzender Meditationspartner, deren sexuelle Ekstase als Mittel zur Befreiung verstanden wird. Daneben gibt es aber auch

18. Vgl. Spiel des Bewußtseins – Chitshakti Vilas. Die geheime Kundalini-Praxis, 1971.
19. Z. B. Höheres Bewußtsein. Die evolutionäre Kundalini-Kraft, 1974.
20. Vgl. die Schrift des ursprünglichen anglikanischen Geistlichen und späteren Theosophen *C. W. Leadbeater:* Die Chakras. Eine Monographie über die Kraftzentren im menschlichen Körper, [5]1984. – Außerdem: *Harish Johari:* Das große Chakra-Buch, Freiburg 1979.
21. *Thomas Hultberg:* Was ist Tantra Yoga?, in: *H. Reller (Hg.):* Handbuch Religiöse Gemeinschaften, Gütersloh, 2. Aufl. 1979, S. 717. Eine Reihe neuhinduistischer Religionen enthält tantristische Elemente (Ananda Marga; Bhagwan und der Rajneeshismus).

nichtsexuelle Meditationsübungen. Das Grundelement des Lamaismus besteht in der engen seelischen Verbindung des Schülers *(tschela)* mit seinem Meister und Guru, dem *Lama.* Dieser genießt eine quasigöttliche Stellung, es heißt sogar, daß »ein einziges Haar des Meisters zu verehren« verdienstvoller sei, als die Verehrung des Buddhas aller Zeiten[22].

Der Lama sucht seinen Schüler. In der Initiation überträgt er seine geistige Kraft auf ihn, die in einem *Mantra,* d. h. magischen Silben oder Sätzen, die keinen Sinn haben müssen, aber zur Befreiung führen, verborgen und vom Schüler jederzeit aufgerufen werden kann. Diese »geistige Kraft« wird vom Lama Anagarika Govinda als »die Fähigkeit des Guru verstanden, den Tschela an seinem Erleben teilhaben zu lassen, das einem höheren Bewußtseins- und Verwirklichungszustand angehört«[23]. Das bedeutendste Mantra lautet: »Om Mani Padme Hum«, wobei Om einen numinosen »Urlaut« (R. Otto) meint: »Om, das Juwel in der Lotosblüte, Om.«

Wichtig sind die *Mandalas,* symbolische Bilder, die geistig-kosmische Zusammenhänge visualisieren und über die der Schüler meditieren soll.

Bekannt sind die von westlichen Reisenden verächtlich sogenannten *Gebetsmühlen* (mani-tschö-khor), durch die ein Gebet oder Mantra unzählige Male wiederholt wird. Solche Gebetsmühlen gibt es als große Zylinder bzw. Handmühlen. Auch werden sie an Wasserläufen angebracht. Lama Anagarika Govinda gibt eine aufschlußreiche Erklärung, die tiefer an die Bedeutung dieses Gegenstandes heranführt. »Kein Tibeter, der es mit seiner Religion ernst nimmt und über eine tiefere Kenntnis derselben verfügt, ist so primitiv, zu glauben, eine rein mechanische Handlung könnte ihm oder anderen geistig von Nutzen sein, oder mit jeder Umdrehung des Zylinders würden Tausende von Gebeten zum Himmel aufsteigen.«[24] Durch das Drehen des Zylinders wiederholt der Vajrayana-Buddhist Shaky-

22. Zitiert bei: *Mircea Eliade:* Geschichte der religiösen Ideen, Bd. 3/1, S. 262.
23. *Lama Anagarika Govinda:* Der Weg der weißen Wolken, München u. a. 1976, S. 55.
24. Ebd., S. 47.

amunis Inbewegungsetzen des »Rades der Lehre«. Bei der Herstellung solcher »Gebetsmühlen« gingen wohltätige Kräfte in die Materie ein und blieben dort verhaftet. Durch die Rotation werden sie wieder freigesetzt und verhelfen dem menschlichen Geist zur Konzentration und Ermöglichung einer schöpferischen und intuitiven Geisteshaltung.

Der Zugang zur Literatur über tibetische Mystik und ihre Erlösungslehren, wie er z. B. in Lama Anagarika Govindas bedeutendstem Werk »Grundlagen tibetischer Mystik« (Fischer TB 1975) eröffnet wird, dürfte sich für viele als zu schwierig erweisen. Gleichwohl messen ihr die Eingeweihten und dem Esoterischen Zugänglichen eine große Bedeutung für die Zukunft der Menschheit bei, weil Tibet »das letzte lebendige Glied ist, das uns mit den Kulturen einer fernen Vergangenheit verbindet« (Lama Anagarika Govinda)[25].

Es gibt zwei große tibetische Schulrichtungen: Auf den Reformator *Tsong-kha-pa* (1357–1419) geht die reformierte »Tugendsekte« *(Gelugpa),* d. h. »Gelbe Kirche«, zurück, deren Mönche gelbe Mützen tragen, strengere Askese beachten und unverheiratet bleiben müssen. Diese Schulrichtung, die sich in der Lehre nicht sehr von der anderen Richtung unterscheidet, führt die Schüler nicht so rasch in die meditative Erfahrung und tantrische Praxis ein, sondern legt Wert auf ein gründliches theoretisches Studium. Weltliches und geistliches Oberhaupt der Gelugpa ist der *Dalai-Lama;* zweithöchster Führer ist der *Panchen Lama.* Der jetzige Dalai-Lama ist die vierzehnte Inkarnation des Buddhas der Gnade, *Tschenresi.* Man spricht hier von der chubilghanischen Erbfolge. Das mongolische Wort *chubilghan* bedeutet »Verwandlung«, d. h., die Buddhas und Bodhisattvas inkarnieren sich immer wieder neu. Der 13. Dalai Lama starb im Jahre 1933. Er inkarnierte sich nicht unmittelbar nach seinem Tode, sondern erst einige Jahre später. Mönche wurden ausgesandt, um – ausgerüstet mit einigen seiner Gegenstände – einen Knaben zu finden, der die 14. Inkarnation darstellte. Nach langem Suchen und aufgrund von Prophezeiungen des Verstorbenen fand

25. Vgl. *Walt Anderson:* Das offene Geheimnis. Der tibetische Buddhismus als Religion und Psychologie – eine Einführung aus westlicher Sicht, 1981.

man schließlich einen knapp zwei Jahre alten Jungen, der die Gegenstände als die seinen wiedererkannte. Während des Großen Neujahrsfestes 1940 wurde die Thronbesteigung des 14. Dalai Lamas begangen[26].

Die zweite große Richtung des tibetischen Buddhismus ist die auf einen Schüler Milaraspas (Milarepas) zurückgehende *Karmakagyu-Schule* (→S. 152), deren oberste Leiter *Karmapa* heißen. Sie gelten als Wiedergeburten *(Tulkus)* ihrer jeweiligen Amtsvorgänger. In der Bundesrepublik sind sie stärker vertreten als die Gelugpas. Als dritte große Richtung gibt es die sog. »Rotmützen«, deren Mönche im Unterschied zur reformierten Richtung der Gelugpa heiraten dürfen.

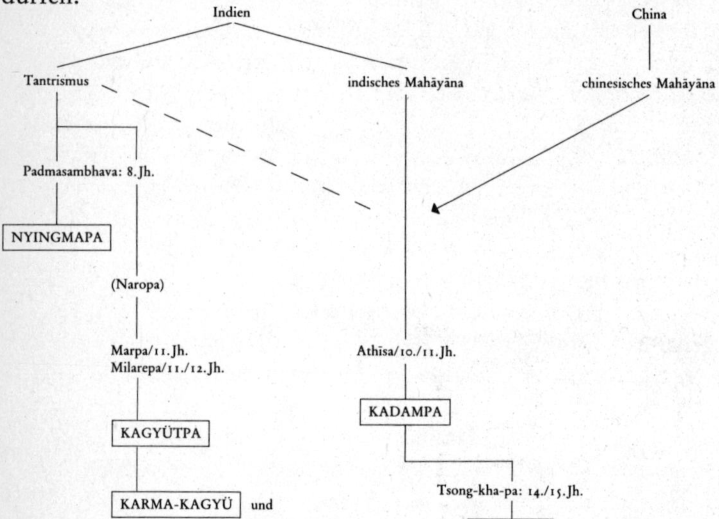

SCHEMA: Die Hauptschulen des Tibetischen Buddhismus[27]

26. Vgl. *Heinrich Harrer:* Sieben Jahre in Tibet, 1977, S. 260–264. – Vgl. auch die Beschreibung eines entsprechenden Vorgangs bei *Govinda,* Wolken, S. 191 ff.
27. Aus: *Klaus-Josef Notz:* Der Tibetische Buddhismus in Deutschland (= Information Nr. 91; VII/84), EZW – Stuttgart 1984, S. 9.

DER JAINISMUS

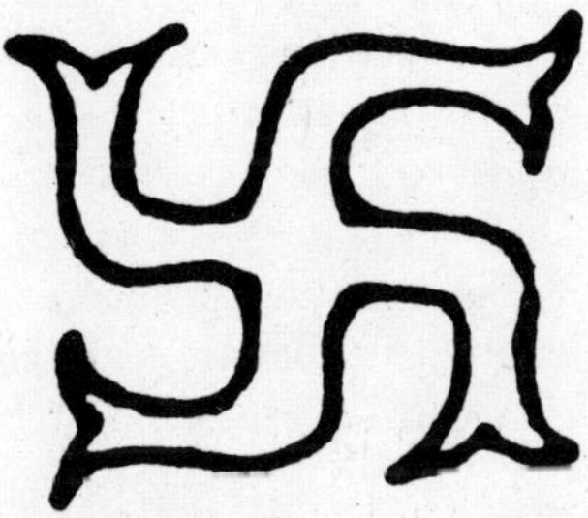

Das Hakenkreuz (svastika) ist eines von mehreren »Glückszeichen« (mangala), d. h. Symbolen, des Janaismus. Auf vorgeschichtliche Zeiten zurückgehend, findet es sich auch bei anderen indischen Religionen. Es ist ein Attribut des Heiligen (arhat), hat aber auch seine Bedeutung in einer Opferzeremonie (nach W. Kirfel).

1. Ahimsa Paramo Dharma – »Nichttöten ist die höchste Religion«

Dieses auf vielen Jaina-Tempeln sich befindende Motto faßt die Lebensmitte der zum weitaus größten Teil auf Indien beschränkten Weltreligion brennpunktartig zusammen. So hoch ist die Bedeutung des Nichttötens *(ahimsa)*, daß Jaina-Mönche mit Gazetüchern vor dem Mund atmen, daß sie mit einem Wedel Insekten auf dem Wege fortwischen und ihr Trinkwasser filtern – nur um keine Lebewesen zu töten. Die Jainas haben die ersten Tierkrankenhäuser errichtet; ein Mann wie Gandhi erhielt bedeutsame Impulse aus der Jaina-Religion (→ S. 68). Jainas üben im allgemeinen nur solche Berufe aus, bei denen sie kein Leben verletzen müssen. So sind sie heute vor allem wohlhabende Industrielle und einflußreiche Kaufleute, nicht dagegen Bauern, die ihre Felder pflügen und dabei Pflanzen und Tiere beschädigen, oder Handwerker, die bestimmte Rohstoffe bearbeiten und dadurch quälen. Waren die Jainas zur Zeit ihrer Entstehung im Nordosten (Provinz Bihar, Gangesdelta) beheimatet, so gibt es heute viele Angehörige dieser Religion im südlichen Mysore und Decan, insbesondere die *Digambara*-Richtung (»Luftbekleidete«), deren Mönche nackt gehen, sowie in der westlichen Provinz Kathiawar, wo die *Svetambara*-Richtung (»Weißgekleidete«) vorherrscht, darüber hinaus aber in bedeutenden Hafenstädten (z. B. Bombay und Madras) und anderen Verkehrszentren.
Erst im 20. Jahrhundert gibt es Versuche von Jaina-Missionaren, den *universalen Anspruch* der eigenen Religion zu demonstrieren. Seit 1949 besteht eine »World Jain Mission«, die eine monatliche Zeitschrift »The Voice of Ahimsa« herausgibt. *Herbert Warren* gründete eine »Mahavira Brotherhood« in London (1913) mit eher geringem Erfolg. Über die Gesamtzahl der Jainas gibt es widersprüchliche Angaben. Sie schwanken von 1½ bis 4 Millionen (nach Jaina-Angaben).

2. Das Leben Mahaviras

Wie der Buddhismus, so ist auch der Jainismus eine gestiftete Religion. Ihr Begründer – vermutlich eher ihr Reformator – ist Vardhamana aus dem Kasyapa-Geschlecht. Wie der »Buddha«, so ist auch er vor allem durch seinen Titel *Mahavira* (»großer Held«) bzw. *»Jina«* (Sieger) bekanntgeworden. Der Name der von ihm gegründeten Religion lautet daher (im englischsprachigen Raum) Jinismus bzw. Jainismus. Buddha und Mahavira (ca. 539–467 v. Chr.) waren Zeitgenossen und wirkten im selben geographischen Raum. Sie scheinen sich jedoch aus dem Wege gegangen zu sein – ihr Wirkungsraum hatte etwa die Größe Bayerns –, wie auch die Beziehungen dieser beiden eng miteinander verwandten Religionen selten günstig waren. Mahavira und Buddha waren Vertreter *alternativer Lebensorientierungen.* Mit den anderen nonkonformistischen Gemeinschaften ihrer Zeit verband sie die Ablehnung der brahmanischen Vorrangstellung sowie ihre Kritik an den heiligen Veden, denen sie ihre eigenen, in mittelindischen Dialekten und nicht im exklusiven Sanskrit abgefaßten heiligen Schriften entgegenstellten. Buddha und Mahavira entstammten beide der aristokratischen Kriegerkaste *(kshatriya)*, → S. 76ff.
Mahavira wurde um 539 v. Chr. in der Nähe des heutigen Patna im nordindischen Bundesstaat Bihar geboren. Seine Eltern starben, als der Junge 28 Jahre alt war. Mit 30 Jahren brach Mahavira mit seinem gewohnten Leben und ging – wie der Buddha – »aus dem Haus in die Hauslosigkeit«. Als wandernder Asket und Bettelmönch strebte er danach, den Weg über den Fluß der Wiedergeburt zu finden. Mit 42 Jahren gewann er die vollkommene Einsicht, die Stufe der *Allwissenheit*, nachdem ihm bereits von Kindheit an drei im Vergleich niedere Stufen zuteil geworden waren. Mahavira war nun nicht nur ein *Kevalin*, d. h. eine vollkommene Seele, sondern ein *Tirthankara*, d. h. Furt- oder Wegbereiter, der erlösungsbedürftigen Menschen den Weg aus dem Unheil zeigt. Nach der jainistischen Geschichtsphilosophie war Mahavira der 24. und letzte Tirthankara dieser Weltperiode.

3. Eine Religion ohne Gott

Der Jaina-Glaube ist wie die Religion Buddhas eine Religion ohne einen allmächtigen personalen Gott. Die Welt gilt als ungeschaffen. Es existiert eine unendliche Zahl geistiger *(jiva)* und ungeistiger *(ajiva)* Substanzen. Die geistigen Substanzen bzw. Seelen sind aufgrund des fortdauernden Geburtenkreislaufes zur ewigen Wanderung gezwungen. Auch die Welt ist einem zyklischen Prozeß des Auf- und Abstieges unterworfen. Der Jaina-Glaube unterscheidet verschiedene Stufen der Seele. Nicht nur lebende Wesen besitzen »jiva«, sondern alles, was existiert, bis hin zu den Elementen. Die höchste Form der Seele besitzt der Mensch, aber auch die höheren Tiere, die Höllen- und Himmelsbewohner. Die Seele ist kein Etwas, das dem Körper innewohnt, sondern – umgekehrt – »es zwingt der Stoff die Seele, sich mit einem Körper zu umgeben« (Frank R. Hamm). Das Ziel: die Befreiung der Seele von dem sie anhaftenden Stofflichen, wird erreicht, wenn man das Karma-Gesetz durchbricht. Karma, von dem 148 unterschiedliche Arten differenziert werden, ist ganz materiell vorgestellt; es klebt gleichsam an der Seele. Ausschließlich durch äußere und innere Formen der Askese wird das Entstehen neuen Schmutzes verhindert und altes Karma getilgt. Die Jainas kennen den religiösen Selbstmord, der im freiwilligen Hungertod besteht, aber nur ausgeübt werden soll, wenn das physische Leben seinem Ende zugeht und eine Heilung nicht möglich ist[1].

Die Mönche halten die fünf großen Gelübde ein: nicht töten *(ahimsa)* – nicht lügen – nicht stehlen – nicht unkeusch sein – auf Reichtum und Besitz verzichten. Das ahimsa-Gebot bezieht sich auch auf das Verletzen durch Worte. Nicht nur die Mönche, sondern auch die Laienanhänger leben *vegetarisch.* Darüber hinaus dürfen sie keine rauscherzeugenden Mittel (Honig, Alkohol) zu sich nehmen, selbst Knollenfrüchte und solche, die reichlich Samen ent-

1. *Unto Tähtinen:* Ahimsa. Non-Violence in Indian Tradition, London 1976, S. 26.

halten, sind wegen ihrer besonderen Beseeltheit untersagt. Der Verzicht auf Reichtum hat dazu geführt, daß die Laienanhänger sich freiwillig eine Grenze selbst aufstellen, die sie nicht überschreiten. »So soll man z. B. kein weiteres Feld oder Haus seinem Besitz hinzufügen, selbst wenn die Anzahl der Häuser oder Felder die festgelegte Grenze noch nicht erreicht hat. Die Selbstbeschränkung des Eigentums bleibt oft durch religiöse Stiftungen und soziale Werke gewahrt.«[2]

4. Die religiöse Praxis

Im Mittelpunkt ihres Kultes stehen die allem weltlichen Sein entrückten *Tirthankaras,* die auf sorgsame Weise mit Blumen geschmückt, gesalbt, gewaschen und geistig verehrt werden. In den zu den prachtvollsten Tempelbauten der Religionen zählenden Jaina-Tempeln finden sich auch Hindu-Götter, die die Gläubigen um Hilfe anbeten. »Das wichtigste Fest wird in der Zeit des Pujjusana am Ende des jainistischen Jahres gefeiert. Während der feuchten Monsunzeit (meist im August) fasten fromme Jainas acht Tage oder länger und besuchen besondere Versammlungen. Alle Hausväter sollen wenigstens 24 Stunden meditierend und fastend in einem Kloster verbringen. Am Schlußtag des Festes enthalten sich alle Jainas der Speise und des Tranks. Am Ende der Versammlung im Tempel unterzieht sich jeder einer Bußzeremonie, bei der er seine Nächsten für alle unbeabsichtigten Verletzungen um Verzeihung bittet und bei der er sich vornimmt, keinen Streit und kein Übelwollen ins neue Jahr mitzunehmen. Das zweitwichtigste Fest ist *Divali.* Es ist

2. *Günther-Dietz Sontheimer:* Die Ethik im Hinduismus, in: *Carl Heinz Ratschow (Hg.):* Ethik der Religionen, Stuttgart u. a. 1980, S. 361.

das der Hindu-Glücksgöttin Lakschni geweihte Fest, das die Jainas zum Fest der Befreiung Mahaviras gemacht haben.«[3]

Literatur:

T. T. Anuruddha: Grundlagen des Jainismus. Religion der Gewaltlosigkeit, 1972.

H. von Glasenapp: Der Jainismus, Berlin 1925.

W. Kirfel: Symbolik des Hinduismus und Jainismus, 1959.

W. Schubring: Die Lehre der Jainas nach den alten Quellen dargestellt, Berlin 1935.

3. *Myrtle Langley:* Achtung vor dem Leben: Der Jainismus, in: Handbuch Weltreligionen, Graz u. a. 1983, S. 216.

DER SIKHISMUS

Das Symbol des Sikhismus: Nishan Saheb, eine Zusammenstellung verschiedener Waffen. Es besteht aus dem breiten zweischneidigen Kurzschwert (Khanda), einem Stahlring (Chakri) sowie zwei gekreuzten Dolchen (Dilwar).

1. »Wer Angst hat, ist kein Sikh«

Diese für die Einstellung vieler, aber keinesfalls aller Sikhs nicht untypische Parole stammte aus dem Munde eines ihrer militantesten Sprecher, *Sant Jarnail Bhindrawale*, der zur Verteidigung seiner Religion im indischen Bundesstaat Pandschab gegen die Zentralregierung Indira Gandhis den »Weg des Schwertes« propagierte und dabei am 9. 6. 1984 den Tod fand. Das Aufbegehren des Sikhs gegen die Nationalregierung ist nicht neu und geht auf die Teilung des Subkontinentes in Indien und Pakistan (1947) zurück, als die Sikhs aus Pakistan vertrieben wurden und in der Gegend um *Amritsar* (»Teich des Nektar«) – nahe der pakistanischen Grenze – siedelten. Viele Sikhs sind immer wieder für ihren eigenen Staat eingetreten, den sie unter dem Maharaja Ranjit Singh schon einmal besaßen. Etwa 30000 Freiwillige verpflichtete der als gemäßigt geltende Führer der sikhistischen »Aktions-Partei« (Akali Dal), Sant Harchand Singh Longowal, »notfalls bis zum Tode« für ihre Rechte (mehr Autonomie und Investitionen, gerechtere Wasserverteilung, mehr Freiheiten in der Religionsausübung) zu kämpfen. Die indische Regierung erklärte sich zu einigen Zugeständnissen bereit, nachdem es tagtäglich zu blutigen Zwischenfällen gekommen war, bei denen Sikhs Tabak- und Schnapsläden der Hindus angezündet und Hindu-Prozessionen mit Bomben beworfen hatten und anderseits Hindus Sikh-Tempel verunreinigten. In der Nähe von Sikh-Tempeln in der über 400000 Einwohner zählenden Stadt Amritsar war jetzt der Verkauf von Fleisch, Tabak und Alkohol (Dingen, die den Sikhs ein Greuel sind) untersagt. Religiöse Rundfunksendungen aus dem Goldenen Tempel von Amritsar wurden wieder erlaubt. Schließlich dürfen die Sikhs wieder ihre traditionellen Dolche an Bord der »Indian Airlines« tragen. Diese sollen aber nicht länger als 15 cm sein. Vom unabhängigen heiligen Staat *»Khalistan«*, dem »Land der Reinen«, den Extremisten Anfang 1984 feierten, werden die Sikhs einstweilen noch träumen müssen. Der Höhepunkt der Auseinandersetzungen wurde mit den Unruhen im Anschluß an die Ermordung Indira Gandhis erreicht.

Sikhs werden als freundliche und humorvolle Menschen beschrieben, die außerdem sehr beweglich sind. So haben sie sich nicht nur über Indien verbreitet, sondern wanderten nach Kalifornien, Kanada, Großbritannien, Neuseeland, Afghanistan, Hongkong und Ostafrika, Persien, Singapur, Philippinen, den Fiji-Inseln, Kuwait, Italien, Thailand aus. Insgesamt haben sie eine Anhängerzahl von rund 17 Mio., von denen 9 Mio. in Pandschab leben. Sie stehen außerdem im Ruf, gute Soldaten zu sein, und dienten sehr erfolgreich in der britischen Armee. Auch im indischen Militär sind die Sikhs überproportional vertreten. Das gleiche gilt für Handel und Kleinunternehmen in Nordindien. Überdurchschnittlich viele Ingenieure, Ärzte, Agrarwissenschaftler usw. Indiens sind Sikhs. Sie spielten eine wichtige Rolle in der sog. »grünen Revolution« Indiens (1968 ff.). Der Pandschab ist die Kornkammer Indiens, mit Erträgen, die über dem europäischen und amerikanischen Durchschnitt liegen. Ohne den Pandschab, und d. h. ohne die Sikhs, müßte Indien verhungern. Obgleich die Sikh-Religion sich hauptsächlich auf die Pandschab-Bewohner konzentriert und als Nationalreligion gilt, ist sie ihrer Struktur nach eine auf Ausbreitung angelegte *Universalreligion*. Dies zeigt sich u. a. an ihren missionarischen Aktivitäten, außerdem an der vom fünften Guru gegebenen Anweisung zur Übersetzung ihrer Heiligen Schrift. Auch in der Bundesrepublik (in Essen) gibt es eine Sikh-Vertretung.

2. Die zehn Gurus

Die sich heute vielfach so betont kämpferisch gebenden Sikhs entstanden zu einer Zeit, als sich die Reformation im Christentum ereignete. Sie stellen ein Mischprodukt aus islamischen und hinduistischen Gedanken dar. Indien befand sich seit mehreren Jahrhunderten unter der islamischen Herrschaft der *Moghulkaiser*. Die Muslime lehnten die Bilderverehrung und den »Polytheismus« der Hindus ebensosehr ab wie die sozial-religiöse Gliederung in Kasten. Dies führte zu vielen islamischen Übergriffen auf Hindu-Tempel und -Klöster. Bei den Hindus dagegen hatte die Auseinandersetzung mit den Muslimen eine Festigung des Kastenwesens sowie eine bewußtere Praxis der Verehrung der Kuh (→ S. 105 ff.) im Gefolge. Im religiösen Bereich kam es auf der Grundlage des islamischen Theismus und verwandter Züge in der monotheistischen Theologie der *Vishnu-* und *Shiva-*Verehrer (→ S. 86 ff.) zu einigen Versuchen des religiösen Ausgleiches. So bemühte sich z. B. der Moghulkaiser Akbar[1] (1542–1605), aus dem Hinduismus, Jainismus und Parsismus Elemente herauszugreifen und sie zu einer Einheitsreligion zusammenzufassen. Dieser »Religion Gottes«, *»din-i-ilahi«* oder *»din-al-elohim«*, welche nur bei einem Bruchteil der Intellektuellen Anklang fand, wurde nach dem gewaltsamen Tode des Kaisers von seinen Nachfolgern rasch ein Ende gesetzt. Sie dauerte nicht länger als das klassische Experiment eines altägyptischen Monotheismus unter dem Pharao Echnaton.

Einflußreich war auch ein islamischer Weber aus Benares, Kabir (ca. 1440–1518), von Haus aus ein Verehrer Vishnus (Vaishnava), der Kastenwesen, Beschneidungspraxis sowie Bilderverehrung ablehnte. Er glaubte an den Kreislauf allen Lebens und an die Wiedergeburt. Dieser mystische Dichter, der sich als das »Kind Allahs und Rams« bezeichnete, lehrte einen Heilsweg, der im völligen Aufgehen in Gott bestand. Es gibt heute noch Anhänger Kabirs, die *Kabirpanthis*, eine hinduistische Sondergemeinschaft. Die Gläubigen haben einen bildlosen Kult und betreten keine Hindu-Tempel.

Eigentlicher Begründer der Sikh-Religion ist *Guru Nanak* (1469–1539), ein der Kriegerkaste entstammender Hindu aus der Nähe von Lahore. Das Leben Guru Nanaks ist von vielen schönen Legenden aus späterer Zeit umwoben, die für Sikh-Frömmigkeit wichtig sind. Nach den »traditionellen Erzählungen« reiste der erste Guru weit umher (Madras, Sri Lanka, Kabul, Mekka, Medina, Baghdad, Tibet). Seine Berufung zum Propheten geschah folgen-

1. Vgl. *Walther Wellmann:* Akbar, Kaiser von Indien (1542–1605), in: Saeculum 33 (1982), S. 1–37.

dermaßen: Als der Wanderasket, der seine Frau und zwei Kinder verlassen hatte, um nach der Wahrheit zu suchen, in einem Fluß badete, ergriffen ihn die Engel und brachten ihn in die Gegenwart Gottes. Durch einen Becher *amrita* (= Todlosigkeit) wurde er zum Propheten geweiht und erhielt den Auftrag, den Namen Gottes auf Erden zu verkünden. Nanaks Hauptgedanke war, daß Hindus und Muslime eins sind. Die Kastenlehre lehnte er ab, weil sie seinem Gedanken von der Gleichheit aller Menschen durch den einen Schöpfergott widersprach. Guru Nanaks erste Schüler (Sikh = Schüler, Lernender) lebten mit ihm zusammen in einem Dorf an der Grenze von Pandschab und Pakistan. Der erste Guru bestimmte einen Nachfolger zum Leiter der Gemeinde. Durch Wahl und Vererbung entstand eine Sukzession von insgesamt 10 »lebenden Gurus«. Sie alle haben der Religion Guru Nanaks weitere bedeutsame Inhalte hinzugefügt und dem Sikh-Glauben teilweise ein anderes Gesicht gegeben. Der vierte Guru *Ram Das* (1534–1581) begründete z. B. die Erblichkeit der Guru-Würde und schuf den Goldenen Tempel von Amritsar; der zehnte Guru *Govind Singh* (1666–1708) formierte die Sikhs zu einer straffen militärischen Gemeinschaft, um sich gegen die Übergriffe der Moghulkaiser zu verteidigen. Gott wurde vom zehnten Guru Govind Singh bezeichnenderweise als »heiliges Schwert« und »Allstahl« angeredet. Bis heute hat sich dieser militante, ganz im Gegensatz zu Guru Nanaks toleranter und irenischer Auffassung stehende Kampfesgeist bei den sog. Akalis gehalten. Guru Govind Singh bestimmte keinen lebendigen Guru mehr zum Nachfolger, sondern übertrug die Autorität auf eine *Schrift*, den *Adi Granth*.

3. Kleines Lexikon: Heilige Schriften

Der *Adi Granth* ist das heilige Buch der Sikhs. Das Sanskrit-Wort *granth(a)* bedeutet »(religiöses) Buch«. Der Adi Granth

enthält die von den zehn lebenden Gurus verfaßten heiligen Texte sowie Schriften angesehener Hindu- und Muslim-Meister. Die Zusammenstellung des Buches geht auf den fünften Guru *Arjan* (1563–1606) zurück, wurde jedoch vom zehnten Guru noch einmal überarbeitet. Diese überarbeitete Ausgabe heißt Adi Granth. Das sehr umfangreiche Buch ist religionsgeschichtlich auch insofern bemerkenswert, als es in unterschiedlichen Sprachen verfaßt ist. Geschrieben ist es in der pandschabischen Gurmukhi (»Mund des Guru«)-Schrift, viele Teile aber sind in Hindi und anderen nordindischen Dialekten verfaßt. Es finden sich darin auch persisch geschriebene Teile. Der *Adi Granth* ist der Mittelpunkt des Sikh-Glaubens und vergleichbar mit der Bedeutung des Korans für Muslime. Anstelle der lebendigen Nachfolgerschaft (Guru) ist auch er ein Guru. Der sonst nur für Personen gebrauchte Titel »Sahib« (»Herr«) unterstreicht die Verehrung dieses Buches (»Herr Granth«).
Der nicht die gleiche Bedeutung genießende *Dasm Granth* enthält die vom zehnten Guru stammenden Texte, die von einem seiner Schüler 26 Jahre nach dem Tod des Meisters herausgegeben wurden (1734).
Erst seit dem letzten Drittel des vorigen Jahrhunderts hat sich die westliche Religionsforschung mit den heiligen Schriften der Sikhs, deren Gurmukhi-Schrift nur sehr wenige Gelehrte kannten, beschäftigt. Mittlerweile sind die Sikhs selber dazu übergegangen, ihre heiligen Texte ins Englische zu übersetzen.

4. Der Sikh-Glaube

Sikhs glauben an einen persönlichen Gott, die zehn »lebenden Gurus«, den Adi Granth sowie an die Schriften und Lehren der zehn lebenden Gurus. Außerdem glauben sie an die Notwendigkeit der In-

itiation (Amrit). Die Sikhs fassen ihren Glauben auch zusammen als: Guru, Granth (hl. Schrift) und Panth (Gemeinde).
Der Sikh-Glaube vereinigt islamische und hinduistische Elemente. Im Mittelpunkt steht der aus dem Islam stammende bilderfreie Glaube an den einen und einzigen, personal vorgestellten Gott, wie ihn z. B. das *Mool Mantra* (→ S. 184) formuliert. Dieser eine Gott ist nicht nur transzendenter Schöpfer aller Dinge, sondern zugleich das urtümliche und unbegrenzte Licht (von dem der Koran in der berühmten Lichtsure 24,35 spricht), der alles durchdringende Geist, das mit den Ausdrücken negativer Theologie beschriebene Göttliche in allen Dingen. Dieser mit überpersonalen Zügen ausgestattete Gott wird als Liebe und Gnadenwille erfahren. Der gut geschaffene Mensch, die Krone der Schöpfung, besteht aus einem stofflichen Körper, der beim Tode zerfällt, und der immateriellen Seele. Die einzelnen Seelen sind Teile Gottes, Funken des göttlichen Lichts. Dieser Gedanke wird mit der hinduistischen *Karma-* und *Samsara*-Lehre (→ S. 82) verbunden. Je nachdem, wie gut oder schlecht das im Leben angehäufte Karma ist, fällt das Schicksal des Menschen aus. Entweder er geht gleich nach dem Tode in die Heimat des Lichtes ein, oder er wird als Mensch auf Erden *wiedergeboren*. Nanak interpretierte die Karma-Idee um: Durch Liebe zu Gott und vollkommene Hingabe erreicht der Sikh Erlösung. Sie ist nicht erst nach dem Tode möglich, sondern durch Meditation schon *im* Leben. Der Meditierende wird zum *»jivan mukta«*, d. h., er ist ein zu Lebzeiten Erlöster. Beim Tode geht er dann endgültig in das Nirvana ein. Das Wiederholen eines der vielen göttlichen Namen, z. B. *»Waheguru«* (= wunderbarer Herr), ist eine zentrale religiöse Übung. Auch lernt ein Sikh Passagen aus den heiligen Schriften auswendig und wiederholt sie beständig.

5. Der Khalsa

Der Khalsa, die »reine Gemeinschaft« aller initiierten Sikhs, wurde vom zehnten Guru Govind Singh im Jahre 1699 gegründet. Eine andere Bezeichnung für diese Gemeinschaft lautet *Panth*. Um die Treue seiner Männer zu prüfen, ordnete der Guru an, daß einer nach dem anderen sein Zelt betreten und seinen Kopf abschlagen lassen solle. Der erste Freiwillige betrat das Zelt; anschließend heraus kam nur der Guru selbst mit einem blutigen Messer (das Blut stammte vom Opfer einer Ziege!). Dasselbe geschah mit vier weiteren Männern. Die anwesende Menschenmenge war dann sehr erstaunt, als alle Männer gesund und wohlbehalten, aber in feinste Soldatenkleider gehüllt, herauskamen. Guru Govind Singh initiierte sie anschließend in einer Art Taufe und bat seine Getreuen, auch ihn zu »taufen«. Aus dieser verschworenen Gemeinschaft der ersten »fünf Geliebten« entstand der *Khalsa*. Alle männlichen Mitglieder erhalten seitdem den Titel *»Singh«* (= Löwe), den sie hinter ihrem Namen tragen. Frauen tragen den Titel *»Kaur«* (= Prinzessin), der ihren angehobenen Status in der Sikh-Gemeinschaft betonen soll.

Mittelpunkt der Gemeinschaft ist der *Gurdwara* (wörtlich: »Haus des Guru«) genannte Sikh-Tempel. Beim Betreten zieht man seine Schuhe aus und bedeckt den Kopf. Wie die Moschee, so dient auch der Gurdwara mehreren Zwecken. Er ist ein schmuckloses Bauwerk ohne Götterbilder. Draußen am Gebäude weht eine Fahne mit dem Sikh-Symbol (→ S. 173). Alle Gurdwaras sind in einen gottesdienstlichen und sozusagen profanen Bereich gegliedert. Der eigentliche Kultraum dient als Aufbewahrungsort des Adi Granth, der jeden Abend um elf Uhr in einer goldenen Sänfte aus dem mitten in Amritsar in einem künstlichen See errichteten Marmortempel über einen Marmorsteg in den *Akal Takhat* (Göttlicher Thron) getragen und in einer im Erdgeschoß gelegenen Glasvitrine zur Ruhe gelegt wird. Jeden Morgen wird der Adi Granth zum Tempel zurückgetragen. Hier liegt er auf Kissen und ist mit einem Tuch bedeckt. Seine herrschaftliche Stellung zeigt sich auch daran, daß über ihn ein Fächer gehalten wird und die Gläubigen sich vor dem heiligen Buch verbeugen und ihm Opfer darbringen.

6. Die religiöse Praxis

● *Das tägliche Leben*

Jeder Sikh sollte nach Möglichkeit eine Stunde vor Sonnenaufgang aufstehen, ein Bad nehmen und vor dem Frühstück über eine Lektion aus dem Adi Granth meditieren. Deshalb soll er die heilige Sprache »*Gurmukhi*« lernen. Er spricht das *Mool Mantra* (→S. 184), das dem sehr wichtigen Japji-Gedicht, welches wegen seiner Bedeutung an den Anfang des Adi Granth gestellt wurde, vorausgeht. Sikhs besitzen in ihren Häusern gewöhnlich einen abgegrenzten Platz zum Studium der heiligen Schrift. In ihren Wohnungen finden sich auch Bilder der Gurus, insbesondere Guru Nanaks. Mittags, abends und vor dem Zubettgehen werden Gebete gesprochen. Häufig wird die Formel *Satnam Waheguru* oder einfach *Waheguru* (»Der wahre Name des wunderbaren Guru«) gesprochen, besonders zu Beginn neuer Tätigkeiten. Religiöse Lieder *(keertana)* werden oft in Sikh-Familien gesungen. Auch in der gottesdienstlichen Gemeinde *(sangat)* haben religiöse Weisen, begleitet von Instrumenten (z. B. Harmonium und einer Art Trommel), ihren festen Platz. Sie sollen das Bewußtsein von sinnlicher Unreinheit säubern, den Menschen von Zeit und Tod befreien und ihm die Freiheit verheißen.

Sikhs grüßen einander mit der Formel »Sat Sri Akal« (Gott ist wirklich!). Sie rauchen und trinken nicht und nehmen auch keine Drogen zu sich. Sie sollen keinen Ehebruch begehen bzw. keine außerehelichen Beziehungen pflegen. Das Fleisch rituell geschlachteter Tiere (z. B. von Muslimen), insbesondere Rindfleisch, dürfen sie nicht verzehren.

Guru Nanak heiligte die berufliche Arbeit. Das Streben nach Heil auf dem Pfad der Liebe zu Gott *(simran)* und der Dienst an den Mitmenschen *(seva)* sind eng miteinander verbunden. Die Sikhs kennen eine Art »weltlicher Trinität«: Verdienen des Lebensunterhaltes durch der Hände Arbeit *(kirt kani)* – Hilfe für die Bedürftigen *(wand chakna)* – Meditation über den Namen Gottes *(nam japna)*.

Zu ihren bemerkenswerten sozialen Aktivitäten gehört die auf Guru

Nanak zurückgehende Einrichtung, Bedürftigen eine kostenlose Speisung zu ermöglichen. Nanak lebte zuletzt zurückgezogen als Landwirt. Der Überschuß seiner Produktion floß in den *langar*, d. h. in die gemeinsame Küche, die Angestellten und Besuchern freie Mahlzeiten zur Verfügung stellte. Seit damals gehört der *langar* zu den konstitutiven Merkmalen der Sikh-Religion. Die Sikhs unterhalten außerdem Krankenhäuser und andere soziale Einrichtungen.

● *Der Sikh-Gottesdienst*

Die gottesdienstlichen Zusammenkünfte sind nicht auf einen bestimmten Tag festgelegt. Sie beginnen morgens früh und dauern bis zum Mittagessen, das gemeinsam eingenommen wird. Wo immer fünf initiierte Sikhs im Namen Guru Govind Singhs zusammenkommen, ist der Geist des Guru ebenfalls unter ihnen. »Der Sikh-Gottesdienst hat im allgemeinen keine festgelegte Form. Er beginnt damit, daß Hymnen aus dem Guru Granth Sahib gesungen werden. Ein angesehenes Gemeindemitglied, Mann oder Frau, hält dann einen Vortrag über die Geschichte und Bedeutung des Sikhismus bzw. über ein anderes Thema. Der Gottesdienst wird immer mit bestimmten Gebeten beendet, wobei von der ganzen Gemeinde der *Anand Sahib* gesungen wird. Danach spricht der Granthi das Ardas-Gebet (es ist an Gott gerichtet und in seiner Bedeutung dem Vater-Unser vergleichbar). Nach dem Schlußvers, den die ganze Gemeinde spricht, wird der Guru Granth Sahib geöffnet und ein beliebiger Vers daraus vorgelesen. Endlich wird die heilige Süßigkeit, karah prashad, an jeden Gottesdienstteilnehmer verteilt.«[2]
Der *Goldene Tempel Harimandir*, das vom sechsten Guru erbaute Zentralheiligtum der Sikhs, befindet sich in der Mitte des »Teiches des Nektars« (Amritsar). Der »offene Tempel« hat vier Tore nach allen Himmelsrichtungen, wodurch die Offenheit gegenüber anderen Religionen und Rassen symbolisiert werden soll.

2. Übersetzt aus: Hymns for the Conclusion of the Sikh Service, o. J.

- **Die fünf K**

Diese 5 Merkmale (5 K) charakterisieren den Typus des »Soldaten-Heiligen«:

- *Kash:* ungeschnittenes Kopf- und Barthaar, das die völlige Hingabe jedes einzelnen Sikh Gott gegenüber symbolisiert; Sikhs tragen ausschließlich einen Turban als Kopfbedekkung. (In Zeiten äußerster Drangsal – z. B. während der Massaker im Anschluß an die Ermordung Indira Gandhis – ist es vorgekommen, daß sich viele Männer das Haar abgeschnitten haben, um als Hindu unterzutauchen.)
- *Kangha:* ein Kamm, der im Haar steckt, um es zu kämmen und sauberzuhalten; er soll Selbstzucht symbolisieren.
- *Kirpan:* ein Kurzschwert, das an die Pflicht des Gläubigen erinnert, immer für die Wahrheit einzutreten.
- *Kachh:* knielange Unterhosen als Zeichen von Reinheit und geistiger Freiheit.
- *Kara:* ein am rechten Arm getragenes Stahlarmband, das den Zusammenhalt mit der Sikh-Gemeinschaft verdeutlicht.

- *Riten des Lebenszyklus*

Nach der Geburt eines Kindes gehen die Eltern in den Gurdwara und spenden der Gemeinde in einem festgelegten Ritus besondere heilige, puddingartige Süßigkeiten (bestehend zu gleichen Teilen aus Weizenmehl, Zucker, Butter, Wasser). Diese sind in einer besonderen Zeremonie, bei der Hymnen gesungen werden, hergestellt worden. Die ersten fünf Stückchen dieser Süßigkeiten, welche die Gleichheit der Menschen vor Gott anzeigen, symbolisieren die ersten historischen fünf Sikhs, die Gründer des Khalsa. Es folgen beliebige Lesungen aus dem Adi Granth, die dazu dienen, den Namen des Kindes zu bestimmen. Der erste Buchstabe des dabei zuerst rezitierten Wortes dient als Anfangsbuchstabe des Namens.
Die »Erwachsenentaufe« wird unter Anwesenheit von sechs Sikhs an irgendeinem geeigneten Ort (nicht unbedingt im Gurdwara) durchgeführt. Ein schon initiierter Sikh liest dabei Abschnitte aus

der heiligen Schrift, während die anderen fünf bei der Zeremonie assistieren und dabei dem Kandidaten die wichtigsten Regeln und Verpflichtungen der Gemeinschaft erklären. Der Mittelpunkt der Feier ist das Herstellen und Austeilen des *Amrit* genannten Initiationswassers. Es besteht aus klarem Wasser und einer zuckerartigen Substanz, die in einer Stahlschüssel hergestellt und mit dem in der rechten Hand gehaltenen Kurzschwert *(Khanda)* umgerührt wird. Fünfmal erhält der sitzende Täufling nach festgelegtem Ritus in seine geöffneten Hände diesen Nektar der Todlosigkeit. Dabei wird folgende Formel gesprochen: »Heil Khalsa des wunderschönen Herrn, der immer siegreich ist.« Den restlichen Nektar trinken die übrigen an der Zeremonie Beteiligten. Alle Teilnehmer sprechen zum Schluß das *Mool Mantra:*

»Es ist nur ein Gott,
der Wahre mit Namen,
der alles durchdringende Schöpfer,
ohne Furcht, ohne Haß,
unsterblich, ungeboren,
durch sich selbst bestehend
durch Gnade, der Erleuchtete.
Der Wahre war im Anfang,
der Wahre war durch alle Zeiten,
der Wahre ist in der Gegenwart,
Nanak, der Wahre, wird auch in Zukunft sein.«

Das *Heiraten* ist verdienstvoll, und die *Eheschließung* ist ein religiöser Akt. Obgleich theoretisch die Kastenunterschiede abgeschafft sind, heiratet man trotzdem nur selten außerhalb der eigenen Gruppe. Es gibt keine vorgeschriebenen Verlobungszeiten, auch keine speziellen (etwa wie bei Hindus durch Horoskop errechnete) Tage. Im Mittelpunkt der Hochzeitszeremonie steht wiederum der Adi Granth, vor dem das Hochzeitspaar in Begleitung von Eltern und Freunden seinen Platz einnimmt. Während Lieder gesungen werden, umschreitet das Paar die Heilige Schrift. Die Beziehungen von Braut und Bräutigam werden mit der Liebe der menschlichen Seele zu Gott in Parallele gesetzt. Das Brautpaar hat gemeinsame

Pflichten: Liebe und Zuneigung sollen die Ehe bestimmen; in Trauer und Leid will man zusammenstehen. Auch die Angehörigen soll man lieben und respektvoll behandeln.
Tote sollen verbrannt werden. Einen besonderen Zeitpunkt hierfür gibt es nicht. Die fünf K werden auf den gewaschenen und in reiner Kleidung aufgebahrten Leichnam gelegt; dabei werden Lieder angestimmt und Gebete gesprochen, während der tote Körper verbrannt wird. Grabsteine sind bei den Sikhs nicht erlaubt[3].

● *Kleines Lexikon: Feste*

Aufgrund ihrer Abstammung aus dem Hinduismus feiern die Sikhs teilweise Hindufeste, geben ihnen aber eine neue Bedeutung. *Divali* symbolisiert den Sieg des Guten über das Böse sowie die Freilassung des sechsten Guru Har Govind (1595–1644) aus islamischer Gefangenschaft. Bei dem *Holi*-Fest – *Hola Mohalla* genannt – finden Kampf- und Reiterspiele statt, die auf Guru Govind zurückgehen. Das im April gefeierte *Baisakhi*-Fest erinnert an zahlreiche Schlachten gegen die Moghul-Herrscher.
Weitere Feste: Geburtstage der Gurus, insbesondere Guru Nanaks und Guru Govind Singhs. Von lokaler Bedeutung sind die Feierlichkeiten anläßlich des *Martyriums* von Guru Tegh Bahadur (1621–1675) in Delhi, der Söhne Guru Govind Singhs in Sahind usw. Zu den bemerkenswerten Merkmalen der Sikh-Feste gehört das ununterbrochene Lesen des Adi Granth durch die Granthis (= Vorleser des Granth): Im Pandschab wird der Adi Granth in einer Prozession auf einem Wagen durch die Straßen gefahren. Manche Festteilnehmer tragen dabei die ursprünglichen Kleider der ersten fünf Mitglieder des Khalsa.

3. Informationen aus: Living Together. A Teacher's Handbook of suggestions for religious education. City of Birmingham District Council Education Comitee 1975, b 56 u. ö.

7. Abriß: Sondergemeinschaften

Auf sikhistischer, hinduistischer und islamisch-mystischer Grundlage sind eine Reihe von Vereinigungen entstanden, die seit 20 Jahren im Westen tätig sind und auf eine gemeinsame Wurzel zurückgehen. Bei vielen Sikhs gelten sie als häretisch.

Radhasoami Satsang[4], gegründet 1861 von *Shiv Dayal Singh* (1818–1878), ist der Name des von der »Vereinigung« verehrten universalen Gottes. Hindu-Götter gelten nur als niedere göttliche Wesen und befinden sich auf unteren Sphären des geschichtet vorgestellten Universums. Aus der Gottheit Radhasoami emanierte die übrige Wirklichkeit und ein »Klangstrom«, der wieder zur Gottheit zurückfließt. Die Anhänger stimmen sich auf den rücklaufenden Klangstrom ein, indem sie eine besondere und anspruchsvolle Yoga-Technik (Surat Shabd Yoga = Yoga des göttlichen Licht- und Tonstromes) üben, der sie mit der höchsten Gottheit vereinigt. Unerläßlich ist der Sant Guru, der »vollkommene Meister«.

Sant Kirpal Singh (1894–1974) trennte sich 1948 vom Zentrum des Beas (Nordindien) und gründete den *Ruhani Satsang* mit Hauptsitz in Delhi. Nach seinem Tode spaltete sich die Bewegung in verschiedene Richtungen, mit jeweils eigenen Führerpersönlichkeiten: *Sant Darshan Singh*, (geb. 1921), *Sant Thakar Singh*, der in der Bundesrepublik zunehmende Beachtung findet (beide Ruhani Satsang), und schließlich die *»Unity of Man«*-Bewegung, mit Hauptsitz in Amritsar, deren Führer *Harbhajan Singh* ist. Die »Unity of Man« hat seit ihrer Gründung zahlreiche interreligiöse Konferenzen veranstaltet. Ihr Gedankengut ist von Sant Kirpal Singh wesentlich beeinflußt, der eine Einheit aller Religionen in der »wahren Religion« propagierte. Auch wenn man in seiner angestammten Religion verbleiben soll, so erlangt man diese wahre Religion nur »zu Füßen eines kompetenten Meisters«, d. h. in einem Satsang.

4. Vgl. *Philip H. Ashby:* Modern Trends in Hinduism, New York and London 1974, S. 71–90 (= Popular Esoteric Religion: Radha Soami Satsang).

Literatur:
W. Owen Cole: A Sikh Family in Britain, Exeter 1973.
Jan Gonda: Die Religionen Indiens, II: Der jüngere Hinduismus, Stuttgart 1963, S. 108–114 (religionsgeschichtlich orientiert).
Alan G. James: Sikh Children in Britain, London 1974 (Lit.).
W. Metz (Hg.): Handbuch Weltreligionen, Wuppertal u. .a. 1983, S. 197–206 (von Douglas Davies); beschreibt den heute gelebten Glauben.
P. W. Wylam: An Introduction to Sikh Belief (hg. von The Sikh Cultural Society of Great Britain, 88, Mollison Way, Edgware (Middlesex) London, HA8 5 QW).

DIE RELIGIONEN CHINAS

Das Symbol des T'ai-chi T'u (»Diagramm der höchsten Realität«) repräsentiert die beiden Elemente Yang und Yin.

1. Die Aktualität Chinas

Chinesische Religion und Spiritualität sind heutzutage auf sehr vielfältige Weise bei uns präsent. Sie reicht von der Rezeption des klassischen Weissagungsbuches *I-Ging* in esoterischen Kreisen, wo man aus dem uralten Orakelbuch ein Wissen über zukünftige Dinge, aber auch über sich selbst erhalten will, über die Verwendung der alten chinesischen Heilmethode der *Akupunktur* in der mittlerweile nicht mehr nur alternativen Medizin bis hin zu Erkenntnissen moderner Physiker (z. B. F. Capra)[1], die das dynamische und komplementäre Weltbild, das sich in der Struktur des *Tao* sowie der beiden polaren Größen *Yin* und *Yang* ausdrückt, in prinzipieller Übereinstimmung mit ihren Erkenntnissen begreifen.
Das große Leitmotiv der chinesischen Religionen ist das *Tao* (sprich: *dau*).

2. Tao, Yang und Yin

Das Symbol des T'ai-chi T'u (wörtl. »Diagramm der Höchsten Realität«) ist ein Kreis mit weißen und schwarzen Flächen, welche die beiden polaren, aber komplementär aufeinander bezogenen Elemente Yang und Yin repräsentieren.

»Das älteste Element im Tai-Gi-Symbol ist der Kreis, chinesisch Wu Gi genannt, was ›Uranfang‹, wortwörtlich aber ›Nicht-Anfang‹ bedeutet. Die Chinesen verbinden mit dieser Urform des Symbols die tiefsten Gedanken über Ursprung und

1. Vgl. *F. Capra:* The Tao of Physics. An Exploration of the Parallels between Modern Physics and Eastern Mysticism, Bungay ³1978.

Werden der Welt. Die Welt hat einen Anfang in der Zeit. Wu Gi bezeichnet demgegenüber das, was vor dem Anfang war. Die Chinesen erfassen damit aus uraltem Denken, was heute die Grundlagenforschung der Physik erst wiederentdeckt. *Entstehen, werden* kann nur das, was *möglich* ist. Die Welt ist nicht nur Wirklichkeit, sie ist zuallererst Möglichkeit und immer noch voller Möglichkeiten. Da die Welt in der Zeit entstand, war sie vor dem Anfang bloße Möglichkeit. *Die Welt war möglich, darum konnte sie entstehen.* Darum beruhen auch die großen Gedanken Chinas seit alters nicht auf dem starren Kausal- und Finaldenken, wozu westliches Forschen durch die Schöpfungsidee verleitet wurde, sondern auf dem Wahrscheinlichkeitsdenken, das auch die Einsichten der heutigen Physik leitet. Die Welt entsteht immer noch, sie *wird.* Sie ist noch voller unverwirklichter Möglichkeiten.«[2]

Im Kreis erscheint das T'ai Chi, das Symbol der beiden Urkräfte. Die Yang-Yin-Lehre ist auch die Basis der chinesischen Medizin. Der *Akupunktur*[3] sowie der *Moxatherapie* liegt die Voraussetzung zugrunde, daß bei einem gesunden Menschen sich die beiden komplementären Elemente in harmonischem Ausgleich befinden. Der ganze Körper wird in Yang- und Yin-Teile aufgegliedert, zwischen denen eine Balance besteht, die durch einen ständigen Energiefluß aufrechterhalten wird. Die Energie fließt über ein System von Meridianen, auf denen sich die Akupunktur-Punkte befinden. Jedes Organ besitzt einen Meridian, und zwar in der Weise, daß Yang-Meridiane zu Yin-Organen gehören und umgekehrt. Jede Krankheit beruht auf dem gestörten Fluß zwischen Yin und Yang und kann dadurch geheilt werden, daß Nadeln in spezielle Akupunkturpunkte gesteckt werden, um den Energiefluß zu stimulieren. Ein entsprechendes Prinzip liegt auch der *Akupressur* bzw. der *Mikromassage An-mo* sowie in abgewandelter Weise der japanischen *Fingerdrucktherapie Shiatsu* und der *Tai-ki-Therapie* zugrunde[3].

Es gibt auch einen Einfluß der Yang-Yin-Lehre auf die *Ernährung.* Alternative Heilkunde- und Ernährungsbücher basieren z. T. auf

2. *Paul Schwarzenau:* Christentum und Weltreligionen (Titel der Originalausgabe: Der größere Gott, 1977), München 1981, S. 225.
3. Das breite Interesse an solchen alternativen Heilverfahren dokumentiert sich nicht zuletzt an der Veröffentlichung einschlägiger Taschenbücher bzw. an-

energetischer Grundlage, d. h., sie gehen von der Energie (Schwingungen) der Nahrung und deren Wirkung im Körper aus[4].
Einen heilsamen Einfluß auf das menschliche Gesamtbefinden verspricht auch die Methode des *T'ai Chi Ch'uan*[5] (Schattenboxen), die die Harmonie aller zusammenwirkenden Kräfte von Körper, Seele und Geist anstrebt (ein »Gleichgewicht in Bewegung«) und auf der taoistischen Philosophie beruht. Nicht zuletzt soll die Yang-Yin-Lehre auch Wege zur Neubestimmung der Beziehungen der Geschlechter untereinander weisen[6].

derer Publikationen mit teilweise sehr hohen und mehreren Auflagen. Vgl. zum Thema Gesundheit: *Michael Klöcker* und *Udo Tworuschka:* Ethik der Religionen – Lehre und Leben, Bd. 3: Gesundheit, Göttingen und München 1985. Vgl. weiterhin: *Kurt Allgeier:* Schmerzfrei, fit und schlank durch Akupressur (= Heyne-TB 08/4676), München 1980. – *C. V. Cerney:* Akupunktur ohne Nadeln, Freiburg, 9. Aufl. 1984. – *Stefan Kappstein:* An-mo. Die chinesische Mikromassage, Freiburg 1981. – *Wataru Ohashi:* Shiatsu – die japanische Fingerdrucktherapie, Freiburg, 5. Aufl. 1983. – *Evelyne Holzapfel, Pierre Crépon* und *Claude Philippe:* Magnet-Therapie. Eine neue Behandlungsmethode vereint die heilenden Kräfte von Magnetismus und Akupunktur (= Tai-ki-Therapie), Freiburg 2. Aufl. 1984.

4. Vgl. u. a. *Guido Fisch:* Chinesische Heilkunde in unserer Ernährung, Essen 1983 (Synthesis-Verlag).
5. Vgl. *Toyo* und *Petra Kobayashi:* T'ai Chi Chu'an, 1981. – *Frieder Anders:* Das chinesische Schattenboxen T'ai Chi. Meditation in Bewegung zur Steigerung des Körpergefühls und zur Festigung der Gesundheit, 1977. – *Al Huang:* Lebensschwung durch T'ai Chi. Ein chinesischer Meister der Rhythmik lehrt die Meditation in der Bewegung, München 1979.
6. *Alan Watts:* Im Einklang mit der Natur, 1981. – *Sukie Colegrave:* Yin und Yang, München 1984. – Vgl. weiter: *Christopher Markert:* Yin Yang. Harmonie von Sinnlichkeit und Vernunft, München 1984 (= Goldmann TB 11379). Interessanterweise findet sich das Yang-Yin-Symbol auch auf dem Titelbild einer Veröffentlichung zur Lebensberatung: *Wolf-Rüdiger Schmidt: (Hg.):* So weit die Liebe trägt, Gütersloh 1984 (= GTB Siebenstern 950). – Außerdem: *Jolan Chang:* Das Tao für liebende Paare. Leben und Lieben in Einklang mit der Natur, Reinbek bei Hamburg 1983.

Die Aufteilung alles Seins in Yang und Yin ist vermutlich noch älter als unsere schriftlichen Dokumente. Die frühesten kultischen Gegenstände verraten diesen »Symbolismus der Polarität und des Wechsels«. So trägt etwa die Nachteule, die das Dunkel symbolisieren soll, »Sonnenaugen«, während andererseits symbolische Darstellungen des Lichts nächtlich-dunkle Zeichen aufweisen. Yin und Yang wurden zunächst mit kaltem und bedecktem Wetter bzw. mit Sonnenschein und Hitze assoziiert. »Das Universum ist demnach aus einer Reihe antithetischer Formen zusammengesetzt, die einander in zyklischer Weise abwechseln.«[7] Yang und Yin sind *Prinzipien,* nicht aber Mann oder Frau z. B.; denn in beiden sind Elemente des jeweiligen anderen vorhanden.

Yang: hell, männlich, stark, schöpferisch, fest, oben (Himmel), Bewegung, klar und rational.
Yin: ist das genaue Gegenteil: weiblich, dunkel, schwach, ruhig-kontemplativ, nachgiebig, unten (Erde), Ruhe, kompliziert-intuitiv.

Das sich in der Konzeption von Yang und Yin ausdrückende chinesische *Weltmodell* ist das einer *dynamischen Komplementarität.* Damit unterscheidet es sich von anderen Weltentwürfen, etwa dem *Dualismus,* der, wie z. B. im Zoroastrismus und davon beeinflußten Religionen, die Welt in zwei unversöhnliche Pole auseinanderreißt: Gut und Böse, Licht und Finsternis. Das chinesische Modell unterscheidet sich auch vom *monistischen* Ansatz, wie er sich etwa im indischen Vedanta (→ S. 81 f.) findet, wo es nur eine Wirklichkeit, das Brahman, gibt. Der vieldiskutierte Physiker Fritjof Capra hat in seinen Büchern auf Übereinstimmungen zwischen der Lehre von Yang und Yin und den Erkenntnissen der modernen Physik hingewiesen. Die alten chinesischen Texte, z. B. das zu den klassischen 5 Büchern

7. *Mircea Eliade:* Geschichte der religiösen Ideen, Bd. 2, S. 24.

zählende I-Ging (»Buch der Wandlungen«) sowie Aussagen der taoistischen Mystiker, sehen das Naturgeschehen als einen ständigen Prozeß des Umformens und Wandelns, wie er durch die Beziehungen zwischen Yang und Yin zustande kommt. Die Taoisten haben das Augenmerk darauf gelenkt, daß alle Gegensätze »polare Beziehungen« darstellen, »bei denen jeder der beiden Pole dynamisch mit dem anderen verbunden ist«. Nacht und Tag sind also keine unversöhnlichen Gegensatzpaare; denn beide enthalten ja den Kern des jeweils anderen in sich. Diese Erkenntnis wird durch die schwarzen bzw. weißen Punkte im Diagramm angedeutet. Die Gegensätze sind letztlich nur »Aspekte derselben Sache«. Aus dieser Einsicht leiten die Taoisten auch ihre Maxime für das menschliche Verhalten ab. Um bestimmte Ziele zu erreichen, soll man stets mit dem genauen Gegenteil davon beginnen, wie es im Tao-Te-King (Kap. 36) heißt:

»Was du willst zwängen,
Mußt vorher du längen.
Was du willst schwächen,
Mußt vorher du stark machen.
Wen du willst aufgeben,
Den mußt du hinaufheben.
Von wem du willst haben,
Den mußt du begaben.«

Sowohl die Taoisten als auch die Konfuzianer glauben daran, daß die Wahrheit in der goldenen Mitte liegt, die den Extremen vorzuziehen ist. »Nach chinesischer Auffassung ist es besser, zuwenig zu besitzen als zuviel, besser, Dinge zu unterlassen, als sie zu übertreiben ... Die moderne industrielle Gesellschaft, die sich ständig darum bemüht, den Lebensstandard zu erhöhen, dadurch aber die Lebensqualität für alle Mitglieder verringert, ist eine deutliche Illustration dieser alten chinesischen Weisheit« (F. Capra).
Die Yang-Yin-Polarität wird außerdem in dem Symbol der »acht Zeichen« ausgedrückt: »Jedes dieser Zeichen bildet ein Trigramm, eine Anordnung von drei Linien, die aus ganzen und gebrochenen Strichen bestehen. Die acht Zeichen oder Trigramme stellen die ver-

schiedenen Kombinationen dar, die man mit Hilfe der ganzen oder gebrochenen Linien konstruieren kann ... Die ganzen Linien symbolisieren Yang, die gebrochenen Yin ... Die Trigramme Fu His ›kosmisieren‹ alle Bereiche der menschlichen Existenz. Sie beziehen sich auf die individuellen und kollektiven, die politischen und gesellschaftlichen Wandlungszustände der Welt, auf Freiheit und Bindung von einzelnen und auf die Möglichkeiten und Abhängigkeiten von Gruppen, die beachtet und in Gleichgewichtslagen gebracht werden müssen, wenn das Ganze bestehen soll ... Die Trigramme weisen immer auf eine Gesamtkonstellation hin.«[8] Im klassischen *I-Ging*, dem »Buch der Wandlungen«, dem ältesten Weissagungs- und Orakelbuch der Religionsgeschichte, wurden die ursprünglichen acht Trigramme zu 64 Hexagrammen (als Kombinationen von je zwei Trigrammen) erweitert. Die Symbole des I-Ging zeigen Übereinstimmungen mit der modernen Physik, wie auch mit »grundlegenden Einsichten der Tiefenpsychologie«. »Menschliches Schicksal konstelliert sich ja aus seiner bewußten Einstellung (Rollenverhalten) und seinen verdrängten, noch unverwirklichten Möglichkeiten (der Schatten, das Selbst). Von dorther ist die Benutzung des I-Ging als Orakelbuch sinnvoll.«[9] Es gibt eine reichhaltige Literatur zum I-Ging[10]. In einer Verlagsankündigung zu dem Buch von R. L. Wing »Das Arbeitsbuch zum I-Ging« wird auf die praktische Nützlichkeit des Orakelbuches hingewiesen: »Als Orakel zu einem konkreten Problem befragt, gibt das I-Ging in erstaunlicher Weise Antwort und Denkanstoß für Lösungen. Was passiert mir z. B., wenn ich die Arbeitsstelle wechsle oder in eine andere Stadt ziehe? Wie gehe ich meine Partnerprobleme an? Es ist schon verblüffend,

8. *Schwarzenau*, a.a.O., S. 227.
9. Ebd., S. 227f.
10. Vgl. weiter: *Sam Reifler:* Das I-Ging-Orakel. Der Welt ältestes System der Zukunftsvorhersage, neu dargestellt und ausgelegt für die praktische Anwendung durch den modernen Menschen, Freiburg 1983 (= esotera Taschenbücherei). – *Marguerite de Surany:* I-Ging und Kabbala. Ein Orakel- und Weisheitsbuch, Feiburg 1982. Grundlegend ist die neue Übersetzung von *John Blofeld (Hg.):* I Ging. Das Buch der Wandlung, München 1984. Die Literatur zum I-Ging ist sehr zahlreich.

wie dieses Buch auf Probleme und Situationen antwortet, die jeden ganz individuell bewegen.«

3. Konfuzius

Kung-fu-Tzu, Meister Kung (551–479 v. Chr.), ist die chinesische Version der von Jesuitenmissionaren im 17. Jh. latinisierten Form Konfuzius. In der Bewertung seiner Persönlichkeit ist man sich weder in China noch in der westlichen Forschung einig. Auch wenn er zweifellos kein dem Buddha, Zarathustra, Mahavira, Guru Nanak, Jesus oder Muhammad vergleichbarer Religionsstifter war, so stellten Reformkonfuzianisten, z. B. Kang Youwei (1858–1927), ihn gegen Ende des letzten Jahrhunderts trotzdem als Begründer einer Religion hin und strebten sogar die Schaffung einer konfuzianischen Staatskirche an. Einig ist man sich auch nicht darüber, worin die besondere Leistung des Konfuzius besteht: Manchen gilt er als »braver Moralist« (O. Franke), anderen als vorsichtiger »Revolutionär« (H. G. Creel). Die Einschätzung von Person und Werk des Konfuzius unterlag auch bei den Chinesen manchen Wandlungen[11]: Vertreter der Han-Dynastie (25–220 n. Chr.) legten Konfuzius göttliche Eigenschaften bei und betrachteten ihn als großen Weisen, ja als das Idealbild des Menschen. In der kulturellen Revolution um 1919, bei der das traditionelle chinesische Erbe reformiert werden sollte, wurde ein Negativbild von Konfuzius entworfen, das Meister Kung für die zweitausendjährige chinesische Unfreiheit verantwortlich machte. Konfuzius und die Idee der Demokratie galten als miteinander unvereinbar. Diese revolutionäre Bewegung wurde dann durch eine historisch-skeptische Richtung abgelöst, die Konfuzius historisch begreifen wollte, ihn auf menschliches Normalmaß reduzierte und als gebildeten Mann seiner Zeit verstand. In der daran an-

11. Vgl. den Art. Konfuzianismus von *Brunhild Staiger*, in: TRT, 4. Aufl., Bd. 3, Göttingen 1983, S. 130–136.

schließenden Neubelebung des Konfuzianismus griff man wieder stärker auf Konfuzius und seine Ethik zurück, wobei man konfuzianische Ideen mit kommunistischen Anschauungen vermischte. Die totale Abwertung von Konfuzius während der Kulturrevolution (1965–1976) blieb nur Episode. In der Volksrepublik China betont man heute wieder im allgemeinen die wichtige Rolle des Konfuzianismus für die Geschichte der chinesischen Kultur. Selbst Denkmäler dürfen den einst Verteufelten neuerdings wieder errichtet werden (AP-Meldung im Kölner Stadt-Anzeiger vom 17. 5. 1984).
Meister Kung lebte nach dem Untergang des Chou-Reiches (1122–770) in einer Zeit politischer und gesellschaftlicher Wirren und Umschichtungen. China bestand aus einer Vielzahl sich bekämpfender Feudalstaaten. Konfuzius »gehörte jener neuen Schicht an, die man als Intelligentia bezeichnen könnte und die sich aus Vertretern des verarmten Adels, aber auch des Volkes herauszubilden begann«[12]. Zeit seines Lebens bemühte sich Kung, ein wichtiges politisches Amt zu bekleiden, um seine Kräfte für Reformen, Frieden und Ordnung und gegen die herrschende Anarchie einzusetzen. Dieses große Ziel erreichte Konfuzius jedoch nicht. Statt dessen zog er eine Schar von Schülern (72 werden genannt) an sich. Auch wenn er für eine gewisse Zeit Staatsämter bekleidete, so konnte er den von ihm erstrebten nennenswerten Einfluß auf die Politiker jedoch nicht nehmen.
Zwar werden viele Schriften auf Konfuzius zurückgeführt (Buch der Lieder, Dokumente, Wandlungen, Frühlings- und Herbstannalen), verfaßt hat er jedoch keine einzige. Selbst die anekdoten- und aphorismenhaften »Gespräche« (Lun-Yü) bilden kein einheitliches Werk und stammen von nachfolgenden Schülergenerationen.
Die Hauptgedanken Meister Kungs, der nach eigenen Aussagen nicht neuschaffen, sondern Werte des Altertums überliefern wollte – jedoch in der revolutionären Absicht, »die politischen Verhältnisse seiner Zeit zu geißeln und zu ihrer Reform beizutragen«[13] –

12. Ebd., S. 130.
13. *P. Nemeshegy:* Art. Konfuzianismus, in: Ökumene-Lexikon, Frankfurt 1983, Sp. 702–706, bes. Sp. 704.

kreisen um das Thema des *Menschen*, den er entgegen dem bisherigen Denken für das größte aller Wesen hält. Er beschäftigt sich mit den menschlichen und sozialen Beziehungen. »Die Ehrfurcht als Grundlage aller Ethik und sozialen Lehren, auch die Ehrfurcht dem Staat gegenüber, wurzelt in der Ehrfurcht der Familie, und diese entspricht der Ordnung des Himmels. Die Verehrung der Familienbande aber ist in China ein Numinosum im Sinne einer rational nicht faßbaren Apperzeption der Lebensgemeinschaft der Familie, damit aber ein religiöses Faktum.«[14] Wichtig sind die hierarchischen Beziehungen, die den einzelnen in ein bestimmtes System zu den Mitmenschen stellen. Die »fünf menschlichen Beziehungen« zwischen Fürst/Untertan, Vater/Sohn, älterem/jüngerem Bruder, Mann/Frau, Freund/Freund stellen ein reziprokes Verhältnis dar; der Höhere wie auch der Niedere haben gemeinsame Pflichten dem jeweils anderen gegenüber. Wichtige Werte[15] verkörpert der *chün-tzu*, der »gentleman«, der sich nicht mehr ausschließlich durch angeborenen Adel, sondern durch eine edle Gesinnung auszeichnet, der die Kunst beherrscht, sich »richtigzustellen«. Nur der Richtiggestellte vermag sein Land richtig zu regieren. Dazu bedarf es der Erziehung und des unablässigen Lernens. Erst durch unermüdliches Lernen erwirbt man sich *Tugenden (te)*. Der Edle, der aus der Mitte heraus lebt, die er in sich selbst findet, zeichnet sich durch *humanitas* aus *(jen)* – ein Wort, das sich aus den beiden Zeichen für »Mensch« und »zwei« zusammensetzt und »Zweimenschlichkeit« bzw. Mitmenschlichkeit bedeutet – sowie durch *Menschenliebe (ai jen)*, die ein »Amalgam aus distributiver Gerechtigkeit und freund-

14. *Werner Schilling:* Einst Konfuzius – Heute Mao Tse-tung, Weilheim 1971, S. 57.
15. Vgl. *Monika Übelhör:* Arbeit im Konfuzianismus, in: *Michael Klöcker* und *Udo Tworuschka (Hg.):* Ethik der Religionen – Lehre und Leben, Bd. 2: Arbeit, Göttingen und München 1985, S. 119ff. – *Shimada Kenji:* Die Neo-Konfuzianische Philosophie, übers. von *Monika Übelhör*, Hamburg 1979 (= Mitteilungen LXXIV der Gesellschaft für Natur- und Völkerkunde Ostasiens e. V. Hamburg). – *Hubert Seiwert:* Ethik in der chinesischen Kulturtradition, in: *Peter Antes u. a.:* Ethik in nichtchristlichen Kulturen, Stuttgart u. a. 1984, S. 136–167.

schaftlicher Zuneigung«[16] darstellt. In der Beziehung zu anderen Menschen gilt die Goldene Regel: »Was ich nicht will, das man mir antue, das füge ich auch keinem anderen zu« (Lun-Yü V,11) – bzw.: »Durch Gerechtigkeit vergelte man das Böse, durch Güte vergelte man Güte« (XIV,36). »Es ist ein typisch konfuzianischer Gedanke, daß die Ideale verwirklicht werden können. Konfuzius hat niemals Unmögliches und Unerreichbares als Ideal aufgestellt. Alles muß praktisch ausführbar sein ... Das Ideal des ›Edlen‹ zielt bei Konfuzius nicht auf den übermenschlichen Heiligen ab, sondern auf den vernünftigen Chinesen.«[17] Für Konfuzius waren die *Formen (li),* in denen sich die sittlichen Tugenden realisieren, von großer Bedeutung. Daher hatte er ein starkes Interesse an den religiösen Zeremonien, die dem Leben Anmut, Ruhe und Heiterkeit geben. Ihre Erneuerung führt zur sittlichen Erneuerung des Volkes. Die Musik war für Konfuzius die höchste Form des *li.*

Bei Konfuzius finden sich wenige im engeren Sinne *religiöse* Aussagen. Der große Lehrer schweigt – darin dem Buddha vergleichbar – über das Leben nach dem Tode, verkündet keine Lehren über Götter und Geister und ihre Beziehungen zu Menschen usw. Ihn deshalb als unreligiös, als Nur-Philosophen und Morallehrer zu charakterisieren, dürfte jedoch an der Wahrheit vorbeigehen. D. Howard Smith hat in seiner Konfuzius-Biographie (Confucius, Frogmore, St. Albans 1974) gegenüber der weitverbreiteten skeptischen Haltung deutlich gemacht, daß Meister Kung zwar nicht »in erster Linie ein religiöser Lehrer« war, aber gleichwohl »ein tief religiöser Mensch« gewesen ist. Metaphysische Spekulationen liebte Konfuzius nicht, er teilte aber die in China schon immer herrschende Ansicht, daß der *Himmel* sich für das Wohl des Menschen verantwortlich weiß. Bei Konfuzius findet sich der Begriff *»T'ien«*, der »Himmel« bedeutet. Den anderen Terminus *»shang-ti«* (Gott in der Höhe) verwendet er nicht. Konfuzius war der Auffassung, vom Himmel beauftragt zu sein. Er spricht vom »Weg des Himmels«

16. *Peter J. Opitz:* Konfuzius, in: *Ders. (Hg.):* Chinesisches Altertum und konfuzianische Klassik, München 1968, S. 59.
17. *Schilling,* a.a.O., S. 59.

(»T'ien chao«), von den Fügungen *»T'ien ming«,* jedoch nie vom Willen des Himmels *(T'ien chih). Ming* kann eine fatalistische Bedeutung haben und das vorherbestimmte Schicksal meinen, dem man nicht entgeht. *Ming* bei Konfuzius dagegen kann man aus freien Stücken befolgen oder ablehnen. Seine eigentliche Bestimmung erfüllt der Mensch natürlich durch die Wahl von *T'ien ming:* »Wer nicht den Willen des Himmels kennt, kann nie ein Edler sein« (Lun-Yü XX,3). Es gibt eine Reihe von Versen, die sogar den *anthropomorphen Charakter* von *T'ien* hervorheben. *T'ien* ist aber nie ein willkürlich handelnder und eingreifender, Offenbarungen und Wunder bewirkender Gott, sondern höchste Realität, Garant der kosmischen Weltordnung. Der Himmel gab Konfuzius Vertrauen in gefahrvollen Situationen und machte ihm Mut angesichts mancher Mißerfolge.

4. Laotse und der Taoismus

Einer schönen Legende zufolge hat der Philosoph, Archivar und Historiker Laotse (der »Alte Meister«), der angeblich sogar mit Konfuzius zusammengetroffen sein und ihn belehrt haben soll, aus Gründen der Resignation über den politischen Zustand des Staates Chou einen Wasserbüffel bestiegen und sich auf den Weg über einen Paß nach Westen begeben. Der Paßwächter bat den Weisen, seine Erkenntnisse aufzuschreiben, bevor er endgültig die Welt hinter sich lasse. Daraufhin schrieb Laotse seine Lehren im *Tao-Te-King* auf und zog sich in die Abgeschiedenheit zurück.
Über die Geschichtlichkeit Laotses hat man ähnlich kontrovers gestritten wie über die der anderen Religionsstifter. Dies gilt auch für die Verfasserschaft und Einheitlichkeit des kleinen philosophischen Hauptwerks. Nach Gellért Béky[18], der den Forschungsstand kri-

18. *Gellért Béky:* Die Welt des Tao, Freiburg und München 1972.

tisch referiert, darf man trotz aller berechtigten Skepsis davon ausgehen, daß Laotse gelebt hat, jedoch nicht mit Konfuzius zusammengetroffen sein kann, da Laotse erst später aufgetreten ist. Das *Tao-Te-King* charakterisiert Béky als das Werk eines Denkers »von ungewöhnlichem Ausmaß und seltener Tiefe«, mag es auch nicht von ihm eigenhändig geschrieben, sondern wie die Worte Jesu, Buddhas, Sokrates usw. überliefert worden sein.

Die westliche Forschung pflegt zwischen verschiedenen Formen des Taoismus zu unterscheiden, wobei eindeutige Wertmaßstäbe erkennbar werden. Der »philosophische« und damit eigentliche (!) Taoismus *(tao-chia* = taoistische Schule) wird vom »religiösen Taoismus« *(tao-chiao* = Tao-Lehre) getrennt, welcher wie der Vajrayana-Buddhismus (→ S. 161 ff.) ein Sammelsurium von Geheimlehren, Aberglauben und dgl. darstellte. Diese Einschätzung wird in neuester Zeit aber auch in Frage gestellt. So hält John Blofeld diese Trennung für künstlich und beschäftigt sich mit »allen Aspekten des heterogenen und schwer faßbaren Systems der Gelehrsamkeit und der praktischen Anwendung jener Richtung«[19]. Der praktizierte Taoismus war im vorkommunistischen China weit verbreitet und fand sich in Klöstern und bei Einsiedlern. Heute gibt es noch viele taoistische Tempel und Klöster auf Taiwan (Nationalchina) und in Hongkong, darüber hinaus in überseeischen Niederlassungen der Chinesen in Südostasien. In der Volksrepublik China dürfte der klösterliche Taoismus so gut wie verschwunden sein.

Die Hauptvertreter des philosophischen Taoismus sind der legendäre *Laotse, Tschuangtse* (369–286 v. Chr.), der den Taoismus zu seiner höchsten Blüte führte, und *Lietse,* ein Philosoph, der nicht genau datiert werden kann.

Im Mittelpunkt des kleinen Werkes *Tao-Te-King* stehen die Begriffe *Tao* und *Te. King* bedeutet einfach ein »klassisches Buch«. *Tao* ist der Schlüsselbegriff der kleinen Schrift und meint nicht mehr wie im älteren Schrifttum und bei Konfuzius den ethischen Weg, sondern ein allumfassendes göttliches Prinzip, durch das Himmel

19. *John Blofeld:* Das Geheime und Erhabene. Mystizismus und Magie des Taoismus, Bern u. a. 1974, S. 16.

und Erde und alles Existierende hervorgebracht wurden. Tao ist in den Worten der negativen Theologie leer, gestaltlos, unhörbar, unbegreiflich usw. »Tao, kann es ausgesprochen werden, ist nicht das ewige Tao. Der Name, kann er genannt werden, ist nicht der ewige Name« (1. Kap.). Als das Ewige ist Tao unwandelbar. Es ist, in einem Bild von T. S. Eliot ausgedrückt, dem Achsenpunkt eines Rades (still point) vergleichbar, der an der Rotation teilhat und doch stillsteht. Das Ziel der »Schöpfung« besteht in der Rückkehr zu ihrem Ursprung, welche dann beendet ist, wenn alle Wesen sich wieder in ihrem Urzustand befinden. Wann dies sein wird, ist eine spekulative Frage, welche die Chinesen ebensowenig interessiert wie das Problem des Anfanges aller Dinge. Das Tao-Te-King enthält eine *Mystik*, die den Menschen dazu auffordert, sich vom welthaften Sein zu isolieren, die Sinne davor zu verschließen. Die Haltung zur Welt soll geprägt sein durch *wu-wei* (wörtlich: Nicht-Tun), das auch vom Tao selbst ausgesagt wird. Wu-wei bedeutet nicht einfach Nichtstun, sondern *natürlich* handeln, nicht gegen die Natur handeln, sich statt dessen ihr harmonisch einfügen. Der mit dem Tao in Einklang und Harmonie lebende Weise sucht nicht die äußere Abgeschiedenheit auf, sondern fühlt sich zur besonderen Aufgabe im Staate bestimmt. Im *wu-wei-Ideal* treffen sich Laotses Individual- und Sozialethik. Im 28. Kap. heißt es vom weisen Menschen, daß er zum »Leiter der Amtsleute« werde, d. h. zum höchsten Beamten, der den Staat führen soll. Der beste Regent ist derjenige, der unbemerkt bleibt. Gewaltlosigkeit ist daher das Ideal des Laotse, für den »das himmliche Tao ohne Kampf siegt« (73,6) und »das Biegsame und Schwache« über »das Harte und Starke« dominieren (37,10). Für den religiösen Taoismus[20] ist die Erlangung der *Unsterblichkeit* das wichtigste Anliegen. Schon früh suchte man nach den geheimnisvollen Inseln, auf denen Unsterblichkeitspflanzen wachsen sollten. Außerdem entwickelte man unter tantristischen Einflüssen (Kundalini-Yoga) spezielle Meditationstechniken, z. B. den *Sexual-*

20. Vgl. *Mircea Eliade:* Geschichte der religiösen Ideen, Bd. 2, S. 36–44. – *Rolf Homann:* Art. Taoismus und chinesische Volksreligion, in: TRT, Bd. 5, S. 139–147.

Yoga, der dazu diente, die männlichen Yang- und die weiblichen Yin-Potenzen zu steigern und miteinander auszutauschen. Der Geschlechtsakt sollte ohne Samenerguß vollzogen werden, der mit Yin vermischte Saft sollte im männlichen Körper bis hinauf zum Kopf aufsteigen und dort zur Ruhe kommen. Ferner lehrte man spezielle *Atemtechniken,* die Unsterblichkeit versprachen, z. B. die ekstatische Erfahrungen bewirkende Embryonal-Atmung. Im unbekleideten Zustand wurden therapeutische Übungen vollzogen, durch die der Mann Sonnenkräfte, die Frau dagegen Mondkräfte in sich aufnahm. Von herausragender Bedeutung war schließlich die *Alchemie,* bei der es um die Herstellung von Unsterblichkeitsdrogen ging. Der religiöse Taoismus belebte den Glauben an die personalen Götter neu.

Charakteristisch für die praktische taoistische *Welteinstellung*[21] ist das »Leben in Übereinstimmung mit den Rhythmen der Natur«. Es zeigt sich z. B. in der Landschaftsgestaltung, an der Kunst des Blumenstellens, in der Malerei und Dichtung, bis hin zur Auffassung vom leidenschaftslosen Kampf, und erinnert sehr stark an Ideen im Zen-Buddhismus.

Es herrschte die Auffassung, der Natürlichkeit zu entsprechen und Künstlichkeit zu vermeiden. Man bemühte sich bei der Gartengestaltung und der Pflege von Bäumen und Sträuchern, die *in* den Gewächsen liegenden Formen hervorzuheben. »Ein Quadrat sollte nicht abgerundet werden, aber eine verwachsene Kugel konnte rundlicher werden; ein Busch sollte nur dann Ähnlichkeit mit einem Storch erhalten, wenn der Storch potentiell bereits in der natürlichen Gestalt der Pflanze enthalten war ... Kurz, das Ziel bestand in den meisten Fällen darin, der Natur zu helfen, das zu tun, was sie unter günstigeren Umständen selbst getan hätte.« Beim Hausbau bemühten sich die Taoisten, daß sich die Gebäude harmonisch in ihre Umgebung einfügten, wobei man »eine strenge Symmetrie vermied«.

21. *Blofeld,* a.a.O., S. 134ff.

Literatur:

W. Eichhorn: Die Religionen Chinas (= Die Religionen der Menschheit, Bd. 21), Stuttgart 1973.

J. J. M. de Groot: Universismus, Berlin 1918.

W. Münke: Die klassische chinesische Mythologie, Stuttgart 1976.

A. Waley: Three Ways of Thought in Ancient China, London 1939.

P. U. Unschuld: Medizin in China, München 1980.

DIE RELIGIONEN JAPANS

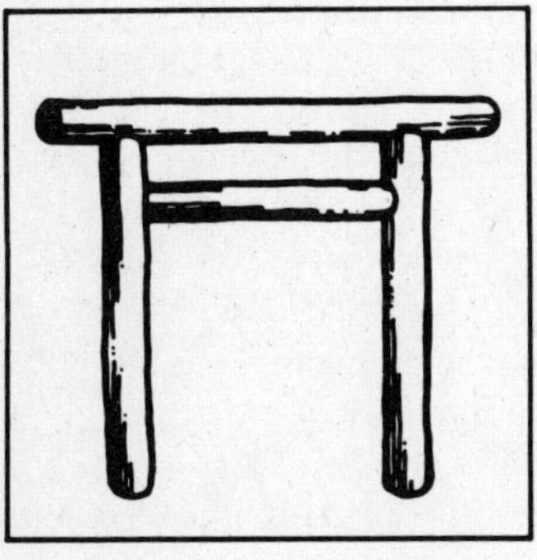

Torii – »Vogelsitz«: Tor am Eingang vieler Schreine.

1. Shinto und Buddhist – kein Widerspruch

Japan, Land der aufgehenden Sonne, drittgrößter Industriestaat der Welt, übermächtige Konkurrenz auf dem Weltmarkt in Automobilen und in der Unterhaltungselektronik: Japan ist ein *säkularisiertes Land.* Doch der enorme Leistungswille der Japaner hat nicht zuletzt auch religiöse Wurzeln und läßt sich »aus der Verbindung zenbuddhistisch geprägter Lebenshaltung mit konfuzianischer Ethik« (Heyo E. Hamer) verstehen.

Als 1954 das japanische Reich vor den USA kapitulierte und General Mac Arthur am 15. Dezember desselben Jahres den Staatsshinto verbot, verzichtete der Tenno (Kaiser) in der Neujahrsansprache 1946 offiziell auf seine durch göttliche Abstammung begründete Stellung. Damals brach für die Japaner buchstäblich eine Welt zusammen. Nach dem Zweiten Weltkrieg erlebte Japan einen erstaunlichen religiösen Aufschwung – weniger zwar bei den etablierten Religionen als durch die Entstehung *neuer Religionsgemeinschaften.*

Japan bietet religiös gesehen ein buntes Bild: Von den 117,1 Mio. Einwohnern sind etwa zwei Drittel traditionelle Buddhisten und/oder Shintoisten. Weniger als 1% sind Christen (die Hälfte davon Protestanten, ein Drittel Katholiken, außerdem orthodoxe und unabhängige Minderheiten, z. B. die seit dem 17. Jhd. im Untergrund lebenden »Geheimchristen« [Kakure-Kirishitan]). Die Zahl der neuen religiösen Bewegungen beläuft sich auf bemerkenswerte 22,5%[1]. Während man nach unserem geläufigen Religionsverständnis entweder katholischer oder evangelischer Christ bzw. Jude oder Muslim ist, liegen die Dinge in Japan anders: Millionen Japaner geben bei Volkszählungen nämlich zwei oder sogar mehr Bekenntnisse an. Japaner können gleichzeitig Shintoisten und Buddhisten sein. Auf eine vereinfachte Formel gebracht, kann man sagen: Was die alltäglichen Dinge des Lebens betrifft, so ist dafür der *Shinto* zu-

1. Angaben nach Ökumene-Lexikon, Frankfurt 1983, Sp. 578.

ständig; alles, was dagegen das Leben nach dem Tode angeht (Heil, Erlösung), liegt in der Hand der *buddhistischen* Religion. Fragen der Lebensführung und Ethik dagegen werden im allgemeinen auch heute noch von der *konfuzianischen* Ethik bestimmt. Bei den Japanern hat man die »seltsame Verbindung von säkularem Bewußtsein und heiliger Scheu« bemerkt. »Japan ist ein säkularisiertes Land. Aber die Menschen dieses Landes leben so, als gäbe es überall noch Spuren des Heiligen« (P. Gerlitz).
Das, was für viele Japaner eine Einheit darstellt, soll im folgenden in seine religionsgeschichtlichen Elemente zerlegt werden.

2. Der Shinto

● *Religionsgeschichtlicher Rückblick*
Die einheimische Religion Japans ist der *Shinto* (chin. *Shin* = geisterhafter Kult; *to* = *tao* = Weg) bzw. auf japanisch *»kami-no-michi«* (= Weg der kami), der bis Anfang des 6. nachchristlichen Jh.s in Japan allein herrschend war. Der Buddhismus drang nach einer traditionellen Angabe im Jahre 552 n. Chr. (vermutlich aber schon früher) in Japan in seiner *Mahayana*-Gestalt ein. Er erfüllte die tieferen religiösen Bedürfnisse der Japaner. Zwischen beiden Religionen kam es zu Reibungen; doch gegen Ende des 6. Jh.s gelang es noch, den Buddhismus zu etablieren. Diese importierte Religion hatte bis dahin schon mancherlei Umformungen auf ihrem Weg von Indien nach China hinter sich. Die *zweite Phase* in der Geschichte der shintoistisch-buddhistischen Auseinandersetzung besteht in dem allmählichen Ausgleich, ja sogar in einer *Verschmelzung* beider Religionen. Bereits im 8. Jh. waren am Zentralheiligtum von *Ise* »Schrein-Tempel« vorhanden, in denen buddhistische Priester zu Shinto-Göttern beteten und außerdem buddhistische und shintoistische Götter synkretistisch in eins gesetzt wurden. In der Zeit vom 6. bis 9. Jahrhundert entstand ein Kompromiß zwischen beiden

Religionen, ein duales System, das *»Ryobu«* genannt wurde. Dieser populäre Ryobu-Shinto (»zweiseitiger Shinto«) wurde zur beliebten Volksreligion Japans. Der »reine Shinto« war fast völlig beseitigt worden und hielt sich noch an vereinzelten Kultstätten. Der Beginn der *dritten Phase* ist das Jahr 1868. Es kam zu einer Shinto-Restauration während der Meiji-Ära, die zur Renaissance des »reinen Shinto« führte. Dieser reine Shinto war schon etwa 150 Jahre vorher von Philologen und Altertumsgelehrten erforscht worden. Auch als der reine Shinto zur Staatsreligion erhoben wurde und man 1871 eine strenge Trennung beider Religionen anordnete, führte diese nicht zur Beseitigung des populären Shinto. Das Motiv der Trennung war politischer Natur. Das idealisierte Zeitalter der Götter, wie die Annalen es beschreiben (→ Heilige Schriften), wurde zum Maßstab der nationalpolitischen Besinnung. 1881 wurden alle Schreine, die öffentliche Mittel bekamen, und deren Priester ihrer rein religiösen Funktion entkleidet. Es entstand der *Staatsshinto*, der Kult des Kaiserhauses, ein rein nationales Ritual ohne religiöse Bedeutung. Die Wissenschaftler, welche die Restauration vorbereitet hatten, stellten in ihren Untersuchungen den sakrosankten Charakter des Tenno fest. Das Kaiserhaus stammte von der Sonnengöttin *Amaterasu* ab, deren Symbol das japanische Staatswappen ziert. Der Staatsshinto war der »Ausdruck des Patriotismus schlechthin«, und wird als ein »Humanismus japanischer Prägung beschrieben«[2]. Durch die Ereignisse der Jahre 1945/46 wurde dieser Nationalkult abgeschafft.

Der Shinto stellt sich heute in drei großen Formen dar: Auf der einen Seite gibt es den *Schrein-Shinto* (Jinja-Shinto), der den Staatsshinto abgelöst hat, daneben den *Sekten-Shinto*, der im Abriß (Kapitel 6) an einigen Beispielen vorgestellt wird, schließlich den *Volksshinto*, die »kleine Tradition« der Lokalüberlieferungen. Sie »äußern sich in noch bescheideneren Formen, obwohl gerade hier persönliche Frömmigkeit oft in hohem Maße zur Geltung kommt: im Kult der alten Feld-, Wald- und Weggottheiten, der Haus- und

2. *H. Zachert:* Shinto-Japans Volksreligion in der Gegenwart, in: Jahrbuch 1, hg. vom Japanischen Kulturinstitut, Köln 1970, S. 111.

Gehöftgottheiten, der Gottheiten der Fischer und Seefahrer, der Handwerker und Kaufleute«[3].

● *Welt-, Menschenbild und Gottesvorstellungen*

Im Shintoismus ist die Rede von »acht Myriaden bzw. Millionen kami«. Sie machen daher in unseren Augen aus dieser Religion ein ähnlich monströses Gebilde wie die *devas* aus dem Hinduismus (→ S. 91). Die Grundbedeutung des Wortes *kami* ist umstritten. Es einfach mit »Gott« zu übersetzen, wäre problematisch, da *kami* sehr viel mehr umfaßt als personale Gottheiten. Kami bedeutet soviel wie »der Obere, der Höhere, übergeordnet, mächtig«. Gemeint ist »eine überlegene geistige Kraft, die in erster Linie solche Naturgeschehnisse kontrollieren kann – Jahreszeitenwechsel, Erntewuchs, rechtzeitige Regenzeit, das Besiegen einer Pest –, die über die Verfügungs- und Verstehensmöglichkeit des Menschen hinausgehen. Zweitens kennen sie die Zukunft, welche dem Menschen verborgen ist. Daher kann man sie zum Schutz vor Unglück, für besondere Zwecke und bestimmte Informationen anrufen. Die meiste Zeit des Jahres wohnen sie gewissen Gegenständen und Orten ein, die aufgrund ihrer numinosen Gestalt oder ihrer geheimnisvollen und furchterregenden Assoziationen zeigen, daß die Träger einer überirdischen Macht sind.«[4] Diese Auffassung vom Wesen der *kamis* wirft Licht auf das shintoistische *Naturverständnis.* Die belebte wie auch unbelebte Natur ist kein einfaches Objekt, über das der Mensch schrankenlos verfügen könnte. Sie steht vielmehr mit der Welt der *kamis* in engster Beziehung. Auch wenn viele »aufgeklärte« Japaner nicht mehr daran glauben, daß in Flüssen, Seen, Bergen und Bäumen *kamis* wohnen, denen man sich verehrungsvoll nähert, so wird auch heute noch bei einer Schiffstaufe etwa ein Shinto-Priester beteiligt, der den *kami* des Schiffes »einschreint« und dem unbelebten Fahr-

3. *Nelly Neumann:* Art. Shinto, in: TRT, Bd. 5, S. 56. – Zu den dörflichen Kulten vgl. *Josef Kreiner:* Die Kultorganisation des japanischen Dorfes, Wien 1969.
4. Die *kami*-Definition stammt von *Carmen Blacker:* The Religions of Japan, in: Historia Religionum, Bd. 2, S. 536.

zeug seinen Segen spendet. Dasselbe gilt z. B. auch für Atomkraftwerke. Höchstwert des Shinto-Glaubens[5] ist das *Leben,* selbstverständlich eingebunden in die größeren familiären, gesellschaftlichen und nationalen Zusammenhänge. Die gegenwärtige Welt, in der die Japaner leben, gilt als das »mittlere Land«, das beste Land. Doch diese gute Welt, die von den Segnungen der *kamis* lebt, ist ständig bedroht. Die von außen hereinbrechende Sünde, das Unglück, kultische Verunreinigungen usw. können aber durch spezielle Riten wieder beseitigt werden. Der Gegenwert zum Leben ist der als Unwert und Unglück betrachtete *Tod.* Die Scheu des Shinto vor Sterben und Tod führte dazu, daß der Buddhismus für die Todesriten und das Bestattungswesen zuständig wurde. Der Tod hat nach dem Shinto-Glauben nicht das letzte Wort. Obwohl er als Fluch und Tragödie verstanden wird, der die Segnungen des Lebens in Frage stellt, weiß sich der Verstorbene nicht in der »Welt des Todes« *(Yomi no kuni)* allein gelassen. Er war ja schon zu Lebzeiten ein Glied einer langen Ahnenkette, die ihn mit umschloß. So helfen dem Toten auch nun die Seelen der Ahnen. Der Tote lebt weiter, vereint mit den Seelen der Ahnen.

Der Shinto hat eine sehr enge Beziehung zur Gemeinschaft. Für ihn ist Individualismus daher kein Wert, sondern geradezu eine nicht erstrebenswerte Einstellung. Das Leben jedes einzelnen ist *verdanktes* Leben. Jeder weiß sich in eine unendliche Kette von Vorfahren (Eltern, Großeltern, Urgroßeltern usw.) eingereiht: »Wenn er bemerkt, daß er seine körperliche und geistige Erbschaft von seinen Ahnen und Eltern bekommen hat, daß er Gegenstand ihrer allumfassenden Liebe ist und ihre Hoffnungen und Ideale weiterträgt, dann ist es seine unausweichliche Pflicht, diese Erbschaft sorgsam zu pflegen und sie an die nächste Generation weiterzureichen ...«

Der als gutes Geschöpf der Götter *(kami)* mit einer gewaltigen Fülle an Möglichkeiten ausgestattete Mensch steht seinen Göttern in dankbarer Haltung gegenüber. Die Gottheit wird nicht als fordern-

5. Ich folge der Darstellung: An Outline of Shinto Teachings, compiled by Shinto Committee for the IXth International Congress for the History of Religions, Tokyo 1958.

der Herr, sondern als Gast angesehen, den der menschliche Gastgeber zu sich einlädt und dessen Dankbarkeit sich in Gestalt von Frömmigkeit und Kult ausdrückt.

● *Kleines Lexikon: Heilige Schriften*

Es gibt keine den heiligen Schriften anderer Religionen vergleichbare heilige Shinto-Bücher. Wichtiger als heilige Texte sind die gemeinsamen kultischen Handlungen. Dennoch besitzen die Shintoisten wichtige Schriften:

Kojiki: »Aufzeichnung der Alten Geschehnisse«. Dieses im Jahre 712 n. Chr. zusammengestellte dreibändige Werk enthält viele mythische und legendäre Traditionen, dagegen wenige historische Berichte, aber einen vollständigen Stammbaum des Kaiserhauses. Die religiösen Inhalte des Shinto gehen auf die mythologischen Begebenheiten im *Kojiki* zurück. Ebenfalls werden Zeremonien, Tabubestimmungen, magische Praktiken usw. beschrieben.

Nihongi (bzw. *Nihon Shoki*): »Annalen Japans«. Dieses in Chinesisch geschriebene, im Jahre 720 zusammengestellte 30bändige Werk enthält eine Geschichtsdarstellung von den Anfängen der Götter bis zur Regierungszeit der Kaiserin Jito (697). Daneben enthält es noch weitere wichtige Dokumente.

● *Die Schreine*

Die *kamis* werden in den Shinto-Heiligtümern, den Schreinen, verehrt. Das mit Schrein übersetzte japanische Wort lautet *jinja*. Hiermit ist ein Gebäude oder Ort gemeint, wo ein *kami* oder mehrere *kamis* »eingeschreint« sind. Es gibt in Japan etwa 100000 Schreine unterschiedlicher Größe und Bauart. Dabei kann es sich um ein reizvoll in die Landschaft eingepaßtes, an einer Straße oder in der Ecke einer Fabrikhalle erbautes kleines Gebäude handeln. Es gibt aber auch größere Schreine mit dazugehörigen weiteren Gebäuden. Am Eingang der meisten großen Schreine befindet sich ein hölzerner Torpfosten (*torii* = Vogelsitz), der den irdischen Bereich von der Kami-Welt symbolisch abgrenzen soll. Mehrere *torii* können aber auch hintereinander aufgestellt werden. Zum eigentlichen Schrein führt dann ein steiniger oder sandiger Weg, der im Beschreiter eine harmonisch-natürliche Einstellung erwecken soll. Die größeren Schreine befinden sich meist in landschaftlich reizvoll gelegener Gegend. Der engere Schreinbezirk wird vor bösen Geistern oft durch wild dreinschauende übermenschengroße Wachlöwen abgegrenzt. Darüber hinaus finden sich beiderseits des Weges Votivtafeln und von Frommen gestiftete Laternen, die nachts den Weg erleuchten. Unweit des Einganges steht ein meist überdachter großer Wasserbehälter. Die Gläubigen vollziehen vor dem Betreten des Schreins hier ihre Reinigungsriten. Sie spülen ihren Mund und schöpfen das klare Wasser mit einer Kelle aus dem Bassin, um es über ihre Fingerspitzen rinnen zu lassen. Bevor man den eigentlichen Schrein betritt, setzt man die Kopfbedeckung ab. Über einem Opferkasten hängt gewöhnlich eine Glocke, die der Eintretende mit Hilfe eines Seils zum Klingen bringt. Damit will er – wie schon durch die anderen Riten zuvor – die bösen Geister vertreiben und die *kamis* auf sich aufmerksam machen. Der Glockenklang soll auch seine innere Einstellung positiv verändern. Danach wirft er Münzen in den Opferstock und verbeugt sich mehrfach ehrfurchtsvoll. Um die Aufmerksamkeit der Götter auf sich zu lenken, klatscht man dann in die Hände[6]. Anstelle des Händeklatschens nehmen heutzutage manche Besucher nur noch ihren Hut ab und verbeugen sich kurz. Der eigentliche Schrein besteht aus drei Holzgebäuden, vor denen die »heiligen Seile« mit ihren papierenen Spruchbändern gespannt sind, die auch als Miniaturausgaben auf dem häuslichen *kami-dana* (»Götterbrett«) stehen. Der *haiden* ist eine lange, nach allen Seiten hin offene Gebetshalle. Hier werden die rituellen Zeremonien und heiligen Tänze aufgeführt. *Heiden* ist der Name für

6. Vgl. *Soky Ono:* The Kami Way. An Introduction to Shrine Shinto, International Institute for the Study of Religions, Tokyo 1959.

eine Opferhalle. Das »Allerheiligste« ist der *honden,* in dem die Gottheit anwesend geglaubt wird. Der kleinflächige *honden* befindet sich auf einer höheren Ebene und kann nur durch eine Treppe erreicht werden. Nur die Priester dürfen das Allerheiligste betreten, in dem sich wichtige Kultsymbole befinden: Der *shintai* (»göttlicher Leib«) ist der symbolische Wohnort der Götter. Außerdem befindet sich hier der nicht einmal für die Priester sichtbare *Spiegel,* der den unbefleckten reinen Geist des *kami,* aber auch die Einstellung des Frommen symbolisiert.
Die Schreine und Tempel werden von den meisten Japanern heute mehr als kulturelle Sehenswürdigkeiten aufgesucht.

● *Das tägliche Leben*
Der Tagesablauf eines bewußten, daher meist zur älteren Generation zählenden Shinto-Gläubigen besteht darin, daß er in aller Frühe aufsteht, sein Gesicht wäscht und den Mund spült. Er ehrt die *kami* und die verstorbenen Ahnen und gewinnt dadurch eine günstige Einstellung zur täglichen Arbeit; denn die Götter und Geister geben ihm Kraft und Hilfe. In den meisten japanischen Haushalten, aber auch in Werkstätten, Büros usw. gibt es einen Hausschrein. Manche haben sogar in ihren Gärten kleine Schreine aufgestellt, die nachts von Laternen beleuchtet werden. Die meisten Japaner besitzen einen *kami-dana* (»Brett für die Götter«). Dies ist ein Miniaturschrein, auf dem sich ein kleiner Spiegel befindet, der zu beiden Seiten von Zweigen des Sakaki-Baumes eingerahmt wird. Darüber ist die »heilige Schnur« gespannt, an der kleine Papierstreifen hängen, die den eigentlichen Schreinbereich abgrenzen und vor Unreinheit bewahren sollen. Im Schreininnern befindet sich häufig ein Amulett aus dem Ise-Heiligtum sowie ein Amulett der von der Familie besonders angerufenen Schutzgottheit. Nicht selten haben manche japanische Häuser unterhalb des Göttersimses noch einen Buddha-Altar *(butsu-dan).* Den Buddhas und Bodisattvas wie auch den *kamis* bringt man Opfer dar. Die täglichen, in der folgenden Weise wohl nur noch von wenigen ausgeführten Zeremonien sind schlicht: Der Shinto-Gläubige reinigt sich in der beschriebenen Weise und bringt dem *kami* Opfergaben. Er stellt sich vor dem *kami-dana* auf

bzw. sitzt auf einer Matte, verbeugt sich mehrere Male nach vorgeschriebener Weise, spricht leise ein Gebet, klatscht in die Hände. Die Opfergaben werden bei den Mahlzeiten verzehrt. Vor dem Essen schließt ein Shinto-Frommer seine Augen, beugt den Kopf und klatscht in die Hände, um seinem *kami* zu danken.

● *Kleines Lexikon: Feste*

1. Neujahrsfest: Das beliebte Fest wird im Schrein gefeiert, zu dem die Menschen teilweise schon in der Nacht vom 31. Dezember oder am frühen Morgen kommen. Die bösen Geister des letzten Jahres sollen vertrieben werden. Dazu dienen mancherlei Amulette, die man in den Schreinen kaufen kann. Was man beim letzten Neujahr vom Schrein nach Hause mitgebracht hatte, trägt man nun zurück und wirft es in ein großes Feuer. Das Neujahrsfest ist auch ein Familienfest. Gern wird der große Ise-Schrein aufgesucht.

2. *Bon-Fest:* Dieses große Totenfest, das um den 15. Juli herum begangen wird, soll die Geister der Toten versöhnen. Einige Tage vorher wird vor dem Eingang jedes Hauses ein Willkommensfeuer abgebrannt, das die Geister der Verstorbenen einlädt. Außerdem bringt man ihnen Opfer dar. Am Festtage selber wird erneut ein Feuer abgebrannt, um die Geister wieder zur Rückkehr zu veranlassen. An Flüssen oder am Meer werden kleine Boote mit Opfergaben und brennenden Laternen auf das Wasser gesetzt.

Weitere Feste sind jahreszeitlich bedingt, z. B. das *Frühlingsfest,* an dem man um göttliche Gunst für eine gute Ernte bittet, und das *Erntedankfest* im Oktober. Es gibt berühmte Feste, die in bestimmten Städten gefeiert werden. Dabei werden z. B. mit Laternen beleuchtete Wagen durch die Stadt gezogen. Auf ihnen befindet sich der symbolisch dargestellte *kami* (Spiegel, oder *gohei*), der in dieser Prozession durch die Straßen gezogen wird und dabei seinen Segen austeilt. Der Anlaß zu solchen Prozessionen ist im allgemeinen die Erinnerung an das Erscheinen des *kamis,* die Gründung des Schreins oder ein herausragendes historisches Ereignis.

3. Der Amida-Buddhismus – Jodo-shu und Jodo-shin-Shu[7]

● *»Die verfluchte protestantische Ketzerei«*

Als die ersten jesuitischen Missionare im 16. Jh. in Japan dem Amida-Buddhismus begegneten, sollen sie ausgerufen haben, daß die »verfluchte protestantische Ketzerei« schon bis hierher gelangt sei. Offensichtlich gibt es Parallelen zwischen dem lutherischen Glauben und dem Glauben an »Amida Buddha unsere Zuflucht« (H. Haas). 1571 stellte der Jesuit *Franciscus Cabralis* fest, der Amida-Glaube sei »hier das, was der lutherische in Europa ist; denn sie sagen, es brauche zur Seligkeit weiter nichts als den einzigen Namen des Amida, und man füge seinen vortrefflichen und dem menschlichen Geschlechte heilbringenden Verdiensten eine Unbill zu, wenn man glaubt, die Werke der Tugend und eines jeden eigenes Bestreben sei noch über dies hiezu notwendig«[8]. Es ist sicher kein Zufall, daß insbesondere protestantische Religionswissenschaftler und Theologen Interesse an dieser japanischen Gnadenreligion gefunden und sich mit Vergleichen der beiden analogen Glaubensformen befaßt haben (z. B. Frick, Mensching, Barth, Buri).

In Japan besitzt der Shin-Buddhismus neben dem Hokké-Buddhis-

7. Für wertvolle Informationen danke ich Herrn *Friedrich Fenzl,* Salzburg, Leiter der Buddhistischen Gemeinschaft Jodo Shin, österr. Zweig.
8. Zitiert bei *Heinrich Frick:* Vergleichende Religionswissenschaft, Berlin 1928, S. 94.

mus (→ S. 224ff.) die meisten Anhänger. Außerhalb Japans ist *Jodo-Shin* in Taiwan, USA (einschl. Hawaii), Kanada, Südamerika (zu 90% Nachkommen japanischer Einwanderer) sowie in fünf europäischen Ländern (England, Belgien, Schweiz, Bundesrepublik Deutschland, Österreich) vertreten. Sogar in Polen ist 1984 eine Shin-Gemeinschaft gegründet worden, und es gibt Gruppen in Warschau und Krakau.

● *Historischer Rückblick*

Seine größte Bedeutung hat die *mahayanistische Glaubensidee* (→ S. 160f.) im Amida-Buddhismus gefunden. Entstanden im Nordwesten Indiens, brachten Missionare den Kult des Buddha *Amithaba* (= Unendliches Licht) bzw. *Amitayus* (= Unendliches Leben) nach China (ca. 150 n. Chr.). Gegen 350 n. Chr. entstand hier eine Bewegung, die den Namen »Schule des Reinen Landes« trug. Nach Japan gelangte der Buddhismus über Korea nach einer einheimischen Geschichtsquelle im Jahre 552 n. Chr. Die großen chinesischen bzw. indischen Schulen wurden hier im Laufe der nächsten beiden Jahrhunderte in japanischem Geist neugegründet und grenzten sich deutlicher voneinander ab. Zur Zeit des 12. Jh.s war der offizielle Buddhismus zu einem aristokratischen, mit magischen Elementen durchsetzten Kult entartet. Die Frömmigkeit der breiten Masse bestand in Orakelwesen, Traumdeutungen, Wahrsagungen und Astrologie. Das nicht selten heruntergekommene Priestertum verlangte von der Masse die peinliche Einhaltung vorgeschriebener Zeremonien und »gute Werke«. Man hat das 12. Jh. daher gelegentlich mit dem vorreformatorischen Zustand der christlichen Kirche verglichen. Als Reaktion entstanden im 12. und 13. Jh. verschiedene *Volksbewegungen.* Sie wollten den gewöhnlichen Sterblichen erreichen und boten ihm das Heil durch Umgestaltung der eigenen Persönlichkeit an. Man kann diese Bewegungen in gewisser Weise als »Krisenkulte« bezeichnen, da sie u. a. als Reaktionen auf eine korrupte Zeit der Bürgerkriege, Pest und Hungersnot zu verstehen sind. Sie gingen alle von *charismatischen*, vom Volke verehrten *Führergestalten* aus.

● *Die radikale Gnadenlehre Shinran Shonins*

Die Jodo-Shu-Religion wurde von dem Mönch *Honen Shonin* (1133–1212) gegründet, der ursprünglich den Namen *Genku* trug. Er hatte sein Leben in mehreren Klöstern verbracht und war in zahlreichen Meditationsformen geübt. Wie Luther studierte er mit großem Fleiß die heiligen Schriften seiner Zeit. Durch das Reflektieren einer bestimmten Schriftstelle aus einem Kommentar zum Amitayasudhyana-Sutra wurde ihm jedoch blitzartig klar, daß alle frommen Werke und mühsame Askese nicht zum Heil führen:

»Ob gehend oder stehend, ob sitzend oder liegend, wiederhole nur beständig den Namen Amida mit ganzem Herzen, ohne auch nur einen Augenblick auszusetzen. Dies eben ist das Werk, das unfehlbar zum Heil ausschlägt; denn es ist in Übereinstimmung mit dieses Buddhas urzeitlichem Gelöbnis.«[9]

Der Text macht die unerhörte Vereinfachung dieses Reformbuddhismus Honenscher Prägung deutlich. Es kommt nicht mehr auf möglichst viel Leistung und gute Werke an, sondern nur noch auf das aufrichtige und hingebungsvolle Rezitieren des *Namu Amida Butsu* (das sog. *Nembutsu*): »Verehrung dem Buddha des unendlichen Lichtglanzes!« Amida-Buddha hatte in Gestalt des Mönches Dharmagharba *48 Gelübde* abgelegt, um alle lebenden Wesen, die ihm ohne Furcht und Zweifel vertrauen, aus ihrem Leiden zu befreien.

Eine Radikalisierung dieser Gnadenvorstellung erfolgte durch Honens Schüler *Shinran Shonin* (1173–1262), den Begründer der *Jodo-Shin-Shu* (»Wahre Sekte des Reinen Landes«), kurz Shin-Religion. Nachdem der einer Adelsfamilie entstammende Shinran noch im Kindesalter seine Eltern verloren hatte, wurde er buddhistischer Priester. Bereits mit 25 Jahren war er Hauptabt des stark verweltlichten Shoko-in-Klosters. Durch Honen Shonin wurde Shinran in die Lehre vom Reinen Lande eingewiesen. Die wachsende Volkstümlichkeit beider Persönlichkeiten führte zu ihrer Verbannung

9. Zitiert bei: *Gustav Mensching (Hg.):* Buddhistische Geisteswelt. Vom Historischen Buddha zum Lamaismus, Baden-Baden 1955, S. 255.

durch die herrschende Priesterschaft. Während dieser Zeit, und auch nach Aufhebung der Deportation, verkündigte Shinran seine Lehre in den nördlichen und östlichen Teilen Japans. Wie viele seiner Zeitgenossen glaubte auch Shinran, in den »letzten Tagen des Gesetzes« *(mappo)* zu leben, in einer endzeitlichen Periode religiös-sittlichen Verfalls. Die Lehre des Buddha Shakyamuni ist der Vergänglichkeit unterworfen, so daß die Menschen aus eigener Kraft nicht mehr das Heil erlangen *können.* Shinran riet dazu[10], den »Pfad der schweren Praktik« *(Shodomon)* zu verlassen, das Vertrauen auf die »Ich-Kraft« *(Jiriki)* aufzugeben und statt dessen ganz auf die »Kraft eines anderen« *(Tariki)* zu vertrauen. Diese »leichte Praktik« *(Jodomon)* stellte er der beschwerlichen Fußwanderung gegenüber und verglich sie mit einer »Fahrt übers Meer auf einem Schiffe«. Bei Shinran verschob sich der Gedanke der Rettung dahingehend, daß jegliche Mitwirkung des Menschen zum Heil abgelehnt wird. Das *Nembutsu* ist *nicht Voraussetzung* für das Heil, sondern Äußerung des Dankes für empfangene Gnade. Das wichtigste 18. Gelübde lautet:

»Wenn ich Buddha werde, werden diejenigen in meinem Jodo geboren, die mit dem Herzen der Wahrheit, fröhlichem Glauben und dem Wunsch, im Jodo wiedergeboren zu werden, meinen Namen anrufen. Aber nur die Verbrecher der fünf ärgsten Sünden und die Lehrer, die absichtlich die Lehre des Dharma verfälschen, sind ausgeschlossen.«[11]

Während im 19. Gelübde noch gute Werke die Voraussetzungen zum Heil sind und im 20. Gelübde die Rettung teils durch eigene, teils durch »Hilfe von außen« angeboten wird, hat Shinran ein *passives Verständnis der Gnade.* Trotzdem ist im 18. Gelübde aber von *drei Bedingungen* die Rede: Herz der Wahrheit, fröhlicher Glaube und der Wunsch, im Jodo wiedergeboren zu werden. Shinran inter-

10. Zitiert bei: *Hans Haas:* Amida Buddha unsere Zuflucht, Leipzig 1910, S. 37ff.
11. Zitiert bei: *Tatsuo Oguro:* Ein Vergleich des Rettungsgedankens bei Shinran und Luther, Diss. theol. Marburg 1975, S. 18.

pretierte diese drei Voraussetzungen passivisch: Der Mensch besitzt von Natur aus kein reines, sondern ein durch Sünde beflecktes, betrügerisches Herz als Resultat vergangener Taten *(karma)*. Amida weiß natürlich um diese Tatsache. Weil er sich aber in seiner grenzenlosen Liebe der sündigen Menschen annimmt, hat er sich selbst kasteit und den Menschen sein Herz übergeben. Dadurch können diese sich zu Amida bekennen. Der »fröhliche Glaube«, der nicht den geringsten Zweifel aufweist, ist ebenfalls ein Geschenk Amidas. Auch bei dem »Wunsch, im Jodo wiedergeboren zu werden«, liegt die Betonung nicht auf seiten des Menschen. Shinran stellte nämlich klar heraus, daß nicht die Menschen ins Jodo gehen, *um* dort geboren zu werden, sondern daß Amida sie ins Jodo kommen läßt. Rettung geschieht nur durch eine »Kraft von außen«. In das Heil gelangt der Mensch durch das *Nembutsu*-Sagen, das wiederum keine eigene Leistung darstellt: »Daß ein Mensch von Herzen das Nembutsu rezitieren konnte, wird in der Jodo-Shin-Shu als Verwirklichung der Zuwendung der Verdienste Amidas angesehen.«[12]
Heilsziel ist das »reine Land«. Viele orthodoxe Shin-Buddhisten verbinden damit die räumliche Vorstellung und glauben, daß sich dieser Bereich unendlich weit entfernt im *Westen* befindet. Andere lehnen diese Auffassung als zu äußerlich und vordergründig ab. Für sie liegt das »reine Land« mitten »in der Welt der Leidenschaften, Triebe und Begierden« (H. Pieper). Der japanische Zen-Gelehrte Suzuki, der eine modernistische Auslegung vertritt, ist davon überzeugt, daß jeder Mensch dieses reine Land in sich trägt. Ins Land geboren werden heißt, es »in uns selbst zu entdecken«. Der endgültige Eintritt in das reine Land erfolgt im Augenblick des Todes. Shinran bezeichnete das *Nirvana* als das »Erlöschen«, die »friedvolle Glückseligkeit«. Das reine Land ist ein Stadium auf dem Weg zum Nirvana.

12. *Bando Shojun:* Jesus Christus und Amida. Zu Karl Barths Verständnis des Buddhismus vom Reinen Land, in: *Yagi Seichi* und *Ulrich Luz (Hg.):* Gott in Japan, München 1973, S. 78.

● *Die religiöse Praxis*

1. Der Myokonin

Die folgende Geschichte beschreibt den *myokonin,* den »wundervollen guten Menschen«, den gläubigen Anhänger des Shin-Buddhismus:

»Diese zeichnen sich im allgemeinen durch ihre Gutherzigkeit, Liebenswürdigkeit, Unweltlichkeit, Frömmigkeit und schließlich durch ihre Ungelehrtheit aus. Zumeist sind sie wenig gebildet und wissen nicht viel vom verfeinerten Leben oder von Gelehrsamkeit ...

Ein Mann hörte einen Lärm und ging auf seinen Hof hinaus und sah die Jungen aus der Nachbarschaft auf einen der Bäume in seinem Obstgarten klettern, um Obst zu stehlen. Der Mann ging leise ins Haus, holte eine Leiter und stellte sie unter die Jungen, die sich oben im Baum befanden, und dann ging er ebenso leise in sein Haus zurück. Ist das nicht dumm? Die Jungen stehlen seinen Besitz, und der Besitzer hindert sie nicht daran, ihr ungesetzliches Treiben zu vollenden. Dieser Gläubige, dieser myōkōnin, fürchtet, daß die Kinder, wenn sie heimlich vom Baum herunterzuklettern versuchen, damit der Hausherr nicht bemerkt, wie sie sein Obst stehlen, vielleicht ausgleiten und herunterfallen und sich verletzen könnten. Sein erster Impuls ist der, sie vor einem Unfall zu bewahren, und nicht, seinen Besitz vor gewissenlosen Dieben zu schützen.«[13]

Die *optimistische Grundstimmung* des Shin-Buddhismus ergibt sich aus dem Gedanken, daß die Rettung durch Amida-Buddha ihre Wirkung nicht erst im Jenseits, sondern hier auf Erden sogar für die Sünder schon entfaltet, getreu der These Shinrans: »Den Guten selbst ist es möglich, zum Leben einzukommen; wieviel mehr nicht erst den Sündern! So ist's.« Somit darf der Gläubige hoffnungsvoll in die Zukunft blicken. Alle Menschen, d. h. Männer *und* Frauen, sind gleich mit Amida. Frauen können daher Priesterinnen werden, sind aber im allgemeinen im sozialen und erzieherischen Bereich als Lehrerinnen, Kindergärtnerinnen, Sozialarbeiterinnen usw. tätig. Dieses besondere Verhältnis zu Amida regelt auch die Beziehungen der Menschen untereinander, die von *Brüderlichkeit* getragen sein soll. Der Gleichheitsgedanke aller Menschen korrespondiert mit der

13. Zitiert bei: *Daisetz T. Suzuki:* Amida. Der Buddha der Liebe, München 1974, S. 77f., 79f.

Ablehnung einer besonderen Priesterkaste. Unter einem Bild findet sich der bezeichnende Text: »Nicht Mönch und Nonne nur gefallen Buddha, auch Schmied und Zimmermann gehn ein zum Leben.«[14] Besonders die armen und ungebildeten Bürger sind durch den Shin-Buddhismus befreit worden und zu Selbstbewußtsein gelangt. Der *Gleichheitsgedanke* bezog sich aber nicht allein auf die Rettung aus dem *samsara,* sondern war zugleich gegen die Klassenstruktur der damaligen Gesellschaft gerichtet. Für Shinran sind nicht nur die Dienstleistungsberufe gleich viel wert (»Die Leute, die als Fischer, als Jäger, als Verkäufer oder als Bauern leben, sind ja ganz gleich«), wichtiger ist die Gleichstellung der Bürger mit den Adligen und Rittern. Die Konsequenz aus Shinrans Lehre war eine *klassenlose Gesellschaft.* Wie Luther vollzog Shinran eine Heiligung des alltäglichen Lebens. Alle Berufe sind erlaubt, und es gibt keine »unheilsamen« Tätigkeiten mehr wie im orthodoxen Buddhismus. Shin-Buddhisten sind keine Vegetarier, und Fleisch- und Fischgenuß sind auch den Geistlichen erlaubt. In manchen Shin-Tempeln gibt es jedoch am 16. jedes Monats einen fleischlosen Tag zum Gedenken an Shinrans Tod. Die Ehe wird dem Zölibat vorgezogen. Durch den möglicherweise verheirateten Shinran wurde die Abschaffung des Zölibates sogar in die Ordensregel aufgenommen. Die Ehe ist für den Reformer keine rein sexuelle Angelegenheit, sondern hat einen religiösen Sinn: Sie ist der Ort, wo man *Jihi* (Liebe und Gnade Amidas) und Glauben üben sowie das reine Land verwirklichen kann.

2. *Der Tempelkult*

Zentrale der Jodo-Shin-Shu sind die beiden Haupttempel, der *Nishi* (westliche) und *Higashi* (östliche) *Hongwanji-Tempel* in Kyoto. Hier werden tagtäglich mehrere Andachten abgehalten, im Unterschied zu den kleineren Stadt- und Landtempeln, wo im allgemeinen nur eine morgendliche Andacht (allein für den Priester, sonntags dagegen auch für die Gemeinde) stattfindet. Die Kultsprache ist japanisch; in europäischen Ländern wird die jeweilige Landessprache benutzt. Die buddhistischen Sutras jedoch werden überall nach

14. Bei *Haas,* a.a.O., hinter S. 54.

spezieller Intonation in einer altertümlichen Form des Sino-Japanischen rezitiert. Eine shin-buddhistische Andacht besteht aus folgenden Elementen: Eingangs wird eine Glocke geläutet; Meditationen mit musikalischer Begleitung schließen sich an. Es folgen Glaubensbekenntnis, Sutra-Rezitation, Predigt, Ankündigungen, Weihrauchopfer. In zunehmendem Maße werden heute – wie in anderen Ländern – auch in japanischen Andachten die Orgel oder das Harmonium verwendet sowie Gemeindegesänge in westlicher Intonation gesungen. Bei besonders feierlichen Gelegenheiten ertönt in den Haupttempeln eine traditionell-japanische Sakralmusik *(Gagaku).*
Das Glaubensbekenntnis der Shin-Buddhisten lautet:

»Ich nehme meine Zuflucht zum Gelöbnis des Buddha: Indem ich Seinen Heiligen Namen ausspreche, lebe ich das Leben mit Stärke und Freude.
Ich verehre das Licht des Buddha: Ich lege alle meine Kraft in meine Arbeit mit Selbsterkenntnis und Dankbarkeit.
Ich folge der Lehre des Dharma: Indem ich den richtigen Pfad erkenne, werde ich den wahren Dharma verbreiten.
Ich erfreue mich am Mitleid des Buddha. Ich achte und helfe anderen Menschen und tue mein Bestes für das Wohlergehen der Menschheit« (übersetzt aus einem Prospekt des Hongwanji-Tempels).

3. Riten des Lebenszyklus

Der »erste Besuch des Kindes im Tempel« wird am 100. Tag nach der Geburt feierlich begangen. Es gibt eine spezielle shin-buddhistische Verlobungszeremonie und eine Hochzeitsfeier. In Japan läßt man sich zwar im allgemeinen von Shinto-Priestern trauen, doch hat seit dem Zweiten Weltkrieg die Zahl der Trauungen vor buddhistischen Priestern zugenommen. In überseeischen Gebieten lassen sich heute etwa 70–80% der praktizierenden Shin-Buddhisten nach buddhistischem Ritus trauen. Der Shin-Priester vollzieht die Trauung in der Gegenwart des erwachten Buddha, erläutert dem Brautpaar den Sinn des Ehebündnisses (des »größten Glücks, das ein Mensch sich vorstellen kann«), läßt die Ringe austauschen und das Ehepaar Weihrauch opfern. Auf der 2. Europäischen Jodo-Shinkonferenz im österreichischen Scheibbs (1982) wurde die Ausarbeitung eines shin-buddhistischen Trauungs- und Beerdigungsrituals beschlossen. Erwachsene, aber auch Kinder, können die sog. *Kikyoshiki*, eine Art »Laienkonfirmation« erhalten. In Erinnerung an die ersten Mönche des Buddha Shakyamuni bekommen sie mit einem goldenen Rasiermesser den Kopf geschoren, erhalten einen buddhistischen Namen sowie die *Kesa* (eine Art Laienstola), die sie bei Andachten um den Hals tragen, sowie eine *Juzu* (Rosenkranz, Gebetskette) überreicht. Die »Konfirmierten« tragen fortan den Titel *Shaku* (etwa »Nachfolger Shakyamunis«) vor ihrem Namen. Es gibt eine shin-buddhistische Priesterweihe *(Tokudo)*, die seit 1702 auch Frauen verliehen wird. Die *Todesriten* sind *nicht* für den Verstorbenen selbst und zur Ermöglichung seines besseren nachtodlichen Zustandes gedacht – hier kommt alles auf das Vertrauen zu Amida Buddha an! –, sondern richten sich an die Hinterbliebenen. Sie sind Ausdruck des Dankes, stärken die Familienzusammengehörigkeit und führen die Vergänglichkeit des Lebens eindringlich vor Augen. Sollte der Verstorbene noch keinen buddhistischen Namen getragen haben, so erhält er ihn posthum verliehen. Der Priester schreibt ihn in Kalligraphie auf eine kleine Holztafel *(i-hai)*. Am 7., 49. und 100. Tag nach dem Tode sowie als Jahresgedächtnisse im Abstand mehrerer Jahre bis zum 50. Jahre nach dem Tode finden *Memorialandachten* im Hause des Verstorbenen vor dem Hausschrein *(Butsudan)* statt, im Beisein eines Priesters und der Angehörigen und Freunde des Toten. Im Unterschied zur japanischen Form des Shin-Buddhismus, wo sich allerdings ein Wandel abzuzeichnen beginnt, wird der Tröstung Kranker und Sterbender *seelsorgerliche* Betreuung zuteil. Es wurden sogar besondere Handbücher verfaßt[15].

15. *Tesshi Aoyama:* Experiences in Clinical Pastoral Education. The View of a Jodo Shinsu Minister, Marysville o. J.

● *Kleines Lexikon: Feste und Feierlichkeiten*
Zu den hohen Feiertagen gehören der Geburtstag (21. Mai) sowie der Todestag (16. Januar) Shinran Shonins. Die Festlichkeiten dauern insgesamt sieben Tage und finden in den Haupttempeln von Kyoto statt, wo eine besondere Mahlzeit serviert wird. Im Unteschied zu überseeischen Shin-Gemeinden werden die übrigen mahayanistischen Feiertage nur dann abgehalten, wenn sich der Priester der buddhistischen Ökumene verpflichtet weiß.

Literatur:

Daisetz Teitaro Suzuki: Amida. Der Buddha der Liebe, München 1974.
Bibliography of English-Language Works on Pure Land Buddhism 1960 to the Present. In: Annual Memoirs of the Otani University Shin Buddhist Comprehensive Research Institute Vol I 1983.

4. Der Hokké-Buddhismus Nichirens

Neben dem Amida-Buddhismus hat heutzutage in Japan besonders der Hokké (»Lotus«)-Buddhismus eine große Bedeutung. Wie der Glaube an Amida-Buddha, so reicht auch diese Schulrichtung auf das krisengeschüttelte 13. Jahrhundert zurück. Ihr Begründer war der später sog. Mönch *Nichiren* (1222–1282), der einer Fischerfamilie aus dem Südosten Japans entstammte. Mit 11 Jahren gaben ihn seine Eltern in ein Kloster, wo er mit 15 Jahren ordiniert wurde. Seine intensive Suche nach der wahren Lehre Buddhas machte ihn mit unterschiedlichen Lehrauslegungen bekannt. Auch im Konfuzianismus war er bewandert. Besonders die *Tendai-Lehre*, mit der er sich während eines zehnjährigen Klosteraufenthaltes in der Nähe von Kyoto befaßte, führte ihn zu der entscheidenden Erkenntnis, daß er sein Leben einzig und allein auf das Lotos-Sutra *(Hokekyo)*

bauen konnte. Nichiren bezog eine Stelle aus dem 16. Kapitel auf sich selbst, in der Buddha Shakyamuni die Prophezeiung aussprach, daß ein Bodhisattva das Sutra in Zukunft verbreiten solle.
Nichiren (»Sonnenlotos«), wie er sich nannte, verstand sich selbst als vorausgesagter Verkünder dieser Wahrheit. Seine erste öffentliche Predigt hielt er 1253. Anders als Honen und Shinran war er kein ausgleichender, toleranter Charakter, wie es eigentlich zum Wesen des Buddhismus passen würde. Er trat mit einer harten Entweder-Oder-Doktrin auf, die ihn andere Religionen auf das schärfste kritisieren ließ. Europäische Gelehrte haben ihn daher gelegentlich mit Amos, Hus oder Luther verglichen. Vor allem polemisierte Nichiren gegen die Amida-Lehre, die das Lotos-Sutra für zu schwierig hielt. Wie die Shin-Gläubigen, so teilte auch Nichiren die Auffassung, in der Endzeit *(mappo)* zu leben: Hungersnöte, Erdbeben und Epidemien, aber auch die große allgemeine Sündhaftigkeit und Mißwirtschaft galten als äußere Zeichen dieser Endzeit.
In mehreren Schriften entwickelte Nichiren den Gedanken, daß ein Land, dessen Herrscher und Untertanen sich nicht an die Moralgesetze halten und nicht die wahre Lehre hören, großes Unglück erleiden werde. Eine besondere Schuld daran tragen jedoch die Amida-Gläubigen, gegen die Nichiren scharfes Durchgreifen des Staates forderte. Die Tempel dieser Feinde des Buddha-Dharma sollten enteignet werden. Nichiren prophezeite in mehreren Warnbriefen den Ansturm der Mongolen, der dann auch tatsächlich eintrat.
Dem aggressiven Charakter Nichirens, von dem man aber trotzdem sagte, daß er sich zu Freunden und Wohltätern entgegenkommend und versöhnlich verhielt, entsprach auch sein Schicksal. Er wurde wegen seiner fanatischen Angriffe auf die anderen buddhistischen »Irrlehren« 1261 verbannt. Zwar konnte er nach zwei Jahren zurückkehren und eine unverminderte Predigttätigkeit entfalten, doch verurteilte ihn 1271 die Regierung wegen Hochverrats zum Tode, begnadigte ihn und verbannte ihn erneut. Allmählich wuchs seine Anhängerschaft, und so wurde 1274 endgültig seine Verbannung aufgehoben. In der Nähe des heiligen Fuji-Berges wirkte er bis zu seinem Lebensende bei ständig sich verschlechternder Gesundheit.
Die Bedeutung Nichirens, dessen flammende Intoleranz auch von

vielen Buddhisten verworfen wird, ist vielfältig. Wie die Amida-Buddhisten, so zog auch durch ihn eine ungeheure Vereinfachung in den Buddhismus ein. Es genügte, die Formel *Namu Myohorenge-kyo* (»Preis dem Sutra von der Lotos-Blume«) zu chanten, um eine Identifikation mit dem Sutra, und d. h. letztlich mit dem Absoluten, zu verwirklichen. Beide Bewegungen *popularisierten* ihre Auffassungen, indem sie auf Straßen und Marktplätzen das Heil unter die Menge brachten. Nichiren wird von Werner Kohler sogar als »einer der großen Religionskritiker der Menschheit« (Borsig, S. 20) bezeichnet. Seine Bedeutung sieht er auch in den politischen und pädagogischen Konsequenzen der Bodhisattva-Idee. Negativ wird man seinen fanatischen japanischen Nationalismus bewerten müssen. Der prophetische Eifer des Schulgründers Nichirens findet seine Fortsetzung im heutigen Hokké-Buddhismus, der in mehrere Sondergemeinschaften zerfällt. Nach Auskunft eines kürzlich erschienenen japanischen Handbuches soll es neun Richtungen geben. Der japanische Gelehrte Masaharu Anesaki bezeichnet die Hokké-Buddhisten als »buddhistische Calvinisten« (S. 49). Zu ihren Eigenschaften gehört das Chanten des *»Namu Myohorenge-kyo«*. Ihr Hauptfest ist der am Abend des 12. Oktober und in der darauffolgenden Nacht begangene Todestag ihres Gründers. Die meisten Pilger, die gruppenweise auftreten, tragen kleine Trommeln, jede Pilgergruppe eine Stange mit Laternen. Ganz anders als das Unaufdringliche des *Nembutsu*-Sagens geht es bei den Hokké-Buddhisten laut zu. In ihrem Haupttheiligtum, dem Hommon-ji-Tempel, befindet sich eine lebensgroße Nichiren-Statue. Früh am Morgen läutet eine Glocke, die den Tod Nichirens ankündigt. Die religiöse Begeisterung der Masse erreicht ihren Höhepunkt, wenn alle Gläubigen laut die heilige Formel chanten.

Literatur:

Masaharu Anesaki: Religious Life of the Japanese People, Tokyo 1961.
Margareta von Borsig: Leben aus der Lotosblüte, Freiburg 1976.
Werner Kohler: Die Lotus-Lehre, Zürich 1962.

5. Der Zen-Buddhismus

● *Verschiedene Schulen*

Zen ist die bedeutendste Meditationsschule des Mahayana-Buddhismus und vertritt nach eigenem Selbstverständnis das Erbe Buddha Shakyamunis am konsequentesten. Zen bedeutet *Meditation* und leitet sich vom Sanskrit-Wort *dhyāna* ab, das in verkürzter Form in das chinesische Wortzeichen *ch'an* übersetzt und auf japanisch *zen* gelesen wird. Der legendäre Begründer des Zen ist der indische Mönch *Bodhidharma* (470–543 n. Chr.), der in China einen neuen Meditationsweg begründete. Dieser beruhte auf den philosophischen Grundlagen des Mahayana (z. B. auf der Lehre von der alle und alles einenden Buddha-Natur), wies Ähnlichkeiten (aber auch Unterschiede) zum *Yoga* auf und wurde in China nachhaltig vom Taoismus beeinflußt. Es gibt in Japan neben zahlreichen kleineren Gemeinschaften heutzutage besonders drei große Zen-Richtungen: die *Rinzai-Schule,* die von dem Mönch *Eisai* (1141–1215) gegründet wurde, die *Soto-Schule,* die auf den Mönch *Dogen* (1200–1253) zurückgeht. Zu diesen beiden klassischen Schulen gesellte sich in jüngerer Zeit eine Meditationsrichtung, die durch den Zen-Meister *Harada Sogaku* (1871–1961) ins Leben gerufen wurde. Sie strebt eine Verbindung von Elementen der beiden klassischen Schulen an. Insgesamt gibt es über 20000 Zen-Klöster in Japan.

● *Zazen, Koan und Satori*

Zen kennt keine Lehren oder gar Dogmen, sondern geht von der Überzeugung »Kein Verlaß auf Worte« aus. Die Lehre wird weitergereicht durch den *Roshi,* den »großen alten Meister«, der gleichsam die Lehre verkörpert und den Meditierenden die große Wahrheit erfahren läßt. Ohne einen Roshi kann die Zen-Meditation Visionen, Halluzinationen, ja sogar parapsychologische Phänomene hervorrufen. Zen kann von jedermann erlernt werden. Zwar gibt es bestimmte Methoden *(Zazen, Koan),* doch letztlich sind auch sie vorläufig. Immer geht es um mehr als um ein »Kleben an einer Form« (A. Watts).

In der zahlenmäßig größeren *Soto-Schule* wird vor allem das *Za-* (= »Sitzen«)-*Zen* gepflegt, eine in aufrecht sitzender (oder anderer) Position mit übereinandergekreuzten Beinen durchgeführte gegenstandslose Meditation. In Dogens Schriften wird immer das Zazen als diejenige Übung empfohlen, die am besten zum Erleuchtungserlebnis *(Satori)* führt. Die Erleuchtung tritt entweder als spontanes, plötzliches Ereignis ein oder wird verstanden »als die immer und überall gegenwärtige Erleuchtung, die das Wesen der Wirklichkeit ausmacht«. Richtiges Sitzen und richtiges Atmen (Zwerchfellatmung) sind im Grunde alles, was der Meditierende braucht. Hinzu kommt das völlige Schweigen, die durch langes Üben ermöglichte Gedankenstille. Hiermit ist aber kein Vor-sich-hin-Dösen gemeint, sondern eine innere Haltung, bei der jede ichbezogene Tätigkeit eingestellt wird.

Von der *Rinzai-Schule* wird insbesondere die *Koan*-Übung empfohlen. Koan bedeutet wörtlich »öffentliche Bekanntmachung« und meint im Zen Worte des Roshi, die er seinen Schülern zur Übung und Erleuchtung präsentiert. Nach weitverbreiteter Auffassung ist ein Koan ein *Paradoxon,* ein Rätselwort, eine gedankliche Übung, die mit den Gesetzen der menschlichen Logik nicht zu lösen ist. Dieser, vor allem von *D. T. Suzuki,* der die Rinzai-Richtung im Westen popularisiert hat, vertretenen Ansicht steht die Auffassung der amerikanischen Buddhistin *Ruth Fuller Sasaki* gegenüber, die »System und Vernunft in die Koan hineinzubringen« versucht. Für sie ist ein Koan weder ein »Scherzrätsel«, »noch ist es eine paradoxe Aussage, es sei denn für die, die es nur von außen her ansehen. Wenn das Koan gelöst ist, so erweist es sich als eine einfache und klare Aussage, von dem Bewußtseinszustand aus gemacht, zu dessen Erweckung es geholfen hat.«[16] Man kennt beinahe 2000 solcher Denkaufgaben, die in einigen bedeutenden Koan-Sammlungen (z. B. Mumon-Kan; Hekigan-roku) aufbewahrt sind. Es gibt persönliche, auf den Schüler zugeschnittene Koans, aber auch klassische, wie z. B: Der Roshi schlägt beide Hände zusammen und fordert den Schüler

16. *Heinrich Dumoulin:* Der Erleuchtungsweg des Zen im Buddhismus, Frankfurt 1976 (Fischer TB 1667), S. 77.

auf: »Wenn beide Hände zusammengeschlagen werden, so entsteht ein Ton: Höre auf den Ton der einen Hand« oder: »Wie war dein Angesicht, bevor du gezeugt wurdest?« Der Schüler versucht, die Aufgabe denkerisch zu lösen, stößt aber immer wieder an Grenzen. Wenn er dann nach hartem Ringen aus der Sackgasse des Intellektes nicht mehr herauskommt, »mag es dann geschehen, daß ihm die Lösung plötzlich, unvermutet, einfällt. Oder aber: ein Anruf, ein starkes Geräusch, in hartnäckigen Fällen – das hat man früher nicht gescheut – schmerzhafte Berührung bringt die Spannung zum Platzen. Wie erregend ist dieser Augenblick. Zittern, Schweißausbruch bekunden es. Aber auch beglückend: Er sieht jetzt klar, wo bisher alles verworren war, den Wald gleichsam trotz aller Bäume.« Er geht zum Roshi, der ihm bestätigt, daß »echtes Erlebnis, wirkliches Erfahren vorliegt: SATORI, ERLEUCHTUNG«[17].

Jeder kann Zen morgens und/oder abends allein oder in einer Gruppe üben. Japanische Zen-Mönche »sitzen« morgens durchschnittlich eineinhalb Stunden und abends zwei bis drei Stunden. In Zen-Klöstern werden mehrtägige (fünf oder sieben Tage) *sesshins* abgehalten, Meditationsexerzitien, die von drei Uhr (im Sommer) bzw. vier Uhr nachts bis spät in die Nacht andauern und nur von Pausen zum Zweck der Speiseaufnahme und Ruhe unterbrochen werden. Die Schüler erhalten vom *Roshi* ihren Koan, über den sie meditieren. Ein aufsichtführender Mönch teilt mit einem Stock gelegentlich Schläge aus, die den Übenden zu besserer Körperhaltung und konzentrierterer Meditation ermahnen. Einen sehr anschaulichen Erfahrungsbericht vom Leben in einem japanischen Zen-Kloster vermittelt *Gerta Ital*, die erste Frau, die mit Mönchen in einem Kloster zusammenlebte, in ihrem Buch »Der Meister – Die Mönche – und ich« (1977).

● *Zen und die japanische Kultur*

Zen hat einen großen Einfluß auf die japanische Kultur ausgeübt. Es gibt eine Vielzahl von *Wegen*, insbesondere die bei den Samurai-Kriegern verbreitete *Bushi-do*-Lehre, »daß der Mensch sich durch

17. *Eugen Herrigel:* Der Zen-Weg, 4. Aufl. 1975, S. 25ff.

die Überwindung des Ego an die Weise der Welt anzupassen habe, so daß all sein Tun den Begleitumständen angemessen ist«[18].

So besteht eine Affinität zwischen *Zen* und *Ken-do,* dem von den Samurai-Kriegern praktizierten »Weg des Schwertes«. Beide forderten Askese, Disziplin, Selbstzucht und Einfachheit. Die Zen-Meditation kam der Samurai-Mentalität insofern entgegen, als der Krieger, der im Kampf stets Gewalt und Tod vor Augen hatte, innerlich ruhig und ausgeglichen sein mußte. Samurai-Theoretiker entwickelten unter zenistischem Einfluß die These, daß ein Krieger jeden Augenblick bereit sein müsse, sein Leben zu opfern, ohne über die Konsequenzen nachzudenken oder persönliche Erwägungen anzustellen. Der Dienst an der Waffe wurde zu einem *Heilsweg.* Sein Ziel besteht in der Überwindung des eigenen Selbst. »Der Endzweck des Fechtens besteht nicht darin, den Gebrauch des Schwertes methodisch zu vervollkommnen oder einen beliebigen Feind zu erledigen, sondern er konzentrierte sich im ethischen Ringen um die Erlösung, in der alles Fremde – selbst der Feind – zum eigenen werden kann. Der Zustand der Einigkeit von Zen-Mystik und Schwert wird auch als der der Selbstlosigkeit (muga) bezeichnet. Man gewinnt den Kampf, wenn man sich selbst vernichtet.«[19] *Bushi-do* mit Hilfe von Shinto führte im russisch-japanischen Krieg zur Wiederbelebung der Samurai-Ethik und dokumentierte sich vor allem bei den selbstmörderischen Kami-kaze-Fliegern. Durch Selbsthingabe wird man zum *kami* (→ S. 209), der von der ganzen Nation verehrt wird. Auch die Selbsttötungspraxis des fälschlich sogenannten *Harakiri* (japanisch heißt es *sepuku*) führt zu einem neuen Dasein: »Und auch die gewöhnliche, alltägliche Selbsttötung von Verzweifelten geschieht in der Hoffnung auf ein neues Leben. Das anschaulichste Beispiel für das andere Lebens- und Todesverständnis ist vielleicht in unserer Zeit die Verbrennung aus Protest. Die ersten Selbstverbrennungen in unserer Zeit fanden während des vietnamesischen Krieges in Südvietnam durch Buddhisten statt. Sie können nur auf dem Hintergrund der buddhistischen Tradition verstanden

18. *J. Kitayama:* Der Geist des japanischen Rittertums, Berlin 1943, S. 8.
19. Ebd.

werden, in der seit alters die Selbstverbrennung als Zeugnis der Hingabe und einer guten Zukunft verstanden wurde.«[20] Bedeutsame Einflüsse des Zen zeigen sich auch bei einigen »Sportarten«, etwa dem *Bogenschießen, Karate, Judo, Jiu-Jitsu* und *Aikido.*

Ein klassisches Dokument ist das in acht Sprachen übersetzte und mittlerweile in 19. Auflage erschienene Büchlein des Philosophieprofessors *Eugen Herrigel* (gest. 1955): »Zen in der Kunst des Bogenschießens«. Herrigel beschreibt hierin die »große Lehre« des Bogenschießens, die er in harter und aufopferungsvoller Weise fünf Jahre lang bei einem erfahrenen Meister lernt. Es geht bei diesem Weg letztlich um die Erkenntnis, daß man nicht selbst etwas vollbringen soll, sondern die erleuchtende Erfahrung des »es geschieht in mir« gemacht wird. Weder das Spannen des Bogens noch das Treffen des Zieles darf auf eine absichtsvolle, willentliche Haltung zurückgehen. Der Schütze muß vielmehr von sich selbst loskommen: »Bin ich es, der den Bogen spannt, oder ist es der Bogen, der mich in höchste Spannung zieht? Bin ich es, der das Ziel trifft, oder trifft das Ziel mich? ... Dies alles: Bogen, Pfeil, Ziel und Ich verschlingen sich ineinander, daß ich sie nicht mehr trennen kann« (S. 77). Das, worum es geht, läßt sich nicht in Worte fassen, es will erlebt, er-übt, erlitten sein.

Karate, die Kunst der »leeren« *(kara)* »Hand« *(te)* ist nicht nur eine normale Sportart, bei der man mit einer Hand Bretter und Steine zerschlagen kann, sondern ebenfalls eine religiöse Übung, bei der es darum geht, daß der Körper vom Geist regiert wird. Der von der Illusion, ein unabhängiges Subjekt zu sein, befreite Mensch befindet sich in einem neuen Verhältnis zu allem, was um ihn herum ist. »Er schlägt wie in einen Zwischenraum, ja er erlebt dasselbe wie der Bogenschütze: Er erfährt die ›Leere‹ und damit durch seine ›leere Hand‹ den Geist, und das Zusammentreffen mit dem, was alles ›durchdringt‹.«[21]

20. *Werner Kohler:* Leben und Sterben in fernöstlichem Verständnis, in: *Gunther Stephenson (Hg.):* Leben und Tod in den Religionen, Darmstadt 1980, S. 331.
21. *Kohler,* a.a.O., S. 322.

Beim *Ju-do,* dem »Weg des Ringens«, soll der Körper ganz natürlich, aus sich selber heraus, ohne geistige Steuerung agieren, »wie ein Weidenbaum, der sich im Winde biegt, anstatt zu erschaudern oder vielleicht zu brechen«[22].
Aikido (der Weg der guten, harmonischen Kraft) ist eine von Meister *Morihei Uyeshiba* in den zwanziger Jahren aus einer dem *Jiu-Jitsu* verwandten Methode entwickelt worden. Aikido ist eine »Kampfkunst ohne Gewalt«, die den »Angreifer« im Geiste der Gerechtigkeit und Friedensbereitschaft abzuwehren sucht. Letztlich geht es auch bei diesem Weg um Selbstfindung und Lebensführung aus der Mitte heraus[23].
Zu erwähnen ist *Sa-do, der Weg des Tees* und die feierliche Teezeremonie *Cha-no-yu*: Von der Zubereitung des Tees angefangen, bis zu seinem Ausschenken und Trinken verläuft alles nach einem genauen Ritual, das auch die Begrüßungsformalitäten, das richtige Platznehmen usw. regelt. Eine eigene Wissenschaft für das Teezubehör entstand, die dafür sorgt, daß alles so geschmackvoll und natürlich wie möglich verläuft. »Aus dem Grund pflegen vor allem die oberen Schichten der städtischen Gesellschaft diese Zeremonie, um ein würdiges Gegenstück zu der fortschreitenden Verwestlichung und dem technologischen Wandel des äußeren Alltags zu schaffen. Sa-do, der Teepfad, hat auch die Architektur angeregt. Überall entstanden inmitten der Gärten Teepavillons. Alle werden sie durch Bushido bestimmt.«[24] Auch auf die *Ernährung* übt Zen Einfluß aus, wie die zahlreichen Veröffentlichungen zum Thema Zen und Küche mit makrobiotischer Ernährung belegen[25].
Zen-Geist ist auch in der japanischen *Gartenanlage* zu spüren. Die

22. *Ernest Wood:* Zen Dictionary, 1977, S. 12.
23. Vgl. *André Protin:* Aikido. Die Kampfkunst ohne Gewalt: ein Weg der Selbstfindung und Lebensführung, München 1984.
24. *Spiegelberg,* S. 436. – Vgl. auch *Heyo E. Hamer:* Der Geist der Samurei – eine Herausforderung an den Westen?, in: Beiträge pädagogischer Arbeit 25 (1982), S. 10–18.
25. Vgl. nur *Kosho Uchiyama:* Zen für Küche und Leben, Freiburg 1976. – *Edward Espe Brown:* Das Tassajara Kochbuch, San Francisco, 4. Aufl. 1973 (Zen Center).

Tempelgärten strahlen eine wunderbare *Natürlichkeit* und *Einfachheit* aus. Im Museum für Ostasiatische Kunst in Köln ist eine solche Miniaturlandschaft im Geiste des Zen zu bewundern. Bis in bundesrepublikanische Volkshochschulkurse hinein ist mittlerweile eine weitere Zen-Geist ausstrahlende Kunst bekannt: *Ikebana*, die geistige Schulung des Blumenstellens[26]. Auch hier geht es nicht nur um Ästhetik, sondern um die Erfahrung des Einfachen und Natürlichen, um das Erlebnis der Ruhe, wie man es aus der Natur kennt, »wo sich Wasser, Erde, Wolken und Himmel treffen, jedes sich selbst bleibend, doch gemeinsam mit den anderen ohne gegenseitige Belästigung«[27].

Die japanische *Sumi-* oder *Tuschemalerei* ist eine religiöse Kunstform. Die Bilder sollen kontempliert werden. Es geht um die Erfahrung der »Leere«. Zenistischen Geist atmen schließlich auch die typischen Dreizeiler *(haiku)* der japanischen Dichtung. Über diese klassischen »Künste« hinaus werden auch von westlichen Autoren Verbindungen zwischen Zen und unserer modernen Lebensweise hergestellt. So wird in dem Bildband »Zen des Laufens« von Fred Rohè eine Beziehung zum Jogging hergestellt. Auch gibt es eine Veröffentlichung mit dem Titel »Zen und die Kunst, ein Motorrad zu warten«.

- *Zen im Westen*[28]

Die Aufnahme des Zen im Westen ist ein Resultat des 20. Jh.s. *Friedrich Heiler* bewertete das Zen in seiner klassischen Studie »Die buddhistische Versenkung« (1918) noch negativ und sah in ihm nur eine Entartung der ursprünglichen Intention Buddhas. *Rudolf Otto* dagegen verfaßte ein wichtiges Geleitwort zu dem ersten in deutscher Sprache erschienenen Werk von *Shuej Ohasama* »Zen – Der lebende Buddhismus in Japan« (1925, 2. Aufl. 1968) und interpretierte Zen als eine Form der Mystik. Einen ungleich größeren Ein-

26. *Gusty L. Herrigel:* Zen in der Kunst der Blumenzeremonie, München, 1979.
27. *Wood,* a.a.O., S. 14.
28. Vgl. *Heinrich Dumoulin:* Der Erleuchtungsweg des Zen, a.a.O., S. 9–20.

fluß auf die westlichen Vorstellungen vom Zen hatten jedoch die Vortragstätigkeit und das umfängliche literarische Werk *D. T. Suzukis* (1870–1966), für den Zen weder eine Religion noch eine Philosophie darstellte. Suzuki vertrat mit einer gewissen Einseitigkeit die Rinzai-Schule. Er stellte das Satori-Erlebnis und das Koan in den Mittelpunkt, weniger dagegen die Meditation im Alltag. In den fünfziger Jahren wurde Zen, insbesondere in den USA, zu einer Modeerscheinung in der Jugendszene Kaliforniens (»Beat-Zen« bzw. »Square-Zen«; vgl. die Romane *J. D. Salingers*). *Ernst Benz* hat die gemäßigteren Formen dieser Richtung als Zen-Snobismus bezeichnet. Das Bild des Zen im Westen wird außerdem durch seine Rezeption durch die Psychotherapie geprägt. Dabei tritt der buddhistisch-religiöse Gehalt spürbar in den Hintergrund. Bestimmte Verfahren der Humanistischen Psychologie gehen auf Zen-Einfluß zurück. *Fritz Perls*, der Begründer der »Gestalttherapie«, verfügte über praktische Zen-Erfahrung. Die Therapieform des »Enlightenment Intensive«, das von *Charles Berner* 1968 in Kalifornien entwickelt wurde, stellt eine Verbindung von östlichem Koan mit westlichen Kommunikationsmethoden dar. Im wesentlichen werden dabei drei koanartige Fragen verwendet: »Who am I?« – »What is life?« – »What is another?«, an denen jeder Teilnehmer eines Kurses, der drei oder fünf Tage dauert, mit seinem Partner arbeitet. Das *Enlightenment Intensive* verspricht seinen Teilnehmern auf zeitlich verkürzte Weise Erfahrungen, die durch Zen-Meditation erst nach langer und anstrengender Übung möglich sind.
Auch für viele gläubige Christen ist Zen zu einer legitimen Methode auf ihrem spirituellen Wege geworden. Insbesondere katholische Theologen wie *Thomas Merton* (Weisheit der Stille, 1975), der »Grenzgänger zwischen Christentum und Buddhismus«, *William Johnston* (Der ruhende Punkt, 2. Aufl. 1976; Christian Zen, 1972) und Pater *Hugo Enomiya-Lassalle* (Zen-Buddhismus, 3. Aufl. 1974) gehören zu den Bahnbrechern der »Zen-Meditation für Christen« (4. Aufl. 1976)[29].

29. Vgl. *Günter Stachel*, der von *Enomiya-Lassalle* in die Zen-Meditation eingeführt wurde und Möglichkeiten für die Einbeziehung des Zen in den christli-

6. Abriß: Neue Religionen in Japan[30]

● *Allgemeine Merkmale*

Von den zumeist nach dem Zweiten Weltkrieg entstandenen etwa 400 japanischen Neureligionen (Shin Shukyo oder Shinkyo) sollen abrißartig fünf skizziert werden. Aufgrund ihrer teilweise schon längeren Geschichte und in die Millionen gehenden Anhängerzahlen gehören sie bereits zu den etablierten Religionsgemeinschaften. Die Neureligionen sind aus dem Shinto bzw. Buddhismus hervorgegangen. Die sogenannten *ko*, d. h. private Zirkel oder Hauskreise, stellen die Keimzellen vieler solcher Bewegungen dar. Neben primären religiösen Erfahrungen dürften äußere Entstehungsgründe im sozio-ökonomischen Bereich zu suchen sein. Immer mehr Japaner verließen seit der Mitte des letzten Jahrhunderts ihre Dorfgemeinschaften und ihre Heimschreine, um in die Städte abzuwandern. Durch die Urbanisierung zerrissen die familiären und damit auch religiösen Kontakte. Zu dieser Vereinsamung kam noch der Protest gegen politische und gesellschaftliche Bedingungen hinzu. Die Neureligionen verstehen sich als »Exekutive« der etablierten Religionen, die sich nicht ausreichend um *diesseitig-weltliche* Belange gekümmert haben. Daher haben die Neureligionen – alle sind Laienbewegungen – ein starkes Interesse am Diesseits. Sie verkünden ein glückliches und erfülltes Leben hier auf Erden. Auch steht bei ihnen das Thema von Gesundheit und Leiden hoch im Kurs. Die

chen Religionsunterricht sieht: Meditation im Religionsunterricht, in: *Udo Tworuschka* und *Dietrich Zilleßen (Hg.):* Thema Weltreligionen, Frankfurt am Main und München 1977, S. 132–143. – Weitere grundlegende Literatur: *Philip Kapleau:* Die drei Pfeiler des Zen, Weilheim 1971. – *Daisetz Teitaro Suzuki:* Die große Befreiung. Einführung in den Zen-Buddhismus, Weilheim, 7. Aufl. 1976. – *Hans Waldenfels:* Absolutes Nichts. Zur Grundlegung des Dialogs zwischen Buddhismus und Christentum, Freiburg u. a. 1976.

30. Ich folge mehreren Arbeiten von *Peter Gerlitz,* insbesondere seiner vorzüglichen religionsgeschichtlichen Reisebeschreibung »Gott erwacht in Japan« (Herder-TB 618), Freiburg 1977.

Neureligionen sind gestiftete Religionen, die an ihren Anfängen Stifterpersönlichkeiten mit zumeist ekstatischen Veranlagungen haben. Entweder fühlen sie sich von Göttern oder Geistern besessen, die ihnen »einwohnen« (meist bei weiblichen Stiftern), gelten also als lebende Gottheiten, oder sie besitzen ein besonderes Charisma. Die Neureligionen vertreten oftmals einen *universalen* Anspruch, wissen sich also nicht nur für Japan, sondern – trotz ihres deutlichen japanisch-nationalen Einschlags – für die ganze Welt bestimmt. Die Neugründungen sind im allgemeinen *synkretistische* Bildungen, die Einflüsse aus Buddhismus, Shinto, Christentum usw. zeigen. Vielfach engagieren sich die Neureligionen für die *Friedensidee.* Die zumeist einfachen Lehren der Shinto-Bewegungen, die auf das Verständnis der breiten Masse zugeschnitten sind, unterscheiden sich von den stärker theologisch reflektierten Anschauungen buddhistischer Neugründungen (z. B. die auf Nichiren zurückgehenden Lotos-Religionen: Reiyukai, Rissho Kosei-kai, Sokagakkai). Entsprechend der Herkunft ihrer Stifter finden die meisten Neureligionen – im Unterschied etwa zur Tenrikyo – Anklang bei unteren Bevölkerungsschichten.

● *Ausgewählte Neureligionen*

1. Tenrikyo

Diese älteste Neureligion mit rund zwei Mio. Anhängern wurde 1838 von der ekstatisch veranlagten Frau *Miki Nakayama* (1798–1887) gestiftet, die sich von einem Gott in Besitz genommen fühlte, der fortan noch oft in ihr einwohnte. Miki verkündigte diesen Gott und führte ein der Mildtätigkeit bis zur Selbstaufgabe geweihtes Leben, in dem sie viele wundersame Krankenheilungen vollbrachte. Ihren Gott nannte sie u. a. *Tenri-O-no Mikoto* (von der konfuzianischen Vorstellung für Himmel *»ten«; tenri* = himmlische Weisheit, Gesetzmäßigkeit). Dieser Gott wird in der Tenrikyo *oyagami* (»der Elterngott«) genannt. Er hat männliche und weibliche Züge und stellt eine umfassende Wesenheit dar, »sowohl pantheistisch als auch theistisch, immanent und transzendent«. Miki Nakayama betrachtete sich als das irdische Abbild dieser Elterngottheit. Im Mittelpunkt des Gottesdienstes stehen verschiedene *rituelle Tänze*, welche das Anliegen der Gläubigen vor Gott bringen. Die Tenrikyo ist eine lebensbejahende, aktive Religion. Ihr Ideal lautet *Yokigurashi* (»das fröhliche Leben«). Die Einsatzfreude der Gläubigen zeigt sich in der sog. »heiligen Arbeit«[31]: Die Anhänger übernehmen z. B. körperlich schwere Arbeiten, um »sich ihrer selbstsüchtigen Wünsche zu entledigen« und um sich vor Krankheiten jeglicher Art zu schützen. Nach der Lehre: *Kashimono Karimono* (»das Geliehene / das Geborgte«) gilt der Körper als »Leihgabe Gottes«, und der Mensch kann nur über seinen Geist frei verfügen. Körperliche Leiden sind Indizien dafür, daß die Seele mit Sündenstaub beladen ist. »Was ihr innerlich denkt, wird alles sicher körperlich erscheinen.« Die Theologie der Tenrikyo unterscheidet verschiedene Arten des »Schmutzes«: Gier, Geiz, Zorn, Feindseligkeit usw. Der sangesartig intonierte Ruf: »Fege hinweg das Böse und rette mich, o Gott der Himmlischen Weisheit«, wird oft angestimmt. Geographischer Mittelpunkt ist die Stadt Tenri, wo es eine Universität, einen zentralen Schrein, Schulen und andere soziale Einrichtungen gibt.

2. Omotokyo

Die »Religion des großen Ursprungs« hat, wie einige andere Neustiftungen auch, *zwei Gründer*. Am Anfang steht die aus armen Verhältnissen stammende, ungebildete und ekstatisch veranlagte Frau *Nao Deguchi* (1836–1918). Im Alter von 56 Jahren erlebte sie ihre Berufung durch den Gott *Ushitora-no Konjin* (»Ushitora, der Vater-Gott«), mit dem sie auch im weiteren Leben durch Visionen und Auditionen in Verbindung stand. Sie wurde für hysterisch und wahnsinnig gehalten, in Verbindung mit Brandstiftungen gebracht und ins Gefängnis geworfen. Sie besaß die Fähigkeit zu Wunderheilungen. Zentrales Thema Nao Deguchis war der chiliastische Gedanke von der Erneuerung der Welt und die Errichtung eines himm-

31. Vgl. jetzt auch: *Peter Gerlitz:* Arbeit im Buddhismus, in: *Michael Klöcker* und *Udo Tworuschka:* Ethik der Religionen – Lehre und Leben, Bd. 2: Arbeit, Göttingen und München 1985, S. 100ff.

lischen Königreiches auf Erden. Die Stifterin kündigte einen Erlöser an, der dieses Werk vollbringen sollte. Diesen Erlöser sah sie in *Kisaburo Ueda* (1871–1948), einem strebsamen frommen Mann, der aus leidvollen Erfahrungen zeitweilig sogar zum Atheisten geworden war, später aber durch Meditationsübungen tranceartige Zustände erlebte. Auch er verfügte über die Gabe wundersamer Heilungen. Nach anfänglicher Weigerung Nao Deguchis, ihn als den erwarteten Erlöser anzuerkennen, kam es dennoch zur Eheschließung mit ihrer Tochter. Seither trug der Erlöser den Namen *Onisaburo Deguchi.* Vom japanischen Kaiserhaus wurde mehrmals der Versuch unternommen, die Omotokyo vollständig zu zerschlagen, da man ihr umstürzlerische Tendenzen zur Beseitigung des Tenno-Systems vorwarf. Nach dem Tode Onisaburos blieb die Leitung in Familienhänden: zuerst bei der Frau Onisaburos, dann bei seiner Tochter.

Die Omotokyo hat *animistische* Züge. Man glaubt an die Einwohnung böser, insbesondere Ahnengeister, die durch Exorzismus ausgetrieben werden müssen. Es handelt sich dabei um den *Chinkonkishin-Ritus,* der heute dem *Zazen* (→ S. 227ff.) des Zen-Buddhismus ähnelt. Durch Meditation kommt der Gläubige zur Ruhe und erfährt sein Einssein mit Gott, der als die »Liebe selbst« bezeichnet wird und neben sich noch viele weitere *Kami* (→ S. 209) duldet. Die Erde gilt als Heilmittel gegen vielerlei Krankheiten. Die Omotokyo ist eine *pazifistische Religion,* die keinen exklusiven Absolutheitsanspruch kennt. Sie hat an religiösen Friedenskonferenzen teilgenommen und sich im Bereich des Esperanto hervorgetan.

3. Seicho No Ie

Das »Haus des Wachstums« wurde 1930 von *Dr. Masaharu Taniguchi* gestiftet, der 1928 seinen religiösen Durchbruch erlebte, wobei ihm die Offenbarung von der *Sündlosigkeit der Welt* zuteil wurde. Taniguchi besitzt die Gabe zu wundersamen Heilungen. Eine anfängliche »book publishing company« wurde zunehmend zur Religion ausgebaut. Seicho No Ie ist eine *synkretistische* Religion, gelegentlich ironisch auch als »religiöses Warenhaus« bezeichnet. In ihr finden sich buddhistische, shintoistische und christliche Elemente, insbesondere liegt eine Rezeption aus dem Umfeld der »Neugeistbewegung« vor. Diese im Amerika des 19. Jh.s entstandene gnostische Sondergemeinschaft hat auch die bei uns vertretene »Christliche Wissenschaft« beeinflußt. Bei der Seicho No Ie steht der Gedanke der paranormalen Heilung im Mittelpunkt, die durch Kraftwellen geschehen. Die phänomenale Welt ist nur Schein, eine raffinierte Vorspiegelung unseres falsch eingestellten Bewußtseins. Real ist nur die »wirkliche Welt«, die durch Gottes unbegrenzte Weisheit und Liebe geschaffen wurde. Letztlich existieren Krankheit, Gebrechen, Sünde überhaupt nicht. Sünde ist für Taniguchi die Daseinshaltung desjenigen, der fälschlicherweise an Sünde glaubt, statt davon auszugehen, daß Gott nur Positives schafft. Die Menschen sind alle Söhne Gottes und besitzen unbegrenzte Kräfte, um ihre Probleme zu lösen. Masaharu Taniguchis Schriften sind nicht nur in Japan in Millionenhöhe verbreitet; sie scheinen auch vielen deutschen Lesern, die dem esoterischen Bereich zugeneigt sind, Lebenshilfe zu geben (»Leben aus dem Geiste«, 5. Aufl.; »Die geistige Heilkraft in uns«, 15. Aufl.).

4. Rissho Kosei-kai

Die »Gesellschaft zur Errichtung von Gesetz und Gemeinde«, die mit (nach eigenen Angaben) vier Mio. Mitgliedern zu den größten japanischen Neureligionen gehört und ihre Zentrale in Tokio hat, besitzt ebenfalls *zwei Gründer:* Ihr heutiger Präsident *Nikkyo Niwano* (geb. 1906) stammt aus kleinen Verhältnissen. Die Krankheit seiner ältesten Tochter führte ihn schließlich zu einem Vertreter der Reiyukai-Bewegung (»Gemeinschaft der Freunde des Geistes«), einer aus dem Umkreis des Hokké-Buddhismus (→ S. 224ff.) Nichirens stammenden buddhistischen Laiengemeinschaft, in der animistische Vorstellungen eine große Rolle spielen. Krankheiten werden auf die Totengeister zurückgeführt, deren Kult vernachlässigt wurde. Für Niwano wurde das Lotos-Sutra, insbesondere das 16. Kapitel, zum entscheidenden Text. Hier findet sich der Gedanke, daß Buddha Shakyamuni und der in Zukunft erscheinende Buddha ein und derselbe sind. Die dem Wandel unterworfene Saha-Welt und das »Reine Land« sind paradoxerweise miteinander identisch. Niwano lernte während der Zeit seiner Mitgliedschaft in der Reiyukai Frau *Myoko Naganuma* (1889–1957) kennen. Beide trennten sich von der Reiyukai aus persönlichen und theologischen Gründen und gründeten 1938 die Rissho Kosei-Kai. Myoko Naganuma, die Vizepräsidentin, wurde noch zu ihren Lebzeiten hochverehrt und galt nach ihrem Tode als »lebender Buddha«. Die Bewegung erzielte große missionarische Erfolge. Ein ekstatisches Erlebnis Niwanos (1945) stellte die entscheidende Wende dar. Ein lang andauerndes hohes Fieber sank plötzlich, nachdem Niwano in einer Offenbarung erfahren hatte, daß er seine ganze Lebenseinstellung ändern und sich von den »bösen Leidenschaften« reinigen müsse.

Im Mittelpunkt der Rissho Kosei-kai steht eine bemerkenswerte *Seelsorgepraxis*[32]. »Jede Krankheit wurzelt im Herzen«, ebenso auch alle menschlichen Probleme. Die *hoza*, eine täglich veranstaltete ein- bis eineinhalbstündige Gruppentherapie für etwa 5–10 Personen soll den Gläubigen neues Selbstvertrauen geben. Der Teilnehmer an einer *hoza*-Sitzung bespricht mit anderen Teilnehmern seine persönlichen Probleme, z. B. Ehe-, Familien-, Berufs- und Glaubensfragen. Auf der Grundlage der vier edlen Wahrheiten, des achtfachen Pfades und der zwölffachen Ursachenkette hat der Seelsorger – ein hierzu besonders ausgebildeter Laie – die Aufgabe, den Problemen der Teilnehmer geduldig zuzuhören, ihnen die Ursachen ihres Leidens zu erklären und nach Lösungen zu suchen. *Hoza*-Gruppen sind darüber hinaus auch Keimzellen für die missionarische Ausbreitung.

Die Rissho Kosei-kai ist eine *tolerante* und *aufgeschlossene* buddhistische Laienbewegung, die sich engagiert für die Ökumene mit anderen Religionen, insbesondere dem Christentum, einsetzt und aktiv an der »World Conference on Religion and Peace« mitarbeitet (die IV. fand vom 23.–31. August 1984 statt), zu deren Ehrenpräsidenten Niwano zählt.

32. Vgl. jetzt: *Peter Gerlitz:* Gesundheit als Hauptproblem japanischer Neureligionen, in: *Michael Klöcker* und *Udo Tworuschka:* Ethik der Religionen – Lehre und Leben, Bd. 3: Gesundheit, Göttingen und München 1985.

5. Sōka Gakkai

Die »Gesellschaft zur Schaffung von Werten« ist die zahlenmäßig bedeutendste Gruppe der drei auf Nichiren zurückgehenden »modernen Lotos-Bewegungen« (W. Kohler). Sie ist über die Grenzen Japans hinaus in 70 Ländern vertreten. Religion und Politik sind eng miteinander verbunden. Als Ziel wird ein idealer gesellschaftlicher Zustand anvisiert, in der sowohl primär die Gesellschaft, aber auch der einzelne höchstes Glück und Gewinn erlangen sollen. Das Streben nach Glück wird sehr materiell verstanden. Die als fanatisch eingestufte *Komeito*-Partei ist der politische Ableger der Sōka Gakkai und wurde 1960 sogar zur drittstärksten Partei im japanischen Parlament. Seither sind ihre politischen Erfolge rückläufig.

Literatur:

W. Gundert: Japanische Religionsgeschichte, Stuttgart, 2. Aufl. 1943.

M. Anesaki: Religious Life of the Japanese People, Tokyo 1961.

P. Gerlitz: Gott erwacht in Japan. Neue fernöstliche Religionen und ihre Botschaft vom Glück (Herder TB 618), Freiburg 1977.

Rolf Italiaander (Hg.): Eine Religion für den Frieden. Die Rissho Kosei-kai (Erlangener-TB 23), Erlangen 1973.

Werner Kohler: Die Lotus-Lehre und die modernen Religionen in Japan, Zürich 1962.

Die wichtigsten Religionen und Sekten

Religionsfamilie	*Schätzungen in 1000* *Max-Schätzung*	*Min-Schätzung*	*Hauptverbreitungsgebiet*
Christliche Religionen (insgesamt)	**1 150 000**	**997 500**	**Europa und (beide) Amerika**
Katholiken: ganz überwieg. röm.-kathol.	709 000[1]	597 560	Südeuropa und Lateinamerika
Protestanten: Lutheraner	75 000[2]		Nordeuropa und Nordamerika
Anglikaner	55 000[2]	341 500	England und Commonwealth
Reformierte, Freikirch. usw.	200 000		Nordamerika und Nordeuropa
Orthodoxe: ganz überwieg. griech. u. russ.	97 000[1]	76 400	GR, CY, SU, USA
Mormonen: Ki. J. Chr. d. Hl. d. Letzten Tage		5 000[4]	USA (Utah): Südamerika
Islam (Muslime)	**589 000**	**546 000**	**Vorderasien und Nordafrika**
Sunniten	400 000	350 000	
Schiiten (»Zwölfer«-Sch. Saiditen u. a.	90 000[5]	86 300[5]	zu 95% in 7 asiat. Staaten
Wahabiten u. a. Sekten	105 000	95 000	Saudi-Arabien
Asiatische Einzelreligionen (ohne theologische Zusammengehörigkeit)			
Konfuzianer	310 000	156 070	China (insges. zu 90% Asien)
Taoisten	31 286	31 243	China (insges. zu 90% Asien)
Buddhisten (Mahajana, Hinaj, Lamaismus)	300 000	254 870	Ost-, Südost- u. Zentralasien
Hindus	518 794	477 990	Indien (insges. zu 90% Asien)
Shintoisten (japanische Naturreligion)	61 156	57 160	Japan
Sikh (Mischgemeinschaft Hindu/Muslime	10 000	9 000	Sikkim (heute zu Indien)
Dschainas (Jainisten, Jinisten)	2 600	2 500	Indien

Die wichtigsten Religionen und Sekten

Religionsfamilie	*Schätzungen in 1000* *Max-Schätzung*	*Min-Schätzung*	*Hauptverbreitungsgebiet*
Zoroastrier (Parsen)	254	250	Iran
Baha'i (ursprüngl. schiitischer Islam)	400[5]	260	Iran, Afrika, USA, BR Dtld.
Juden	**14 533[7]**	**14 340**	**zu 50% in den USA: Israel:**
Anhänger d. jüd. Rel. inner- u. außerhalb Israels			daneben v. a. Eur. u. Lat.-Am.
»Neue Religionen« (einschließl. Sekten mit nichttheolog. Ursprung)[8]			
Ananda Marga (Yoga-Schule)	3 000	2 000	
Divine Light Mission (Guru Maharaj Ji)	300	200	
Hare Krischna-Bewegung (ISKCON)	10	8	USA, Indien, Europa
Kinder Gottes (Familie der Liebe)	10	8	
Scientologisten	6 500		USA, Mitteleuropa
Vereinigungskirche (Moon-Sekte)	500		

Vergleichendes Themenregister

Aufgenommen sind die großen religiösen Traditionen (vgl. Inhaltsverzeichnis). Sondergemeinschaften, auch wenn sie sich bewußt außerhalb ihrer Ursprungstradition stellen (z. B. Bahai), werden unter dieser erfaßt.

Personenregister

Aufgenommen sind nur die im Text enthaltenen Personennamen.